Rudolf
Vielfältige Gesichtspunkte in der Anthroposophie
Steiner

人智学のパースペクティヴ 3

宗教治療・教育・人生

ルドルフ・シュタイナー

高橋　巖［訳］　飯塚立人［編集］

春秋社

目次

宗教治療・教育・人生

医師と聖職者の協働　全十一講　3

第一講　5

「宗教治療」の出発点―医師と聖職者の役割／保健・衛生の宗教的観点／治療と典礼／治療の非日常性／有効な治療とは／医療と祭祀儀礼／医師も祭司も自らが教師であることの自覚をもつ

第二講　19

病理の特質とカルマ／彫塑家・音楽家の眼で捉える人体理解／人体組織の変容の四段階／精神障害とどう関わるか／人体組織の不均衡

第三講　36

霊的体験の段階と病的様相／痛みを通して霊界へ／意識体験の経過／聖テレジアのエーテル体／カルマ的視点と病理的視点の調和／自由意志と責任

第四講　53

遺伝と個性／子どもの霊性と第二の身体／太陽と月からの働きかけ／宇宙の硬化と身体の自己更新／責任の所在―自由の原点としての無の地点

第五講　71

夢の証言―アストラル体の誘導／病的徴候の記述／記憶・意志・言語表現の変化／早熟／病理の反対像の現出／痴呆／誤った幼児教育／放浪癖と時代現象

第六講　90
治療におけるカルマの働き／病気は罪のせい、罪は病気のせい／F・ライムントの霊的境涯／不安のデーモンの病理とカルマ／霊的生活を事実に即して育てる

第七講　106
自然科学と霊学／呼吸過程の霊的メカニズム／覚醒と睡眠、息の違い／熱元素と光／呼吸の四重の分化過程／リンパ液と生成するカルマ―物質と霊性の結合

第八講　124
植物の本性―太陽及び月との関係／思考の強化と秘儀参入／太陽霊と呼吸／カルマの流入・流出／霊界の中の太陽の作用、月の作用／医学は人間と宇宙との親和関係に依拠する

第九講　139
眠りの中の病理の素／鉱物成分に薬効がある理由／夢遊病者の記述（病気の夢、治療薬の夢）／神殿の秘密―古代秘儀の治療法／医療の霊的洞察、儀式を通しての秘蹟執行／唯物主義という病い

第十講　157
医学と神学の使命―唯物主義を超えて／宇宙のリズムとプラトン年／呼吸のリズム／生と死のリズム／暑さと寒さのリズム／アントロポゾフィーへの道

第十一講　177
古代秘儀における芸術的治療法／教育と医療の結びつき／古代の医師の着眼／病気の快復を知るために／宗教治療とゴルゴタの秘儀／祭司の道、医師の道

教えることと生きること　全五講　195

第一講　197
自然科学の眼は魂に向かない／人間認識を経た「教育芸術」とは／教師は子どもの人生全体を担う／子どもの前に立つ教師の気質（胆汁質・粘液質・憂鬱質・多血質）／手本としてのおとな／日常を生活技術に変える「教育」

第二講　215
子どもの成長の三つの時期／一四世紀以前の宇宙観／感覚存在としての第一期の子ども／遺伝の働きvs個性の働き／教師の祭司的役割／霊的＝魂的なものへの回帰／イメージとこころの教育／芸術家としての子ども

第三講　239
「読書」のあり方が示す教師と子ども／教師の使命と心構え／魂の彫塑活動／血液循環と呼吸の調和／音楽・朗唱の活用／エーテル的人間の彫塑的理解／音楽としてのアストラル体／言語の人体組織への働きかけ／宇宙認識から人間認識へ

第四講　258
「感動する力」／宇宙認識と叡智の教育／植物の生命の謎―ゲーテの洞察／地球と植物の生長は一つ／宇宙の洞察―芸術的形象の認識／畏敬の念をもつ／古代の叡智を教育へ／人間の動物性としての証し／子どものこころに熱狂を

第五講　278
人間の本性を読む／教育を芸術行為に／子どもの宗教感情を目覚めさせる／道徳と自己教育／ヴァルドルフ学校の教育改革／霊的宇宙建設としての教育／人と人との結びつき

いまを生きる　［講演］高橋　巖　297

編集後記　飯塚立人　335

宗教治療・教育・人生

医師と聖職者の協働

宗教治療講座

全 十一 講

ドルナハにて

1924年 9 月 8 日～18日

Das Zusammenwirken von Ärzten und Seelsorgern.

Pastoral-Medizinischer Kurs

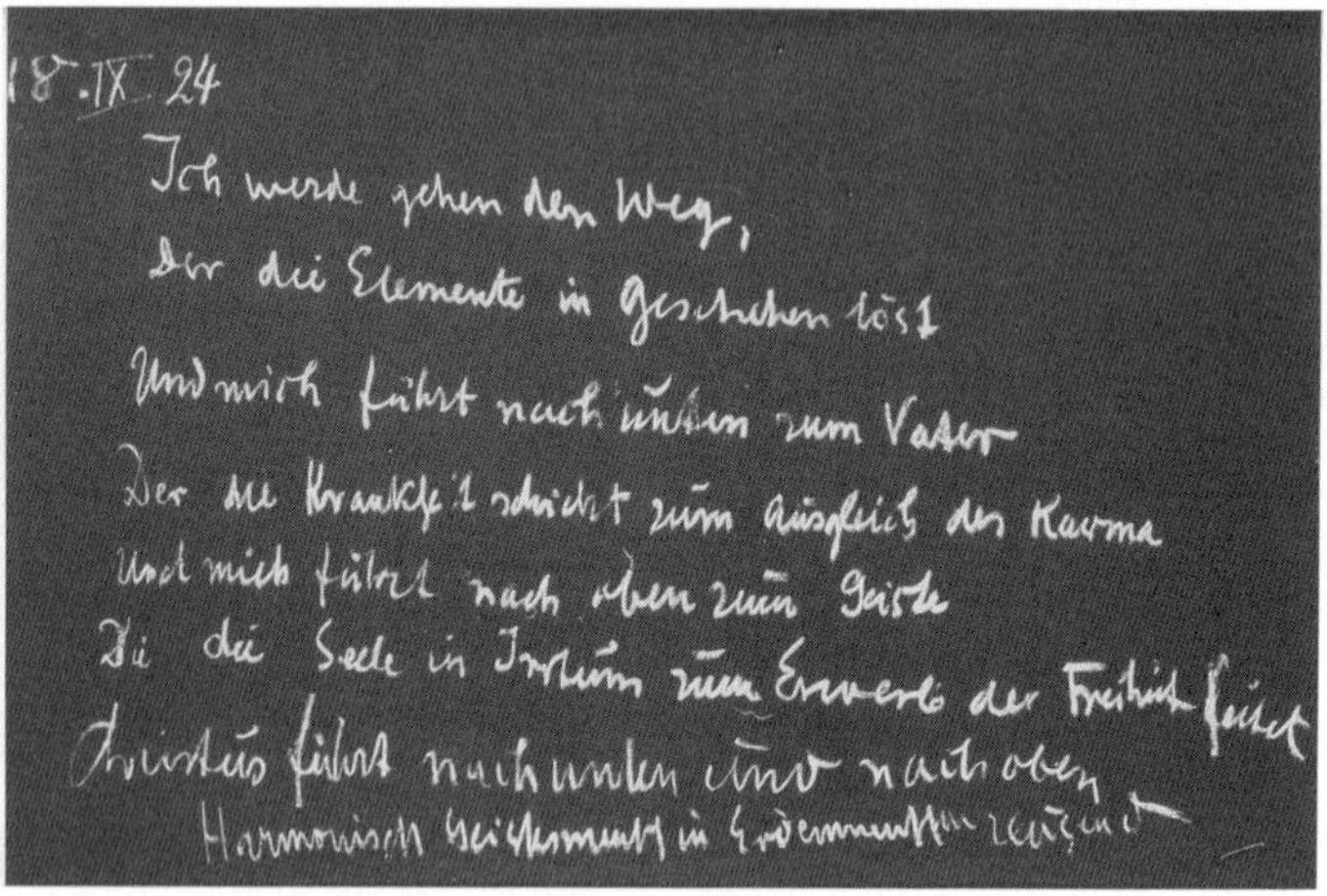
18.IX.24
Ich werde gehen den Weg,
Der die Elemente in Geschehen löst
Und mich führt nach unten zum Vater
Der die Krankheit schickt zum Ausgleich des Karma
Und mich führt nach oben zum Geiste
Die die Seele in Irrtum zum Erwerb der Freiheit führt
Christus führt nach unten und nach oben
Harmonisch Geistmenschen in Erdenmenschen zeugend

黒板に書かれた第11講の最後の「瞑想のスケッチ」原文

第一講

一九二四年九月八日

愛する皆さん、今回はじめて、二つの作業グループのメンバーたちが一堂に会しましたが、このことにはまったく特別の意味があるのです。ですから今日は、この結びつきの意味について、今回のテーマにそって考えたいと思います。この講義が、他に例のない仕方で現代の精神生活を特別に形成して、古い伝承、古いしきたりを刷新することのひとつの例証になれば、と思っています。

そもそも宗教治療（Pastoralmedizin）という言葉そのものがこんにち、本当の意味を失ってしまっています。このことは講義の過程で見えてくると思います。これとは逆に、現代という時代の根底から、ひとつの非常に重要な課題が現れてきています。この課題からすれば、現代は宗教治療を必要としていると言わざるをえないのです。今回、この講義に参加されたのは、神学者と医師、あるいはゲーテアヌムの医学部門の課題に応えようとしている将来の医師の方々です。この課題がどういうものであるかは、今回のこの講義の中でもお話するつもりです。もちろん、それ以外にも何人かの方々が参加しておられますが、その数はわずかですし、この医学部門が参加を認める理由をもっている人たちです。

愛する皆さん、この場合大切なのは、神学の側からも医学の側からも、新しい宗教治療を創る意味で、神学者と医師が一緒に働くことがどうすれば可能かを考えることです。このことはしばしば問題にされてきましたし、まさに人智学運動がそういう共同作業を考えなければならないことも、しばしば指摘されてきました。しかし、そのときはっきりしてきたのは、まさにこの連続講義を行うことによって修正が加えられなければならない、ということでした。

愛する皆さん、共同作業だからといって、一方が他方の側に中途半端に、いいかげんな態度で関わっていくことは許されません。神学者が治療家になることや治療家が神学者になることが求められているのではありません。大切なのは共同で働くことなのです。一方が他方の立場に立つことで、すべてを混乱させることがあってはなりません。それぞれが相手の側に対してどういう態度をとればいいかを考えるのです。そのことがよく理解できたら、非常に有益だと思います。

もちろん神学者が医学の知識を身につけることはいいことです。ある分野の知識を身につけるのは、どんなときでもいいことです。けれども今問題なのは、専門的な医学を学ぶこと、しかも思考と感情と意志のすべてでそれを学ぶことなのです。たとえ神学者であろうとも、専門的に医学を学ぶことなく、医療に携わることなどできるはずがありません。逆にまた、医師は自分の職業をはっきりと理解しなくてはなりません。そして、宗教治療を通して祭司に必要なのは「いけにえの火」であり、医師に必要なのは「メルクリウスの杖」であることを悟らなければならないのです。そして、いけにえの火とメルクリウスの杖の共同作業を通してのみ、有効な働きが可能なのです。

私たちは、いけにえの火で病気を治すことはできませんし、メルクリウスの杖で祭祀をとり行うこともできません。けれどもこの両方ともが神の礼拝なのです。そして、この両方が神の礼拝であることを悟れば悟るほど、共同作業が、医師は医師に留まり、祭司は祭司に留まりながら、ふさわしい仕方で世の中のために役立つことができるのです。私たちの人智学運動が混乱の原因をつくり出すようなことになってはなりません。そうなったら私たちが大切にしてきた社会に対する真剣な向き合い方を損なってしまいます。

ひとつの極端な例を挙げてみます。足を手術したときの例です。

足の手術をすぐに行うことはできません。あらゆる医学的な検査のあとで初めて、必要な手立てを講じるのです。人智学は決して、いかがわしい医療を奨励したりはしません。ですから、神学者に医療をさせたりすることはありえません。このことをはっきりさせておかなければならないのです。ですからゲーテアヌム医学部門の活動は厳格な意味で、どこまでも人智学的な意味での治療師を世に送り出すことでなければなりません。その意味でゲーテアヌムは社会的な施設であるべきなのです。その意味で活動している医師の立場は、はっきりと、この医学部門とのつながりの中にある必要があります。ゲーテアヌムが社会的でありうるためにも、そして未来にとっても、それが必要なのです。愛する皆さん、その意味で、私たちは医者ではない治療師たちがこの講義に参加するのを避けました。ですから今、医者としてここに出席していらっしゃるのは、医者として社会的に認知されているかたがただけです。若干の例外はありますけれども。

愛する皆さん、こうしたことは始めに取り上げたように、管理上の問題についてでした。しかし問題は宗教治療そのものにも関わってきます。先日、神学者の側から医療問題を取り上げてほしいという要望が出されたとき、こういう答え方しかできませんでした――「では、宗教治療の講習会をやりましょう。神学者も参加できるような形で、です」。その結果、宗教治療についてのこの講習会は、ゲーテアヌムの医学部門によって行われ、神学者たちがそれに参加する、という形をとることになりました。まずあらかじめ、この会の在り方全体をはっきりさせておきたかったのです。

愛する皆さん、とはいえ、宗教治療は医学部門の一分野ではありません。神学部門に属します。そして本来、大学の神学部で育成されたこの宗教治療は、本来、特に医学的な内容を含んではいません。あるいは、私のほうからお尋ねしたいのですが、ここにおられる大学で医学を学ばれた医師が、大学の医学部で宗教治療を学ぶことができたでしょうか、そうできた人は、どうぞ手をあげて下さい。

宗教治療は、医学部の講義科目一覧には出ていませんが、カトリック系の神学部では一定の役割を演じています。プロテスタント系ではほとんど取り上げられていませんが、カトリック系の神学部では宗教治療が問題にされています。何も医学的内容を含んでいないから、神学部でも研究対象にできるのです。では、どんな内容なのかというと、第一に伝道師は伝導に際して健康な人だけでなく、病人も相手にしなければならないのですが、病人、特に重病の人を伝導するのか、健康な人を伝導するのかでは、違うのです。大切なのは、病人、特に重病人にどう向き合うべきなのか、ということです。

けれども、私は宗教治療に関するまともな本を見たことがありません。まともな本なら、伝道師の第一の義務は、まず相手の話をよく聴き、正しい医者を見つけられるように協力しながら、自分自身は医療に携わらないことだ、ということを繰り返し強調すべきなのです。ここでは以上の報告にとどめておきます。

宗教治療の第二の大切なテーマは、宗教から見た保健・衛生の問題です。例えば、俗人の立場からですと、断食が健康に良いか悪いかが問題になりますし、医学的な立場から割礼をどう考えるか等々の問題もあります。私は今、主としてカトリック系の神学部門のことを考えているのですが、祭司自身のために、衛生学、医学の立場から禁欲のことが取り上げられてきました。この点でもいろいろな問題があります。

さらなるテーマは、祭司や医師のいる宗教教団内での治療と典礼（サクラメント）との関連についてです。ある教団が儀式の力の上に活動しているとき――このことについてはすぐにお話しします――、このことで、薬と同じ効果を期待しているのです。このことは病床に立ち合う医者と並んで、祭司が引き受けなければならない仕事です。例えば、塗油のような行為がそれに当たります。重い病いを乗り越えたときのコムニオンを受けることの意味にも、宗教治療の観点から答えなければなりません。霊的な問題を考えるときには、典礼と治癒経過との関係を取り上げなければなりません。

次に、これは特に大切な問題なのですが、伝道師は医師と協力して、精神障害をもった人にどう向き合うべきかを考えなければなりません。これは、これまでの宗教治療の一番大切な課題でした。かなり詳細に、何世紀にもわたってこの問題が検討されてきました。

しかしこの分野は、精神生活の革新を求める私たちにとって、従来と同じ立場でこの問題に向き合うことはできません。まさに人智学の根本的な考え方から、新しい宗教治療のための重要な、非常に重要な課題が見えてくるのです。そしてこの問題は、二つの側面から考えてみる必要があります。まず医学の側から考えていきましょう。

治療にとって何が大切なのでしょうか。私たちが医薬、もしくは別の治療法を用いるとき、いつでも薬もしくは治療法の効果の中に、それが物質上の経過であれ、魂的ないし霊的な経過であれ、人間と宇宙との正常な相互交流を超えていかなければなりません。どんな治療が施されようと、それが養分の摂取であろうと、光や空気によるものであろうと、魂に直接働きかける治療であろうと、日常的な状態を超えていきます。どんなにわずかでも、食事制限がなされるときには、日常から離れます。

私たちは医薬を患者に与えます。その薬が物質成分のものであれば、その作用によって単なる養分を摂るときとは異なる経過を生じさせます。別の場合には、別の経過を生じさせます。治療とは常に、日常とは違う仕方で人間に作用することなのです。

愛する皆さん、日常の私たちは人生の経過を三重の仕方で体験しています。第一に、人間の中に物理＝化学的な作用が外の自然界におけるのと同じように働いている。第二に、人間の中には、物理＝化学的にではなく、生命的な仕方で働く作用がある。そして第三に、意識の領域に直接働きかける作用がある。

1　物理＝化学的
2　生命
3　意識

この点でひとつ重要な概念を明らかにしておかなければなりません。通常、私たちは覚醒、夢、睡眠という三つの意識状態をもっています。そして治療的手段がこれに加わると、ただちにその意識が干渉を受けます。治療手段によってその干渉はいろいろです。通常の場合、私たちが何かを食べると、通常の養分を摂取し、覚醒も夢も睡眠も通常のまま経過する。何かの仕方で食養生をすると、生体に影響して、いつもよりも良い眠りが得られたりする。しかしそのとき、すでに治療が始まっているのです。

例えば、人が発熱すると、事情が変わり、何らかの治療をしなければなりません。しかし発熱したときに用いるのと同じ薬を健康な人に用いると、その人の意識に変化が生じます。ですから医者である皆さんは、意識状態に関わる薬を用いているのです。いつもは人と環境との相互作用を行っていますが、そこに薬が投与されると、意識状態に干渉することになります。治療するとは、そういうことなのです。意識状態を左右する人間本性の根源にまで作用するのでなければ、どんな薬も有効とは言えません。けれどもこのことは、医者が霊的な宇宙秩序に直接働きかけていることを意味します。なぜなら意識状態の変化とは、霊的な宇宙秩序に干渉する、ということなのですから。

有効な治療を施すということは、いつでも意識状態に――たとえそのことが無意識の中で行われるとしても――作用することで、治療過程で魂に作用するのです。皆さんの身体に作用するだけではないのです。通常の養分摂取、通常の呼吸などは身体内に留まっています。そしてただ間接的に、身体を通して魂に作用しています。それに反して、皆さんが医療に従事するとき、魂に直接作用するのです。

ですから、医者は自分の仕事を正しく理解するなら、霊的なものに直接作用しているのです。もっぱら身体と生命に関わる仕事をしていると思うのは、まちがいです。有効な治療手段は常に魂に関わるのです。たとえそれが通常の意識にとっては無意識でしかないとしても。

愛する皆さん、直接熱を下げる処置をしたとしましょう。そのときの薬の作用は患者の心の奥底にまで作用するのです。同じように病気の経過も心の奥底にまで作用します。これがひとつの側面です。

一方、祭司の仕事を考えてみますと、その仕事は儀礼・礼拝と結びついています。そして礼拝は典礼（サクラメント）と不可分です。サクラメンタリズムは象徴的な行為ではありません。典礼とは何でしょうか。眼に見える経過が生じるということです。この眼に見える経過は、物質＝化学や生理の経過に留まるのではなく、霊的な起源をもつ経過・道筋が物理的経過と結びついているのです。感覚的な経過が霊的な経過と結びついているのです。霊的な本質が典礼においては感覚的な仕方で生じます。信者の前で生じる事柄は、意識の前で生じる以外にはありえません。そうでなければ、典礼でなく暗示になってしまいます。典礼は暗示とは無関係です。無関係であればあるほど霊的なのです。それは意識の前で演じられますが、生命の中に働きかけてくるのです。

聖餐式に際しては、与えられる物質成分を受容するだけではありません。もしそれだけだったら、典礼とは無関係になってしまいます。その場合、大切なのは象徴的な儀式なのではありません。その人の生命に直接関わってくる何かを受容するのです。典礼とは、霊界の意志に従って行われるのです。ですから、医療とは生命を意識にもたらす行為なのですが、典礼に従った儀式は、意識を生命化する行為なのです。

医療　　　生命　→　意識
儀式（典礼）　意識　→　生命

ここに両極的な活動が示されています。すなわち医療活動と祭祀《さいし》です。この二つは実際、両極的な関係にあります。医療の場合、生命から意識へ働きかけ、意識が医療過程でもちろん通常の意識では意識できない協力者になるのです。祭祀の場合、生命が意識の前で行われることの協力者になっています。

愛する皆さん、今、図式で示しましたが、いずれの場合も実際には図式化できるようなものではなく、深く内的に、霊的に受けとるべきことであり、それが仕事であれば、人間の全存在を賭けるべきことです。私たちの文明の内部では、医療は霊的なものから離れてしまい、そして神学においては具体的な方法から離れてしまっています。私たちの文明の内部では、医療は唯物主義の中にさまよい込み、神学は抽象の中にさまよい込んでいますから、こんにちでは真の関係がまったく覆い隠されているのです。

しかし、この真の関係がふたたび探求され、生きた関係となって甦らなければなりません。医者が診断を下すとき、生体内での生理的・物質的経過を霊的経過の光の下に見ることができなければなりません。実際、人体内のすべての経過は霊的なのです。ですから、医者はすでに診断に際して、特に治療に際して、身体内での霊的な働きを訓練された眼で見ることができなければならないのです。

一方、祭司は、霊的な経過が物質界にどう現れているかを訓練された眼で見ることができなければなりません。これも両極的です。しかしこの世での両極は、常に相互に働き合わなければばなりません。この場合の両極も、共同して働かなければならない。どのように共同で働くべきなのか、それはまさに人智学が探求すべき課題です。人智学こそがその探求を成就させなければならないのです。ですから愛する皆さん、医師と聖職者のためのこの講座での共同作業から未来のために、霊界と自分との関係から祭司に対して正しい関係がもてる人智学的な医師が育てられねばなりません。同時にキリスト教革新運動から育った祭司が必要なのです。医師と祭司の両方にとって、まったく特別のことが今始まるのです。そして、この講座から正しい共同作業が生じなければならないのです。

愛する皆さん、実際、この場合の共同作業とは何なのでしょうか。祭司がディレッタント的に医療に従事したり、医師がディレッタント的に祭司的行為を行うことではありません。そんなことではありません。祭司が少しばかり医療のことを知っていたり、医師が典礼を共に行ったりすることが共同作業であるとしたら、どうしてそんなことをする必要があるのか、と問いたくなります。熟練の医師が祭司と医師のディレッタンティズムに、どうしてつき合わなければならないのでしょうか。そんな必要はまったくありません。祭司は医師が儀礼に関わる必要も感じないでしょうし、医師は祭司が患者の魂のために配慮することしか望まないでしょう。医師が有能な医師であれば、医療に専念するでしょうし、祭司が正しい祭司であるなら、相手の領分に踏み込もうとはしないでしょう。共同作業とは、自分にできることを相手に与え合うことなのです。

しかし、まさにこういう共同作業を通して、文化のためにもっとも重要なことが成就するのです。すなわち、この相互関係が生じることによって、医師が祭司のために、祭司が医師のために真の理解が初めて得られるのです。そしてそのことによって、祭司は自分に必要な限りで医師のことを学び、医師は自分に必要な限りで祭司の使命を学ぶのです。

この医師と祭司が教師と共同で働くとき、それによって人類に救済となる働きが生じうるのですが、それが私たちの次なる課題になるでしょう。このことは私たちの特別重要な使命になるでしょう。

教育問題は別の観点から取り上げなければなりませんので、そこでの共同作業は非常に多様なものになるでしょう。皆さんが医師であったり祭司であったりするとき、祭司は医師にはなれないし、医師は祭司になれない。けれども、医師も祭司も、教師であることはできます。しかし、その場合の共同作業のあらゆる種類の在り方を具体的に理解しなければなりません。

ですから、宗教治療が提供すべき真実の下で、まずはじめに皆さんにお願いしたいのですが、すべてを真に実際的・専門的な基礎の上に立って行っていただきたいのです。祭司は、ディレッタント的な医療をしないことで、本当に医師の協力者になれるのです。このことは祭司の使命に属することです。そして医師はまさに病床の傍らで、祭司の仕事が十分に果たせるように配慮することができます。その仕事はしばしば病床の傍らで、もっとも生きいきと生命に作用すべき仕事なのです。

明日この考察を続けます。

第二講

一九二四年九月九日

愛する皆さん、祭司と医師に共通の問題を語るとき、まず第一に人間生活上、容易に病理的なものに移行する現象に、ですから医師の理解を必要とするような現象に、眼を向けなければなりません。しかし、同じ現象は他の面では独特な仕方で内的なものに、宗教上の秘教にさえも通じているのです。

私たちははっきり認識していなければなりませんが、本来、人間認識のすべての分野で、唯物主義の時代に幅をきかせている粗雑な態度を乗り越えなければならないのです。どうぞ思い出して下さい。一時期、ロンブローゾ〔Cesare Lombroso, 1835-1909、イタリアの精神科医〕とその一派、またはその他の人びとによって、「天才と狂気」の名の下に粗雑に扱われてきた諸現象が今でも一定の粗雑さで扱われていました〔『天才論』一八八八年〕。研究そのものというよりも——研究そのものはその成果を伴っていますが——、むしろそこに示された見方、観察方式が問題なのです。犯罪人類学や犯罪者の頭骨研究の問題です。そこに見られる立場、考え方はまったく粗雑であるばかりでなく、非常に明らかな俗物根性を示しているのです。だから、こうも言えます。——基本的に研究者・思想家を名乗っているのは、俗物ばかりで、その人たちが集まって、正常な人間の類型というものを作り出したのだが、その類型は正常な人間というより、俗物と言いたいような類型なのだ、と。こんな言い方さえも許されるのです。なぜなら今日は、宗教治療（Pastoralmedizin）とでもいうべきマージナルな分野を扱っているのですから。

その場合に問題にされてきたのは、病理的な問題でした。つまり一方では天才、他方では狂気、その両方がなんらかの仕方で病理的な対象になったのです。そして、ものを見る眼のある人にとっては、当然のことなのですが、どんな病理的な特徴も身体上に現れますから、身体上の特徴として、あれこれの面で特徴が指摘されたのです。今、私たちはそういう特徴を正しい仕方で見て取ることができなければなりません。耳たぶは病理上の特徴を非常によく現していますす。なぜならそういう特徴は、カルマと関連しているからです。そして、そういう場合のカルマは、前世よりももっと遠い過去から作用してくる力と関連しているのです。

生体を育成する力、特に第一・七年期におけるその力は、後に現れる力と同じ力です。第一・七年期には、後に思考力となって働く力と同じ力によって成長していきます。ですから大切なのは、従来の、最近までの習慣に従ったやり方ではなく、事実に即したやり方で、諸現象に向き合うことなのです。もちろん私たちはこういう諸現象から病理問題に導かれますが、それらの現象を病理的に考察するよりも、それらから人間生活そのものの洞察に到ることのほうが大切なのです。

愛する皆さん、人智学が教える人間観に真剣に向き合って下さい。人間はまず肉体として私たちの前に立っています。この肉体は、これまで長い進化の過程を辿ってきました。私の『神秘学概論』で述べたように、肉体は、地上の現在のからだになる以前に、三つの準備段階を経てきました。ですから肉体を理解するには、こんにちの解剖学や生理学の説明では不十分なのです。ここでも注意を促しておきたいのですが、肉体は、進化の第三段階にあるエーテル体と、第二段階にあるアストラル体と、地球紀に初めて人間が受容した自我組織との忠実な模像なのです。これらすべてが人間の肉体にみずからを刻印づけているのです。このことがこんにちの私たちの肉体を非常に複雑なものにしています。

肉体の純鉱物的＝物質的な在り方は、こんにちの私たちの認識力でも十分見通すことができます。しかし、エーテル体が肉体に刻印づけているものは、この認識力では歯が立ちません。彫塑家の眼でみなければならないのです。すなわち、宇宙の諸力に由来する造形を、人間全体の形態の中に、そして個々の器官の中に再認識できるような見方が必要なのです。

さらに、肉体は呼吸＝循環系の模像です。しかし、血液循環と呼吸の中に働いている力学全体は、音楽的な在り方をしています。この力学を理解するには、音楽形式で考える必要があるのです。例えば、骨格系には、呼吸と循環の中に精妙な仕方で働いている形成力が、音楽的な形成力となって流れ込んでいるのです。

八度音程《オクターヴ》は肩甲骨から出発して、うしろへ、骨に沿って現れています。腕の骨格形成を、機械的な力学によってではなく、音楽的な理解によって見る場合、一度《プリム》（主音）は、肩甲骨から上腕骨の付け根のところまでに見られ、二度《ゼクント》は上腕骨に、三度《テルツ》は肘から手首までに見られます。そこに二本の骨が、尺骨《しゃっこつ》と橈骨《とうこつ》があるのは、二つの三度が、長三度と短三度があるからです。つまり、呼吸と血液循環を支配しているアストラル体の働きは、肉体の中にこのような仕方で刻印づけられているので、それを音楽的に理解しなければならないのです。

もっと複雑なのは、自我組織の理解です。その場合大切なのは、『ヨハネ福音書』の冒頭の一節「初めに言葉があった…」です。福音書研究者がよく解釈するような抽象的なやり方ではなく、具体的にこの言葉を受けとめ、そしてそれを実際の人間に当てはめてみると、自我組織が肉体にどう作用しているかが分かるのです。

私たちの研究は人間を理解するためなのですから、もっといろいろ具体例を挙げなければなりません。しかし、医学にしろ神学にしろ、非常に多くの無駄があるので、価値あるものだけを取り出すなら、例えば、こんにちの医学部の学生の学年数は増やさず、減らすことができると思っています。けれども、もちろん唯物主義的に考える人は、何か新しいことを学ぶには、これまでのコースにさらに半年分継ぎ足すべきだと思っているようです。

真剣に人智学の立場に立つなら、人間は肉体、エーテル体、アストラル体、自我組織として私たちに向き合っています。覚醒時には、この四つの人体組織が深く結びついていますが、睡眠時になると、一方では肉体とエーテル体、他方では自我組織とアストラル体の二つに分かれています。真剣にこの観点に立つと、多様きわまりない仕方で、自我組織、アストラル体とエーテル体、肉体との結びつきに、不規則性が現れているのが分かります。

いいですか、例えば、ここに肉体があり〔白線〕、エーテル体があり〔黄線〕、アストラル体があり〔赤線〕、自我組織がある〔白、瓢箪形〕とします〔口絵1、左〕。覚醒時には、いわゆる正常な関係がこの四つの組織体の間を支配しています。

けれども、こんな場合もあります。肉体とエーテル体は正常な関係にあり、アストラル体も比較的まだそこに納まっていますが、自我組織だけは十分正常な仕方でアストラル体に納まってはいません〔口絵1、中央〕。その場合は、覚醒時の組織に異常さが現れます。自我組織がアストラル体の中にしっかり入ってこないのです。そうすると、感じ方が妨害されてしまいます。その人も生きいきとものを考えることならできるでしょう。正常な思考内容はアストラル体と肉体、エーテル体との正常な関連によって生じるのですから。けれども、この思考内容が感覚体験をふさわしい仕方で受けとることができるかどうかは、自我組織が他の本性部分と正常に結びついているかどうかにかかっているのです。

そこに異常が生じると、感覚体験は色あせてしまいます。感覚体験が色あせてしまうと、その分、思考内容がより集中した在り方を示します。思考内容がほとんど幽霊のように、ヴィジョンとなって現れるのです。いつもの思考の純粋さを失っているのです。こういう人の魂の感覚体験は、何か消えやすく、霧に包まれているようなのです。しかしその代わりに、思考内容が集中力を増して、なまなましく多彩なものになって、まるで思考内容が弱い感覚内容であるかのような印象を呼び起こすのです。

そういう人が眠りますと、睡眠中も自我組織が正常にはアストラル体の中に納まっていませんから、その結果、外界のさまざまな微妙な事柄が強烈に体験されるのです。そういう人が肉体とエーテル体の外にいるとき、自我とアストラル体で今いる世界をそのように体験します。家のまわりの庭園、そこの植物の微妙な事柄をそのように体験し、昼間味わったリンゴの味の微妙さなどをそのように体験するのです。こういう体験に加えて、アストラル体にあとまで影響し続ける力、覚醒時の生活からの影響を及ぼし続ける力を表現している、色あせた思考内容が加わります。

いいですか、こういう人と向き合うときのことを考えてみて下さい。こういう人とは人生のさまざまな局面で出会います。医師として、祭司として、あるいは教会全体として、こういう人に出会います。村で出会うこともあるでしょう。そういうとき、こんにちの医師なら、特に人生の第一段階にいるその人を見て、精神障害をもっていると言うでしょう。

司祭なら、特に修行を積んだベネディクト会の司祭なら――カトリック教会の教区付き司祭はいつも修行を積んでいるわけではありませんが――、修行を積んだベネディクト会、イエズス会またはバルナバ会（聖パウロ修道会）の修道士の場合は、秘教的な仕方で、こういう人の語る言葉から、霊界からの真の啓示を認めることができるでしょう。現代の医師には精神障害者とみなされる、このような健康と病気のはざまをさまよっている、そして神経系に明らかな疾患が認められる、このような人のまったく不安定な状態にある魂に向き合って、正しい理解を示すことができたなら、霊界からの真の啓示を認めることができるのです。

そもそも狂気に陥っている人からも同じように真の啓示を受けることができるのですが、ただそういう人は自分の語る言葉を解釈することができません。事柄の本質を洞察する人だけがそうできるのです。ですから、医師としてそういう人に向き合うことができますが、人智学的な意味での医師として、どう向き合うことができるのかは、あとで申し上げます。

けれども、そういう人の魂がはるかに進歩を遂げていることもありえます。そういうときは、まったく特別のことが生じます。その人の魂が進歩を遂げていたとしましょう。人生の或る時期でのその人物は、今述べたような状態にありました。その人の魂は進歩を遂げていましたが、他の本性部分と正常な関係にない自我は強い吸引力を発していました。ですから、あとになってこういうこと〔口絵1、右〕が生じました。

肉体とエーテル体の結びつきは正常でしたが、自我組織がアストラル体を引きつけるので、アストラル体は今、肉体とエーテル体の中に居ようとはしません。自我組織とアストラル体とが一緒にくっつき合って、肉体とエーテル体の中に正常な仕方で入っていこうとはしない。こういう人には、次のようなことが起こります。――アストラル体と自我が正常な仕方で肉体とエーテル体を支配できないので、そのアストラル体と自我組織は正しい仕方で外的諸感覚の印象を受けとることができない。だから、その人は感覚の体験から疎外されている。感覚体験は色を失い、その人は一種朦朧とした夢心地で生きている。しかしそのとき、まさに道徳衝動はさまざまな仕方で強力に現れる。その衝動は混乱しているかもしれないが、時には非常に断固とした、偉大な仕方で現れることもありえる。

そして、この場合も医者は、本質的な器官上の変化が感覚器官と神経系の整合性となって現れていることに気づかされます。医者がその整合性にあまり注意を払わないとしても、より精妙な内分泌腺組織の中に、ホルモン形成の中に、さらには副腎と呼ばれる腺組織やここの顎の

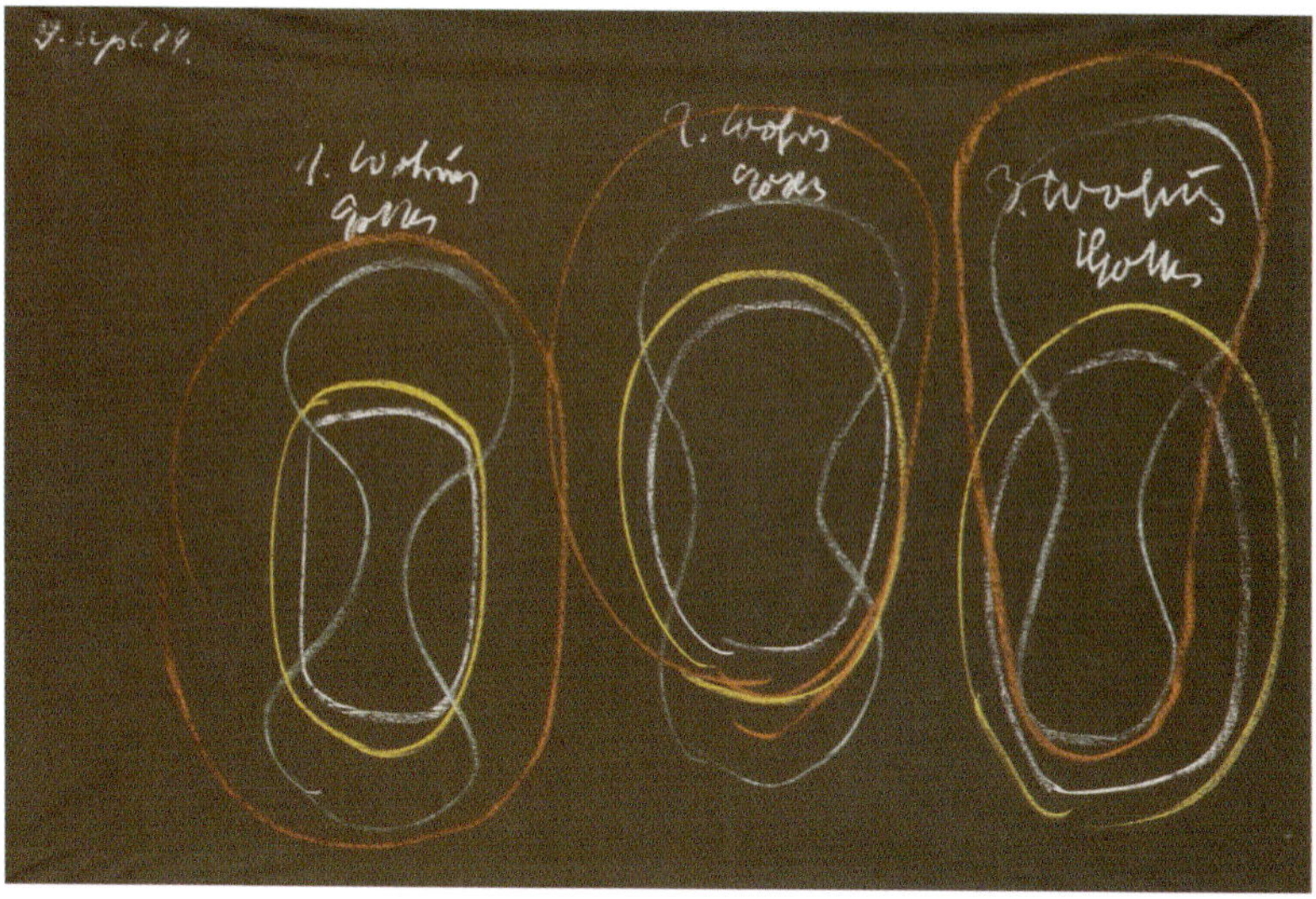

[口絵１]

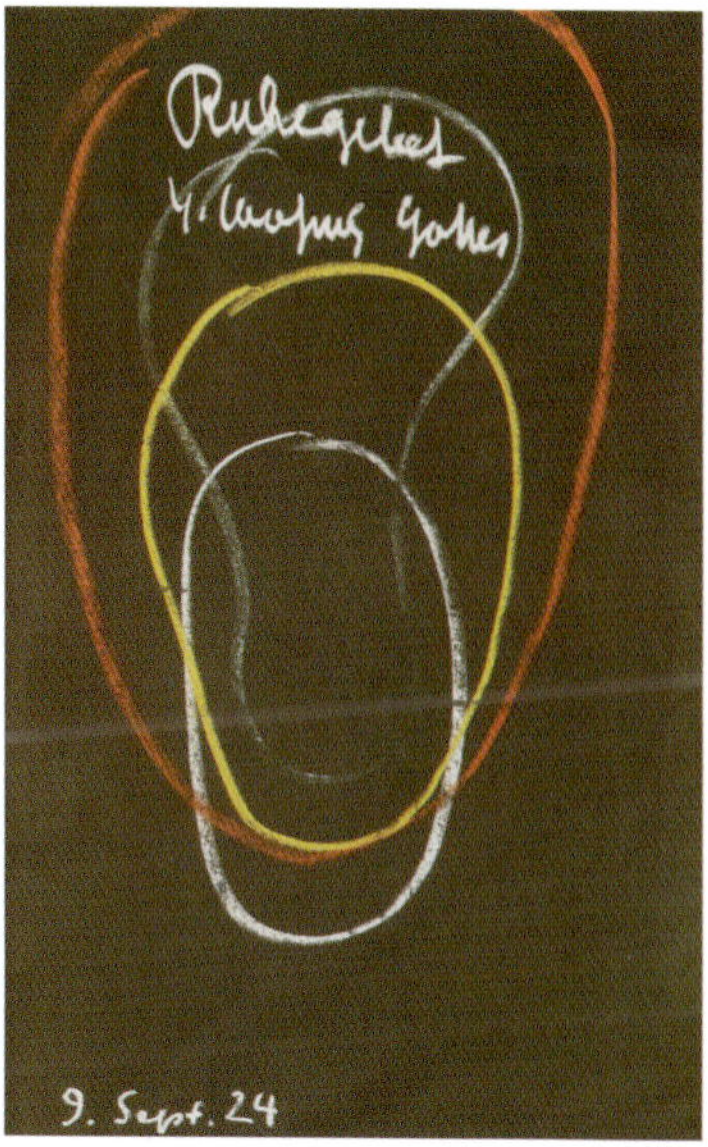

[口絵２]

甲状腺の中に含まれている腺組織の中に、強度の異常性が存在していることに気づかされるでしょう。そのような場合、特に脳下垂体と松果体に変化が生じます。このことは神経系と感覚系の変化よりも、もっと注目されています。

祭司がこういう人に出会いますと、その人はそういう自分の体質による体験について語ります。特別に烈しい罪の意識の体験についてです。祭司はいろいろなことを学びとることができますが、カトリック司祭は、特にこういう人が他の人に較べて極端に烈しい罪の感情をもっていることを教えられます。こういう人の場合、隣人愛が途方もない烈しさで生じることがあります。ですから、自分の隣人愛によって、さまざまな困難に陥ります。そのことを司祭に告白するのです。

しかし、もっと先まで行くことができます。肉体が比較的単純な状態に留まり、エーテル体が持続的に、またはしばらくのあいだ肉体から離れ、そしてアストラル体とエーテル体と自我組織が密接に結び合って、肉体だけがその外にいるのです［口絵2］。こういう場合の人間は、こんにちの唯物的な表現を――講義の過程で別な表現を見つけるつもりですが――用いれば、顕著な精神障害に陥っていることが多く、どうしても、意志の力であっても肉体を支配することができません。そういう人は、いつもいわば肉体を引きずっているのです。

もしも人間がはじめからそういう状態にあったとしたなら、その人は実際に精神障害者であると言えるでしょう。なぜなら、地球紀の現在の段階にいる人は、自我、アストラル体、エーテル体のすべてが別々に働き、そして肉体が孤独にその後を追っているときには、自我、アストラル体、エーテル体を知覚することも、そこで働くことも、そこで意識を発達させることもできないからです。ですから、自分の体験したことが暗いままになって、肉体の中で失神したように彷徨《さまよ》うしかありません。こういう重度の精神障害に対しては、どうしたら身体の中に他の体的本性（エーテル体、アストラル体、自我）を組み入れることができるかを考えなければなりません。教育上の処置もあるし、治療上の処置もあります。しかし祭司はこういう人の告解にまったく驚かされることもありえます。

司祭は自分のことを頭がいいと思っているかもしれませんが、真に教養を積んだ司祭なら――カトリック教会にはそういう司祭がいるのですからカトリック教会を過小評価してはいけません――、そういう司祭なら、このようないわゆる「患者」が来て、次のように語るときには、注意深く謙虚に、その言葉に耳を傾けるのです――「あなたが説教壇から話された言葉は、あまり心に深く入ってきません。無意味なのです。神様のところに届くような言葉ではありません。表面的なのです。私たちは全存在を賭けて神のもとに留まらなければならない」。

病気の人はこういう言い方をします。日常生活においては、誰が見ても精神に障害があるとしか思えない人が、司祭との面談では、時にはこういう言い方をするのです。そういう人は、職業的に語る宗教家よりも、宗教をもっと内的に深く知りたいのです。そして職業的な語り口を軽蔑して、自分の体験を「神のもとでの安らぎ」と呼ぶのです。

ですから、いいですか。祭司にとって大切なのは、こういう「患者」――もっと別な言い方もできます――、こういう人物の内的な体験に通じる道、手段を見つけることなのです。

私たちはみんな、外的な生活においては俗物です。そうならざるをえないのです。ですから物質的＝感覚的世界では、正しい道を見出すことをできなくさせている諸分野の中に病理的なものが働きかけてくるとき、そのことに繊細な理解力をもたなければならないのです。その諸分野は、外的な生活が私たちみんなに求めているような仕方で生きることを不可能にしているのです。しかし、こういう人たちは、俗人の道で成功する素質をもっていません。いつも別の道を行かなければならない。ですから、祭司は精一杯、相手の体験内容と結びつくことができなければなりません。そういう人は、どこにでもいるのです。そして、病的なものから霊的なものへの繊細な移行を理解するように求めているのです。

しかしこの問題には、もっと先があります。次のような場合を考えてみて下さい。

ある人がこういう発展の道をさまざまな年齢ですべて通過したとします。ある年齢ではこの段階［口絵1、中央］にありました。この場合、自我組織は他の三つの体から分離しています。その人はその後、この段階［口絵1、右］に到りました。さらにこの段階［口絵2］に到りました。

まだ正常である第一の段階でも、幼少期のときですと、たぶん肢体の均衡が不安定な在りようを示していたでしょう。

さて、こういう人を医者が診察するとします。この人は四つの状態をすべて通るという課題を背負っているのです。第一の段階は少し異常でしたが、その後の諸段階は、図式で示したような意味で、もっと異常でした。こういう人を診察する医者は、非常に不安定な均衡関係を見出すでしょう。だから、その不安定な関係を安定させなければなりません。しかし一般的に言えば、安定させられないのです。時にはその人の生きる道が非常に集中した仕方で定められていて、まったく安定させられないのです。おそらく同じ医者があとになってふたたびこの患者を診察したなら、以前の不安定な状態が、「感覚的知覚の曖昧化を伴う烈しく色どられた思考内容」と述べた状態に変化しているのを認めたでしょう。その医者はあとになって、非常に強い罪の意識をふたたび見出すはずなのですが、そのことを医者はもちろん、その場合、問題が魂の中に働きを移しているので、認めようとはしないでしょう。

そのようなとき、一般にこういう人物の生活は、祭司の手に委ねられるべきなのです。特にその生活が第四段階に到ったときには、です。

さて、これらの段階を通ってきた人は——このことはカルマ、転生と関連しています——、純粋に内的・直観的に、ひとつの見事な「自己認識」という言葉を好んで使います。特に、諸段階を通過し、それで第一段階がほとんど正常であった人たちは、見事な仕方で、自分の体験について語ることができるのです。その人たちは、例えばごく若い人かもしれません。一七歳、一九歳で不安定な段階に達した誰かが、「人はみずからを知らねばならない」と言うのです。

そういう人たちは、真剣に、どんなときにも自己認識を求めます。自我組織がとび出ているときに、能動的な瞑想生活を行おうとします。そして、好んで能動的な瞑想を「活動的な祈り」と呼び、もし修行を積んだ祭司が祈りの仕方を教えてくれるなら、とても感謝します。そして祈りに夢中になり、その祈りの中で、すばらしい言葉で自分の体験を語るのです。その人たちは自分の第一段階をふり返って、そこに見出すものを「第一の神の宮居《みやい》」と呼ぶのです。なぜならその人たちは、自分の自我を肢体の中にすっかり沈めることができないので、外からだけでなく、内からも自分を観察します。私たちが自分を内から観ると、その自分は大きくなり、広い空間になり、「第一の神の宮居」のようになるのです。

そのとき私が或る観点から述べた事柄が現れます。自分がより豊かになり、内的に分節化される。自分の内面の中にはるかに多くのものを見るようになるのです。それが「第二の神の宮居」です。第三段階に入ると、その内面の光景は非常に美しく現れます。そういう人はこういいます――「私は第三の神の宮居を見た。そこは大変に壮麗なところで、そこには霊的本性たちが生きて働いている」。

これは内的な直観です。霊のいとなむ世界の壮大な展望を示しています。これが第三の神の宮居、または神の家なのです。このことは言葉の上ではさまざまに表現されています。

第四段階に来ますと、能動的な瞑想について何らかの教えを受けたいとは、もはや思いません。通常、こういう人たちはすべてが恩寵そのものによって与えられているに違いない、と思うようになるのです。ですから、ただ待っていなければならない。受動的な祈り、受動的な瞑想を求めて、何も自分からは行わず、神が与えようとするものを静かに待っているのです。ある段階から別の段階への移行を、祭司は繊細な感受性で感じとらなければなりません。そういうとき、この人たちは「安らぎの祈り」について語ります。何も行わないで、すべてを自分の中の神に委ねる。それが「第四の神の宮居」での体験なのです。

祭司は以上に述べた事柄から、医学的にいえば、患者の語る言葉から、実際に非常に多くの秘教的＝神学的な事柄を学ぶことができます。こういう「患者」――私はカッコをつけて言っています――の言うことに耳を傾けるなら、神学上の事柄が非常に具体的になるのですから。とくにカトリックの神学、その牧杖《ぼくじょう》神学に示される事柄の多くは、修行を積み、見通しをもった聴罪司祭と告解者との交流に由来するものなのです。

健康と病気という通常の考え方は、その妥当性、その意味を失います。こういう人物を事務所で働かせたり、通常の主婦にして料理をさせたり、市民生活を営ませたりすると、その人物は本当に狂気に陥り、外見上狂っているとしか思えぬような態度をとります。祭司が正しい機会をとらえて、その人を修道院のようなところへ送り込み、ふさわしい環境で生活させると、四つの段階の一つひとつを生きることができます。

実際、修行を積んだ聴罪司祭は、そういう患者から、ちょうどギリシアの祭司が、大地から立ち昇る煙を通して霊界のことをいろいろ語ったピュティア［デルフォイ神託所の予言者］から学ぶのと同じようなやり方で、しかも現代にふさわしい様式で、霊界を直観することを学ぶことができるのです。こんにち誰かがギリシアのピュティアの病理について学位論文を書いたとして、「患者」から学ぶ以上のことは期待できません。私たちはそういう論文を立派に仕上げることができます。その内容は正しいし、論旨は厳密であるかもしれません。しかし高次の意味では、何の役にも立ちません。なぜなら基本的に、ギリシア神学からギリシア文化生活全体の中に流れ込んだものの非常に多くは、ピュティアの啓示のおかげで生じたのですから。ピュティアたちは、一般にこの第三段階か第四段階にまで到った人たちだったのです。

しかし、後の私たちの時代には、もしも、ある人物が聴罪司祭の賢明な指導の下に、これらの段階を通過して、妨げられず自分の内的直観に没頭できたならば、病理的であったとしても、非常に大切な事柄がその人から生じうるのです。そのときには、医者や祭司だけでなく、教会全体がその人物に関心を向け、その人物の死後、その人物を聖人にするかもしれません。聖テレジア［die Heilige Theresia, 1515–82］はほぼこの四段階の道を通っていったのです。

愛する皆さん、医学と神学の観点から人間の本性に眼を向け、その分野で働こうとするのでしたら、以上に述べた事柄において修行に励まなければなりません。そうすれば通常の考え方の枠を超えて進んでいけるでしょう。通常の考え方はここでは意味を失うのです。なぜなら、そうでなければ、聖者と愚者、狂人と天才の区別がつかなくなります。誰かが通常の平均的な市民であるというだけで、それ以上の区別はつかなくなるのです。

以上が人間本性の見方です。まずこの見方を理解して下さい。この見方は本当に根本的に秘教の分野へ導いてくれますが、それと同時に、心理上の障害だけでなく、肉体上の疾患についても非常に深い見通しを与えてくれるのです。実際、愛する皆さん、このような諸段階が生じるためには、一定の前提が必要なのですが、そのような前提とは、完全に入り込んでいないような自我と、そのようなアストラル体との或る種の整合性ということです。しかし、その整合性が聖テレジアのように繊細なものではなく、粗雑なものであれば、次のようなことが生じます。聖テレジアの場合、自我組織とアストラル体との繊細さを通して、彫塑的に、一定の身体器官、特に下半身の諸器官がはっきりと自我組織とアストラル体とに結びついて作られていました。

しかし、自我組織とアストラル体とが粗雑でありながら、こういう特徴をもっている場合が生じえます。そのときは、自我組織とアストラル体が粗雑なので、そういう人格がかなり正常でありえても、その場合、身体に相関関係が生じ、身体に疾患が生じます。言い換えると、私たちは聖テレジアと同じ体質を持つことができます。一方では彼女の表現の詩的な特徴を持ちながら、もう一方では身体上の対応物として、下半身に疾患のある諸器官を生じさせるのです。その病的な諸器官は、自我組織とアストラル組織と調和した働きを示すことができないのです。

以上のすべてを申し上げる必要がありました。こういうすべてを洞察しなければならないのです。なぜなら、医療に携わる人も、祭司職にある人も、こういうすべてを避けては通れないからです。こういうすべての場合に対応することができなければならないのです。神学者はこういう現象に応えることができたとき初めて、神学上・宗教上、有効な働きをするようになります。医者もこういう現象に応えられたとき初めて、人びとの治療師になれるのです。

第三講

一九二四年九月一〇日

愛する皆さん、昨日述べたような考察を続けていくと、人間の本性全体がより深く見えてきます。特にこういう諸現象の中に健康から病気への移行の意味が見えてきます。ですから人間の進歩の中に生じる病理的な方向と、同じ進化の過程での秘儀参入の方向との間の共通現象について、もう少し話を進めていきたいと思います。

昨日述べた聖テレジアのような人は、そうした進歩を典型的に示しています。こういう人物の進歩の道を観察するときは、昨日とは違った観察をすることもできます。すなわち知覚領域の中に霊界が現れる場合の観察を、です。もちろん通常の言葉でこういう現象を正確に述べるのは困難ですが、できるだけ理解していただけるように話してみたいと思います。そのときの最初の霊的な現象は、「神の宮居への参入」と呼ばれます。

この第一段階での霊的体験は、単なる「存在感情」のような在り方をしています。何らかの霊的本性の存在をはっきりと見るのではなく、特に体験が終わったあとで、今まで自分は霊的本性と一緒にいた、という実感をもつのです。そういう人は、霊的な存在と共にいたのを強く実感できたので、別の人がヴィジョンや情景をもっと具体的に語るのを聞くと、不快感さえ覚えるのです。自分の体験のほうがはるかに内的であり、身近であり、かつ真実である、と思えるからです。そして、超感覚的なものは眼で見るようなものであってはならない、神の存在を感じ取れるだけで十分だ、と感じます。これが最初の体験です。

次いで、このような人物は第二段階に到ります。そのときはすでに、霊的本性たちのことを実際にイメージできるようになります。もちろんはじめは、何かに触れた、と感じるだけです。神の手に触れたとか、その手が自分の額に触れたと感じるときさえあります。しかし、眼で見たと言えるようなヴィジョンを体験するのではありません。

けれどもこの状態がさらに進むと、視覚体験を思わせるようなヴィジョンにまで到ります。そして例えば、イエスが実際の人間のように眼の前に立っているのを見るのです。以上が第二段階です。特徴的なのは、第一段階から第二段階へ入った人が、以前別の人がこの第二段階の体験を話すのを聞いて、不快な思いをしていたことを忘れてしまっていることです。この二つの段階は、記憶によって結びついているのではなく、ひたすら今の段階を集中して体験しているだけなのです。

特に大切なのは、第三段階の体験です。そういう人物の述べるところによると、あらゆる方向へ向かって鋭く色づけられたものを体験するのですが、その体験が生じると、非常に大きな痛みが襲ってくるのです。しかも、肉体とエーテル体に起因するその痛みの体験は、うめき苦しむほどにまでなるのです。それにもかかわらず、当の人物はこの苦しみを欲しています。痛みを体験することが体験の正しさを示していると思えるからです。

次いで、その人物は痛みを内的に変化させるようになります。興味深いことに、痛みが快感にまで高められるのです。痛みが生じると、客観的には事情がまったく変わっていないのに、霊的にはさらに進歩していきます。その人物が霊的な状態からふたたび引き離されたなら、痛みを病人と同じように感じたでしょう。体験のこの最高段階から戻ったときも、同様でしょう。

しかし、この段階では、つまり霊的本性が自分のところに来ると感じるのではなく、自分が霊界の中に引き上げられた、この最高段階では――「主観的に」と言いたいのですが、この言い方はぴったりしていません――、痛みが歓喜に変わるのです。そのとき痛みが客観化される。象徴的な客観化が生じるのです。それゆえ、こういう人物が体験からふたたび戻ってきて、その体験を覚えているなら――そしてこの最高の体験の場合、大抵は忘れずにはっきりと憶えています――、その場合は、次のように述べるでしょう――「自分の傍にセラフィームかケルビームが立ち、剣で自分の内臓を突き刺した。それは恐ろしい痛みを与えたけれども、その剣を引き抜いたとき、剣と一緒に内臓が引き出された。そして内臓が引き出されたことが、神の傍らでの最高に歓喜に充ちた体験に変わったのだ」と。

皆さん、概してこのような経過を辿るのです。この相前後する諸段階は、人智学の認識の力で、次のようにあとづけることができます。第一段階は、昨日述べた前段階が経過したあと、自我組織が、昨日述べた図式の第二段階［口絵1、中央］に示されているように、アストラル体を自分のほうに引き寄せ、この自我組織とアストラル体との結合だけが、通常の場合のように肉体とエーテル体の中に深く関わることなく、体験を共にする段階のことです。

ですから、通常の意識においては決して生じることがありませんが、半ば目覚めた状態、または四分の一か四分の三、目覚めた状態においては、自我組織とアストラル体だけによる独自の体験が生じるのです。その際、エーテル体と肉体による体験も、それと並行して独自に生じます。自我組織とアストラル体に生じる霊的な体験と並行して、エーテル体と肉体の体験も別個に生じるのです。

このことは通常の意識においては決して生じません。なぜなら、通常の意識では人間本性の四つの部分が互いに集中した仕方で結びついており、並行して別の体験が生じたりはしませんから。いつもは、すべてが互いに結びついている。どんな場合でも、人間とその体験内容とはひとつに結びついているのです。

人間がまず初めに体験する主要なことは、一つであるということなのです。なぜなら、アストラル体が自我組織に引き寄せられ、霊的な実在を体験するとき、そのアストラル体はその実在を今ここにあるものとして体験するのですから。ちょうど自分のからだを体験するように、その実在を体験するのですから。私たちは知覚する自分を自分だと信じ、知覚内容を自分の外にあるものとは思いません。知覚する自分を自分だと思っています。これが「自分は今ここにいるという体験」です。

そこから第二の段階に到ります［口絵1、中央］。この段階で興味深いのは、まずいろいろな接触を体験することなのですが、その体験は、通常の病理学の観点からすると、すぐにでも病気の症状と取り違えられてしまいます。つまりヴィジョンを体験する。この段階では、自我組織とアストラル体組織と、さらにエーテル体とが肉体から引き上げられて、一緒にそういう体験をしているのです。この場合にも、それと並行して肉体が自分の独自の働きを続けています。そしてそういう場合、ある特別の事情が生じます。

日常、私たちが眼で何かを見ると、眼は外の光に刺激され、その刺激をさらに内部で受けとります。その刺激はエーテル体にまで続き、そして意識体験を生じさせる。眼でものを見るとき、最初の外からの刺激が自我の中に働き、アストラル体の中に入り、エーテル体にまで及ぶと、エーテル体は肉体組織のあらゆる方向に向けて作用することで、意識体験を生じさせるのです。意識体験はこの作用によって可能になる。これが正しい経過です。図式化すると、眼の場合の経過はこうなります［図1］。

刺激が与えられると、まず自我の中で作用し、その作用はアストラル体へ、エーテル体へと移ります。エーテル体の中で作用するものは、あらゆる方向で肉体に働きかけ、肉体はその作用を押し戻す。その押し戻しが眼の意識的な体験なのです。これがエーテル体と脈絡膜［網膜の外側にある膜］、網膜との間での絶えざる作用なのです。脈絡膜と網膜の中でのエーテル体の作用は、通常の意識では視覚体験となって現れます。どんな感覚体験にも同じようなことが生じます。このことを洞察する人にとって、こんにちの心理学または認識論の説明は、子どもだましのようなものなのです。

さて、先ほど述べたような人の場合、エーテル体は直接、内的な体験に捕まえられます。その体験は、自我とアストラル体とエーテル体の中にあって、今は感覚に働きかけないで、内から神経＝感覚系に作用するのです。まず腺組織に作用し、次いで神経系に、そしてそこから感覚に作用を及ぼす。ですから、感覚は通常の場合とは

［図1］

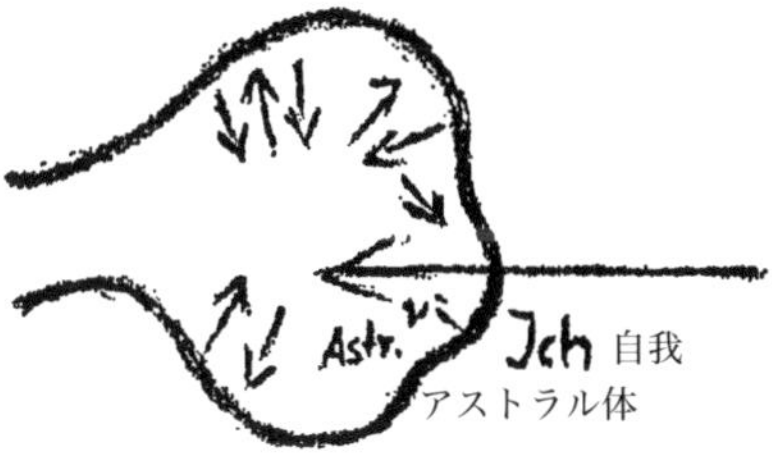

正反対の仕方で捉えられるのです。

通常の意識体験なら、感覚を通して刺激されるのですが、その代わりに、意識体験は、内から感覚の輝きを投げかけることで多彩に色づけられ、集中化され、イメージに充ちたものにされるのです。その場合、光に刺激されると、知覚神経の中に接触体験が生じるのです。この体験がヴィジョンにまで高められます。以上が内的経過の全体です。

さらに進歩し続けると、いつもと異なる方向から自我組織とアストラル体とエーテル体が肉体を捉えようとします。肉体は内から捉えられるのに慣れていません。外から捉えられることだけに慣れている。その肉体が今、内から捉えられる。本来なら人間の霊的＝魂的組織が霊的＝魂的世界から受胎の三週間後に体内に降りてくるときだけに生じる経過が、今、人生の真っ只中で生じるのです。いつもはエーテル体が肉体と結びついているので、この経過は日常、生じることはありません。しかし今、エーテル体は引き出され、自我組織とアストラル体に捉えられています。誕生に際しては肉体を捉えたのですが、今はさらに進んで、この肉体を別の側から捉えようとします。それは痛みを伴う経過です。なぜなら、そもそもどんな痛みも、病気の場合も、身体がいつもの仕方とは異なる側から捉えられるときに生じるのですから。

しかし、このことが生じるのは第三段階に達した瞬間です。この第三段階では魂の働きが客観化されて、肉体に侵入するのですが、肉体はそれに反抗するのです。肉体は、正規の秘儀参入の場合を例外として、そのような侵入に反抗し、それゆえ痛みを生じさせます。痛みの中でこの侵入をはねつけようとします。これが第三段階における体験の第一段階なのです。肉体が反抗するとき、その反抗が痛みとなって現れるのです。

一体、この痛みが生じることによって、何が起こるのでしょうか。痛みを通して、本当に霊界が入ってくる。霊界が痛みを媒介にして入ってくるのです。霊界はまさに別の側からやってきます。通常の感覚知覚や思考の場合、物質界が働きかけてくる。霊界はそれとは反対の仕方でやってくる。霊界への道は、痛みを通るのです。

けれども、肉体が反抗する瞬間には、もちろん烈しい痛みが生じるのですが、その痛みが霊界によって捉えられ、霊界が入ってくると、その痛みは歓びの感情に変わるのです。そうなのです。まず生体に痛みが生じます。しかし、その痛みの中へ霊界が働きかけ、痛みに浸透します。ケルビームかセラフィームがそこに現れます。そして、剣を突き刺し、引き抜く。すると、肉体は、いつもの状態から引き離されます。いつもは内臓に同調しているのですが、そのとき肉体は内臓による体験ではなく、霊的な体験に移行します。そうすると、肉体の痛みが歓喜に変わります。痛みが神の顕現、または霊界の顕現に変わるのですから。

この最終段階は、この経過全体に耐えられるだけ十分に力強いエーテル体をもった人によって体験されます。それは、カルマの結果生じる体験です。例えば、聖テレジアの場合、その魂は前世において十分に力強くなっていました。そして、聖テレジアとなって生まれました。その魂は、肉体に受肉する前に、集中してエーテル体に働きかけていました。ですから彼女のエーテル体は、他の人の場合よりもさらに力強く、内的・質的にいっそう集中していました。そういう内的・質的に強化されたエーテル体をもっていたのです。この質的に強力なエーテル体はふさわしい仕方で肉体から抜け出て、アストラル体、自我と強く結びつくことができました。一方、彼女のアストラル体と自我も、前世以来、力強く育っていました。

その結果、疾病が、少なくともある種の症状が生じました。テレジアのエーテル体は、自分の生命力に充たされていたので、肉体の諸器官に従おうとはしなかったのです。

ですからこういう人の場合、体験が第三段階に達すると、往々にしてその肉体を病気にしてしまうのです。けれどもエーテル体がそれと同時に、力強い仕方で、すぐにその病気を克服してしまう。ですからそのとき、病気の発生過程と同時に、自己治療の過程が内なる強力なエーテル体から生じるのです。その経過全体は潜在的な発病と治癒の経過です。これは人間の進歩の領域での、もっとも興味ある経過に数えられます。

まさに聖テレジアのような人物の生涯の最終段階で、たえざる発病と治癒の繰り返しが見られるのです。発病と快復のこのすばらしい繰り返しは、もちろん物質界で生じるのではなく、霊界において生じるのです。

いいですか、エーテル体は地上の受肉以前に作られ、そのときにその形姿を得たのです。聖テレジアのような人物は、このエーテル体の形姿の作られる瞬間の中へ引き戻されます。しかし、彼女はその瞬間に病理状態を引き起こしながら、誕生以前の世界である霊界へ高まります。振り子は肉体へ沈み、霊界へ高まります。霊界＝物質界、霊界＝物質界です。しかし、物質界体験も強烈です。通常、この体験は、受肉に際して持つだけですが、この内なる治癒過程、この宇宙から遂行される治癒過程は、非常に強烈なので、そういう人物の近くにいる病人を治癒させることができるくらいなのです。

影響はもっと先まで及ぶことがあります。後になると迷信的な遺骨崇拝や魔術的な儀式となってしまいますが、こういう事柄はもっと古い、よりよい教会時代には、繊細な、秘教的な仕方で行使されたのです。宗教上よりよい時代には、こういう人物の霊視にまで到る直観によって伝記が書かれ、それを信者たちが読んだので、信者たちはこういう人物の生きいきとしたイメージで心を充たすことができました。

こういうことがいつもあったとは言えませんが、事情に通じた指導者は或る種の病人に、霊視によって記された伝記を読むように手渡したり、多分その指導者自身の言葉で励ましたりして、病気を快復させることができました。ですから、こういう聖者の生涯は、患者の心に働きかけ、治癒的な力を及ぼしたのです。

いいですか、人間の本質に深く入っていくような考察は、常に健康な状態から病的な、しかし超感覚的な体験の状態へ導くのです。ですから、超感覚的世界へ参入するための修行をする誰かに助言するときには、自我組織とアストラル体とエーテル体を強めるような助言をしなければなりません。そうすれば、私が述べたカルマ的な作用が正しい経過を辿るでしょう。秘儀参入の過程を研究するのでしたら、病気すれすれの厳しい経過を研究しなければなりません。ですから、こういう人物の生涯を研究することは、医者にとっても少なからぬ意味があるのです。なぜなら、医者はまさにこういう人物の生涯の中に、逆説によってしか語れないような事柄が見出せるのですから。つまり、こういう人物の生涯の中には、そこここに現れる病的な徴候の健康な対応像を、医者にとって最高に稔り豊かな対応像を見て取ることができるのです。こういう伝記の中には内的・秘教的に、治療過程にもっともよく導いてくれる何かがあるのです。

さらにこれに加えて、患者のエーテル体の治癒力に働きかける物質成分（薬）を認識する必要があります。聖テレジアのエーテル体がどんな仕方で、病気の始まりに力を発揮するかを学び、そしてアンチモンの中に働いている健康快復力を学んで、治癒過程を自然そのものから読みとるのです。

こういう人生体験を考察すると、奇妙な、逆説的なものに出会います。すなわち人間ではなく、霊的本性たちが病気を治療していることが分かるのです。なぜなら、人間が病気を治療するのは、治癒過程のひとつの側面にすぎないのですから。それはひとつの側面、大地の側面に由来する治療なのです。病気を治療によって克服するのです。

けれども人間に関与する霊的本性たちは、病気を別様に扱い、病気をカルマの網に引き込みます。それがこの本性たちの仕事です。もちろんその作業は、この世の医学のような仕方で、病気の原因を突き止めようとしたりはしません。地上では、一七歳の誰かの病気を四五歳のときに治療したりはしません。けれどもカルマとの関係で言えば、ある人生での病気は——快復するにしろ、しないにしろ——多分三〇〇〇年にわたるカルマの中に組み込まれているのです。なぜなら霊界における時間は、まったく別の尺度で計られなければならないからです。しかし霊的な観点から見て、霊界から物質界へ作用を及ぼしているような経過からは、非常に多くを学ぶことができるのです。

今示唆したような経過を考えてみて下さい。多分この世の時間経過からすれば、三〇〇〇年かかるような場合です。この線を引いたのは、こんにち人間の身に生じる事柄が、霊的存在たちによると、その精算に三〇〇〇年もかかってしまうことを示しています［図2、上部］。そして、それが正常な経過なのです。けれども通常、私たちは時間を非常に不正確に経験しています。時

日常経験している時間は、無限の過去から現在を通って未来へ流れていく線のようです。時

間をそれくらい不正確に捉えています。もちろん、線といっても太い綱のような流れです。時間は世界の中で、現在の瞬間瞬間に知覚する一切を含んでいるのですが、大抵の人は、その時間の流れを気にとめてはいません。霊的に見ると、事実はそうではないのです。時間をひとつの線のように考えている限り、すべての物質上の経過の中に存在する霊的な経過を理解することはできないのです。

けれども現実の時間はそのようではなく、私が黒板に描いたように、糸の全体は、もつれた糸の玉のように存在しています。時間の経過全体がこのもつれた糸玉の中に存在しています。三〇〇〇年はこのひとつの糸玉の中にあるのです。時間はもつれています。そして時間がなんらかの進化のためにもつれますと、そのもつれた糸玉がまさにひとりの人間の中で生きることができるのです。聖テレジアの生涯には、ひとつのもつれた時間が生きていました。この時間は本来、秘儀として生きています。カルマの中でばらばらに離れていた事柄が、結び合っているのです［図2］。

こういう現象を知るには、内なる霊的なカルマ考察と外なる病理

［図2］

的＝治療的な考察とを結びつけなければなりません。けれども皆さん、カルマ的な関連、霊的なものに眼を向ける祭司と、医学的観点に従う医者とをどのように結びつけたらいいのでしょうか。こういう事柄を洞察するには、理論的な知識だけでなく、事柄の中に生きることが必要です。医者は病理的＝生理学的な観点に従わなければなりません。祭司は神学的＝カルマ的な観点に立って考察しなければなりません。そして両者の共同の働きの中で、ディレッタントふうな寄せ集めになるのではなく、繰り返して調和を達成しなければなりません。

皆さん、私たちの時代には、さらに別のことがこれらの事柄と関連しています。愛する皆さん、本来とらわれぬ心の持ち主であれば、当然分かるはずのひとつの理念を理解することが、人によっては好ましくないのです。ですから、頭から否定しようとするのです。私は自由なる意志について言っているのですが、哲学者たちは知性では扱えないこの理念を否定しようとします。私は感覚的知覚についてこう申し上げました——「生理学や心理学の扱う事柄は、事柄を洞察する人にとっては児戯に等しい」と。しかし、意志の自由という理念を議論すること自体は、とても必要なことです。なぜなら自由なる意志による決断は、どんな場合にも、その人の本性すべての表現なのですから。

自由なる意志の働きの中には、健康であれ、病的であれ、半ば病的であれ、超健康的であれ、人間の本性全体が表現されています。全人がその中に生きています。けれどもそこには、人間の複雑さもはっきりあらわれています。その複雑さが認識できれば、人間の本性を知ることができます。皆さん、そうすれば、異常な人のあれこれの異常な色合いは消えて、どんな人の場合も、調和を体験できるのです。こういう言い方は通俗的ですが、本当なのです。

人間は一方ではケルビームに通じており、他方では悪魔に通じています。私たちは悪魔に通じる道についてもあとで研究するつもりですが、こういうすべてが、どんな人の中にも存在しています。そして対立する諸活動が、さまざまな方向に同時に力強く発展していきます。どんな人の中にも天使がおり、そして同時に悪魔がいます。天使と悪魔が何かに対して同時に力強く働けば、両者の力は互いに相殺されます。

この天秤〔図3〕を見て下さい。ひとつの点がここにあります。ここを持てば、全体を持ちあげることができるし、すべてを動かすこともできる。動かさなければ、ずっと静かな状態を保つ。この点は、右と左に載っているものに触れてはいませんが、触れなくてもいいように調えられています。同じように、人間においても、それ

[図3]

霊　Geist　　Natur　自然

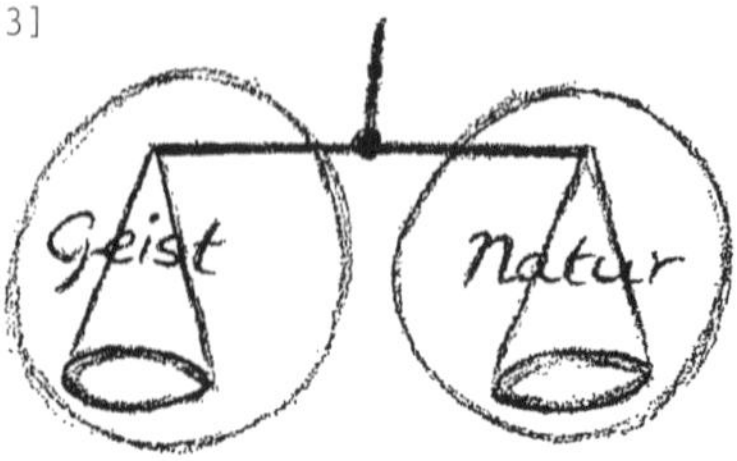

に似た霊的な点が相互に対立する力によって作られる。このことから人間の本性を研究することもできます。

皆さんはどこにも、人間を自由な存在と定めるきっかけがもてません。なぜなら人間の本性の中のすべては、因果的に規定されているのですから、唯物論の立場で人間本性を研究すれば、自由の理念には到らず、因果関係を知るだけです。

しかし皆さんは、人間を霊的に研究することもできます。しかしその場合も、神または霊的本性たちによる意志決定に到るとしても、意志の自由には到りません。極端な唯物論者として自由を否定し、意志の自然因果性を研究することもできますが、ライプニッツのように繊細な頭脳をもち、霊的なものに眼を向けることもできます。しかしいずれにせよ、決定論に到らざるをえないのです。もちろん、天秤の皿と天秤の竿だけを研究していれば、上下の動きだけを見ています。人間を自然として研究するときもそうですし、人間を霊として研究するときも同様です。いずれにしても、自由には到りません。皆さんは中央の、この両者の間の支点に身を置いているだけなのです。

そうであれば、理論の域を出ません。しかし、実際はこうです。――皆さんは眼の前にいる、困難な生活状況に陥っている人に対して、その人の行為の責任をその人にとらせることができるかどうか決めなければならなくなるのです。いったい人間は自由意志をもって生きているのでしょうか。どうしたらそう決めることができるのでしょうか。自分の霊的・物質的な組織が均衡を保っているかどうかを判定することによって、そうできるのです。医者も祭司も、この両方の場合に到ることができるのですから、霊と自然の均衡の状態か、あるいはこの均衡が破られた状態かを洞察する訓練を積まなければなりません。人間本性の深い認識による以外、人格の責任感について何も決定できないのです。責任感と結びついた自由の問題は考えうるもっとも深い問題なのです。

この点の考察をさらに進めて、明日は何が健康にし、何が病気にするのか、見ていこうと思います。

第四講

一九二四年九月一一日

愛する皆さん、今日は人智学の一章を私たちの考察に加えようと思います。この一章は、これほど詳しく一般聴衆の前で語る必要はありませんが、健康な自己責任と責任をとれない病的な状態とを論じる医師と祭司にとっては、重要であり、有用であるはずです。

その際、特に重要なのは、次の問いに眼を向けることです——「何が遺伝され、何が遺伝ではなく、別の仕方で人間本性にもたらされるのか」。

この、いわば人間本性にもたらされた内実を二つに区別することは、健康な人と病気の人を判断する上でも非常に重要な基準になります。人間が霊的＝超感覚的世界から感覚世界へ入ってくるとき、つまり遺伝によるものと、前世並びに死から新しい誕生までの滞在からもたらされるものとが結びつくとき、子どもは日毎、週毎に成長していきますが、肉体、エーテル体、アストラル体、自我組織という四つの本性に眼を向けない限り、この成長を理解することはできません。なぜなら、それぞれ異なる世界に由来するこの四つの本性がこの成長にそれぞれ深く関与しているからです。

人間はまず身体組織をもっています。この身体組織のもっとも目立った現象は、第一・七年期で乳歯が生え変わる、ということです。

さて、歯の生え変わりは、代謝の極端な例にすぎません。私たちは生まれたときから歯の生え変わりまで、同じ身体形態を担っていますが、たえず特定の成分をその形態から外へ排出しています。この経過はとても複雑で、七、八年毎にその成分のすべてを入れ替える、と単純に考えるわけにはいきません。そう言えなくはありませんが、例えば、歯の生え変わりだけを考えても、歯は一度生え変わったあとは、新しくなりません。歯は極端な場合なのですが、一般に地上での成長の過程で、人は年をとればとるほど、古い物質成分を保ち続けるようになります。大抵の場合は七、八年周期で物質成分は入れ替わりますが、それでも体内に留まり続ける成分があるのです。

生まれてからの七年間に、私たちは生まれたときの物質素材をすべて棄てます。何も残りません。ただそこに働いている作用力だけが残って、最初の七年間に必要な素材を新たに獲得するために働いています。けれども、愛する皆さん、本来の遺伝原則は、こんにちの自然科学の意味では、この最初の七年間だけ有効に働いています。この七年間だけ、親や祖先の特性を遺伝されているのです。肉体は、最初の七年間、一種のモデルになっており、人体の中で働いている芸術家、つまりエーテル体とアストラル体と自我は、それ以後このモデルに従って、新しい肉体を作りあげていくのです。

このように、霊界からもたらされた個性と遺伝されたものとは、芸術的ともいえる相互作用の中で、働き合っているのです。個性の強い人は、内的に烈しく、強いアストラル体と自我本性をもって生まれ、それがさらにエーテル体を強くし、あまりモデルに依存せず、ただモデルの一般的な形態だけに従っているのです。人体形成に敏感な人なら、もちろん、一般的な人間モデルを大切にして、遺伝による人間形態に同化しようとするでしょうが、特にそういう特質が歯の生え変わる後まで続くでしょうが、しかし丁寧に見ていくと、内的に強い個性であれば、歯の生え変わったあと、本質的な変化が現れてくるのが分かります。それは力強い個性が遺伝によって伝えられたモデルにあまり依存しないからなのです。

聖テレジアのような力強い個性の場合、最初の七年間は両親に非常によく似ていましたが、九歳、十歳になると、本来の個性が現れて、驚くほどその姿に変化が現れるのです。

ですから、遺伝は厳密には最初の七年間だけ有効に働き、その後の遺伝的特徴は遺伝そのものではなく、遺伝されたモデルに従った作業の結果なのです。その作業の結果は、多かれ少なかれモデルに似てくるでしょう。しかしそれは遺伝ではなく、遺伝された特徴の模倣なのです。

従来の自然科学者は、通常の遺伝原則がその後も働き続けると思うかもしれませんが、人間の本性を洞察すると、歯の生え変わる前と後では、両親との類似の点で、質的にまったく違った在り方が現れます。歯の生え変わる前は、本当に遺伝の力が働いています。歯の生え変わったあとは、モデルに従って働く個性の力が現れています。厳密に観察すれば、七歳から一四歳まで、つまり歯の生え変わりから思春期までの特徴は、遺伝されたものとはいえません。ちょうどドレスデン画廊で「システィーナのマドンナ」を模写している人に対して、彼の絵はこのマドンナから遺伝されて画家の特徴を受けとったとは言えないようにです。

それではエーテル体はその際、どのような働きをしているのでしょうか。アストラル体と自我組織は、歯の生え変わるまで、まだこういう働きをしていません。エーテル体は新しい肉体をモデルに従って形成しています。なぜ、そうするのでしょうか。もちろん自然に向かってそう問うことはできませんから、これはレトリック上の問いです。なぜ、そうするのでしょうか。なぜなら最初の七年間の人間の本性全体が、外界からの異なる印象を特別の印象であると受けとることがまだできずにいるからです。この点で私たちは、人間の成長における非常に重要な秘密に触れるのです。すなわち、子どもは何を知覚しているのか、という問いに答えてくれる秘密にです。

この問いに対する答えは、現代人の考え方からは大きくはずれています。しかし、この問題を以下のように考察すれば、きっと皆さんは分かって下さると思います。

人間は死から新しい誕生または新しい受胎まで、霊界で生きています［口絵3、上］。人間はこの霊界で、物質的に見出せるものとはまったく違った現実存在たちに取り巻かれています。この世界の法則は、この線［白］で示しておきます。人間はこの世界から物質界へ入って、物質界で受けとった身体で生きています。しかし物質界でも、もちろん感覚的知覚によって隠されていますが、ここにいたときと同じ力［赤］が働き続けています。

愛する皆さん、私たちの見る樹木には、死から新しい誕生までの間に出会ったときと同じ霊的な力が働いています。ただその力は、樹本の物質素材によって隠され、覆われています。私たちが誕生から死までのあいだ生きている物質界のいたるところに、物質的＝感覚的な存在の背後にも、霊的な力が働いているのです。ですから、私たちが誕生から死までのあいだ生き続ける世界には、霊界の力が依然として作用し続けているのです。

さて、最初の七年間、子どもの本性全体は、すべての色、形、熱さ、寒さの中にあるまさにこの霊的なものとひとつになって生きています。子どもが物質界に生を享けたとき、霊的な作用が継続しているのを当然のこととしていたのですが、歯の生え変わるまでに少しずつその知覚力が弱くなっていきます。

人は気づいていませんが、子どもの感覚的知覚は、おとなの場合とはまったく違うのです。

子どもの感覚的知覚はまったく霊的なのです。ですから、子どもは――教育学で述べてきたように――、怒りっぽい父親の傍にいると、意識してその父親の態度を見るのではなく、その態度の中に現れている道徳的なものがその子の体内に入っていくのです。ですから、肉体をモデルに従って形成している時期の子どもは、霊的な根拠に従い、霊性によって生きています。

では一体、霊性によって生きるとは、どういうことなのでしょうか。色、形、熱さ、寒さ、粗さ、滑らかさが感覚的知覚として感じ取れますが、その場合、霊的には何が作用しているのでしょうか。なんらかの仕方で自我本性に関わりのあるものだけが作用しているのです。自我本性に関わりのある隠れた霊的本性たち、特に高次のヒエラルキアの本性たち、さらには動物の集合魂、四大存在の集合魂も、子どもに印象を与えているのです。こういうすべてが子どもに作用し、そして子どもは、こういう霊的な諸力、こういう壮大な霊的エネルギーに従って、モデルから第二のからだを形成するのです。この第二のからだは、次第に成長して、歯の生え変わりが終わる頃、はっきり姿を現します。人間は生まれると、自分本来の第一のからだを育てます。このからだが肉体なのですが、霊界に由来するからだなのです。

皆さん、この時期の子どもの中に働いている不器用さ、頼りなさのすべてには、特別の法則性が見られます。そういう不器用さ、頼りなさの中で、子どもは魂を働かせ、からだを動かしながら、物質界に適応していかなければなりません。そのとき、まだ半ば無意識的に、夢見る

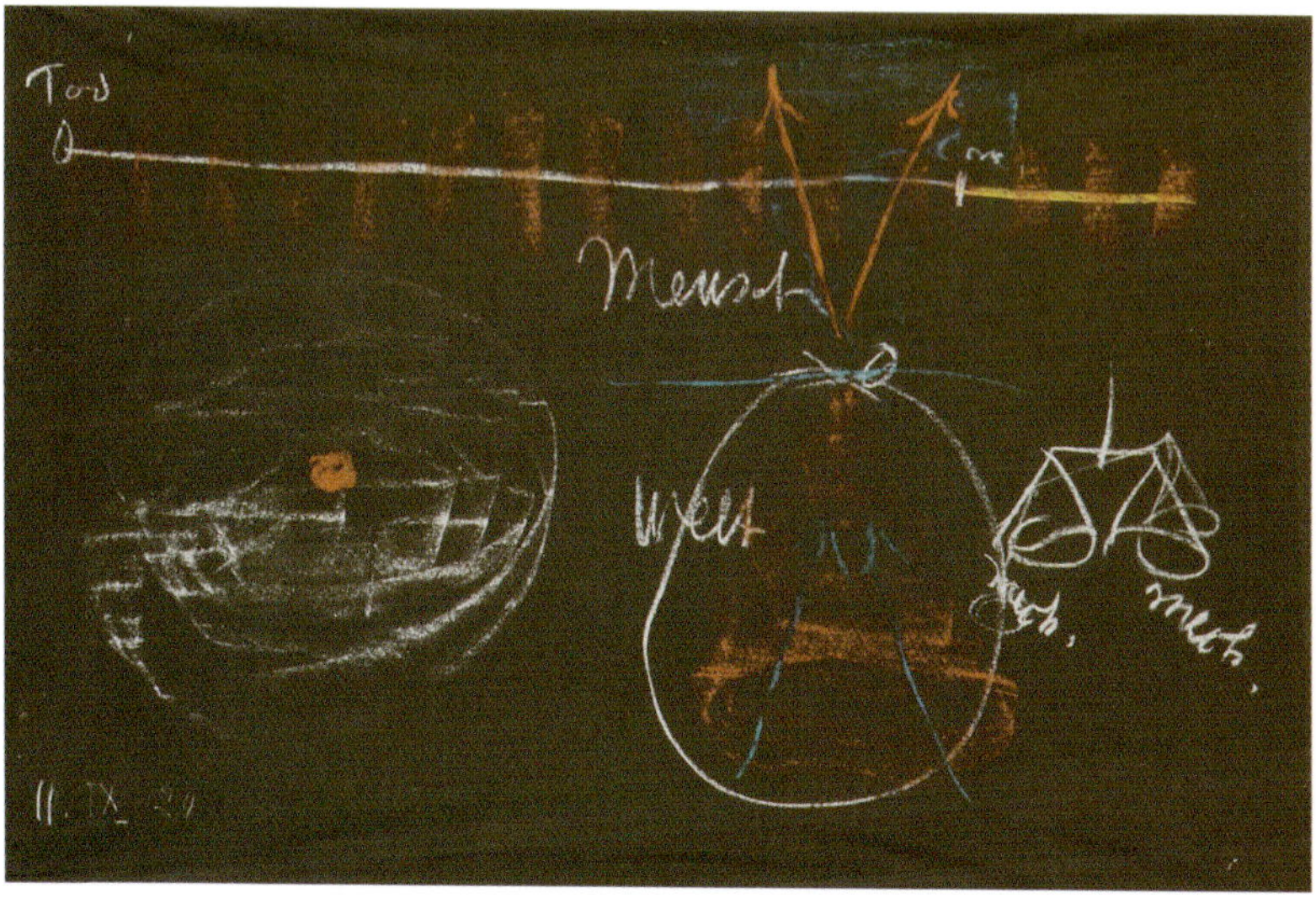

[口絵 3]

ようにして、子どもの周りに霊界が存在しています。子どもは本来、まだこの霊界の中で生きているのです。

もしも医学が正しい霊性を獲得できたなら、第一・七年期のこの霊界と物質界との相互の求め合いの中に、小児病の深い、本当の原因を見出すでしょう。そして私たちは、こんにち言葉の説明に終始しているようなところにも、もっともっと光を当てることができるでしょう。まだしばしば、言葉だけの形式的な説明ばかりで、現実の中に導いてくれてはいないのですが。

最初の七年間のエーテル体は、このことなしには考えられません。エーテル体は静かに第二・七年期のあの能力、独立した能力、より知性へ向かう記憶能力を発達させます。第一・七年期から第二・七年期へ移行するときの、魂の最大の変容に、どうぞ注意して下さい。エーテル体は、言葉のまったき意味で、第二のからだの形成を、第一のからだの形成よりもより容易に行います。このことは、人が一四歳になってまた歯を生えさせるのではなく、これまでの歯を保ち続けること、他の身体部分も維持され続けることの中に、はっきり見てとることができます。維持され続けるもの、とはいえ第一・七年期に取り替えたもの、それがエーテル体の負担を減少し、エーテル体を自由にするのです。

これは量的には小さなことでも質的には非常に重要であり、魂の特性として非常に大きな作用を及ぼすのです。人間が第三の歯を生えさせないでいられることによって、そして歯と同じように新たに形成しなくてもいい多くの身体部分があることによって、エーテル体の働きに余剰の部分が生じます。第一・七年期には身体を発達させるために費やされたエーテル体が、第二・七年期には余剰の力となって純粋に魂の働きになる。そして、そのほうが人間のエーテル体の本性にはふさわしいのです。

就学適齢期になると、子どもの乳歯は第二の歯に変わります。さらに第三の歯を作らなくてもいいので、余剰になった力は魂の能力になります。このことは人間本性の深いところに作用を及ぼします。第一・七年期の魂は、身体の発達の中にすっかり嵌《は》まり込んでいました。ですから、身体は、霊的＝魂的でもあり、身的＝体的でもありました。第一・七年期のからだの中には、言葉のまったき意味で、霊的なものが働いていていました。

しかしこのことは、一般の宇宙の進化過程に対して、どのような関係にあるのでしょうか。皆さん、宇宙の中では、第一・七年期に働いている魂の力と同じ力が、太陽の力として働いています。太陽からは物質的＝エーテル的な太陽光線が輝いてくるだけでなく、物質的＝エーテル的な太陽光線の中に、私たちのエーテル体が最初の七年間に身体を更新するときの力と同じ力があって、その力が地上に射してくるのです。そのとき働きかけてくるのは、太陽の実体なのです。

子どもを見て下さい。どのように子どもはモデルに従って第二の身体を形成しているでしょうか。そこに働く力は、太陽の光から吸収された力そのものです。人間がどのように宇宙に組み込まれているか、理解できなければなりません。私が述べた仕方で、一定のエーテルの力を歯の生え変わりと共に取り戻すとき、このエーテル体の力はさらにアストラル組織と自我組織に向かって働きを返します。そうすると、人間は人生の第二期に、第一期にはまったく存在しなかった月の力に通じるようになるのです。

太陽の力は第一・七年期においては、エーテルの力でした。月の力は歯の生え変わりと共に働きかけてきます。その力はアストラル体の力と同じ力です。ですから人間は、歯の生え変わりと共に、太陽の領界から月の領界へ入っていきます。とはいっても、人間は太陽の領界にも留まり続けます。太陽の力は働き続けるのですから。人間は、歯の生え変わりから思春期までの間、月の力と共に自分に働きかけます。月の力で自分の第二のからだを、自分の第三のこの世的なからだを形成します。このからだの中では、第一・七年期におけるように多くの成分を取り替えませんが、しかし、その後も成分を取り替え続けます。

しかしまた、力が余ります。今度はアストラル体の力が、です。その力は魂を変化させます。ちょうど思春期のときにです。このアストラル体の力は、からだに働きかける仕事から解放され、思春期と共に、魂の中で自由に働けるようになるのです。まだ歯の生え変わりと思春期との間は肉体の内部で働いていたのですが。

ですから、第一・七年期のためには、もっぱら太陽に由来するものが働きかけています。第二・七年期になると、太陽の力は魂のためにも働きかけるようになります。第二・七年期の子どもの魂は、もっぱら太陽の力に従っているのです。このことは、人間の発達上、偉大な圧倒的な印象を与えます。子どもの魂は、日の光の下に生きているものとよく似ているのです。ですからこういう認識は、心を明るくしてくれます。人間を宇宙との関係の中で示してくれるのですから。

月の力はこの第二・七年期にはまだ体的なものに関わっていて、魂のために働いてはいません。しかし思春期になると、魂のために働きかけるようになります。思春期からの魂の激変は、魂に月の力が浸透したことによるのです。ですから思春期以後の行動は、太陽の力と月の力との共同作業の結果なのです。

このようにして、人間の発達の深みへ眼を向け、自然科学の意味で遺伝を語ることをやめて、子どもの本性に眼を向けますと、子どもの本性、子どもの考え方の中に太陽が生きているのが分かります。石が見えるというのは、太陽の働きなのです。石は光の力をもっていません。太陽の光を反射するだけです。皆さん、自然科学もそのことを認めているようですが、しかし極めて抽象的に、極めて部分的に認めているだけなのです。

第二・七年期の子どもも太陽の光を私たちに反射しています。石の輝きが太陽の反射した光であるように、第二・七年期の子どもの明るい行為も、太陽を反射しているのです。太陽は、太陽として現れるところに存在するだけではありません。肉眼で太陽を見る人は、壺の中のスープの表面のまん中に脂肪の玉を見て、この脂肪の玉こそがスープだと思う人のようです［口絵3、左］。

私たちの物理学的な見方は、しばしばとても幼稚になってしまいます。しかしそのとき、それを幼稚だというと、人びとは笑って相手にしようとしません。現実をただ笑って済ませるだけなら幸せなことですが、笑うべきは科学のほうなのです。脂肪の玉をスープだと思うのは、太陽が全宇宙を充たしているのに、太陽を天空の日の光という脂肪の玉だと思って見ているのと同じなのです。

このようにして月の力と生殖力との関連も見えてきます。実際、生殖力は、第二・七年期に育成され、思春期に出来上がる第二のからだを形成する力でもあるのです。このからだは思春期に出来上がります。そしてこの生殖力は、月の作用力と関連しているのです。

さて人間は、第三のからだ――外から見ると第四のからだですが――を、思春期から二〇代の初めまでに形成するようになります。時期の区分は、あとになればなるほど厳密ではなくなります。成分がますますあとに残って、体内で残留物になります。実際、次第に多くの残留物が体内に生じます。年をとるにつれて、骨からの物質が分離も更新もしなくなります。生体の或る部分は他の部分よりも分離するのに長くかかります。歯は一度生え変わると、その歯がどのくらい保てるかは、ちょうどナイフを使うときのように、どのくらい丈夫にできているかによって決まります。ナイフは自分の金属を更新できません。歯も本質的に更新できません。たしかに生体内のすべては固定していませんから、更新されることはあるでしょうが、それでも本質的には更新できない段階に来ているので、以前よりも生活過程がはるかに緩慢になっているのです。

集中度に関しては、はるかに緩慢になっているのですが、逆に持続の質に関しては、早く変化します。常に更新され続ける身体部分が損なわれる前に、早く損なわれてしまいます。もしも歯が人体の他の部分と同じ法則に従っていたなら、歯医者は必要なかったでしょう。そして、人体の他の部分が歯と同じ法則に従っていたなら、私たちはみな、近代文明の中で若死にしたことでしょう。ですから、歯医者がとても多忙だといわれているスイスのこの地域では、あまり住む人がいなくなってしまったでしょう。この地域に住むと、みんな若死にするという評判が立ったでしょうから。

皆さん、本当に第一・七年期には内的に太陽の力と共に生きているのです。そして第二・七年期には、月の力と共に生きているのです。太陽の力も働いていますが、月の力がそこに加わるのです。

第三・七年期になると、思春期から二〇代初めまで、太陽系の他の諸惑星のはるかに微妙な力も、人間本性の中に取り込まれます。そのときの人間本性においては、成長過程に他の諸惑星の力も現れるのです。そしてこの力は、太陽や月よりもはるかに弱く人間に作用しますから、その影響もあまり外には現れません。一四歳から二一歳までの諸惑星の力は、まだ人体の中で働いていますが、二〇代初めになると、その力が魂的＝霊的なものにも作用し始めます。洞察力のある人は、二〇代初めの人が経験する注目すべき変化を見て取って、それまでは太陽と月だけが行為の中に現れていましたが、今は諸惑星の力が太陽と月のその作用に修正を加えている、と言うでしょう。大雑把に見ていると気がつかないでしょうが、そこには注目すべき変化が現れています。

さて、皆さん、人間の健康と病気を考えるには、こういう関連を知らなければならないのです。十一歳、十二歳の子に月の力が働いていることを知らなかったら、一体その子の何が分かるというのでしょうか。

しかし、ここで疑問が生じるでしょう。――では、そのあとはどうなるのでしょうか。後になって、更新される部分がますます少なくなっていくときも、人間は更新しなければならない部分をもっています。二一歳、二二歳までは、太陽、月、諸惑星が人間の成長に働いていました。次いで二八歳まで、さらに恒星たちが作用するのですが、それを観察するのは非常に困難です。秘儀の叡智をもってして初めて恒星全体が二〇代の人間に作用するのが分かるのです。

そして、それ以後宇宙は、もはや人間に働きかけようとしません。宇宙が硬くなるのです。二八〜九歳になってからの人間と宇宙との独特な関係、宇宙が硬くなることについて、こんにちの学問は何も知らずにいますが、アリストテレスはそのことをアレクサンドロスに教えて、こう語ったのです――「それから人間は水晶天にぶつかる。この天は硬い」と。

恒星圏の外にある水晶天は、人間の直観にとって重要な意味をもっています。人間は、二〇代の終わりになると、更新する力を宇宙のどこにも見出せないことに気づかされます。しかしなぜ私たちは、二八歳で寿命を終わらせないのでしょうか。私たちを取り巻く宇宙は、本来私たちを二八歳で死なせるのです。人間と宇宙との関連を見て取ることのできる人は、宇宙に眼を向け、「おお、宇宙よ、お前は私を二〇代の終わりまでしか生かそうとしていない」と言うでしょう。

しかし、宇宙が人間の形成力に関して人間を見放したとき、いったい人間に何が生じるのでしょうか。それからの人間に何が生じるのでしょうか。二八歳で成長力がまったく失われたことをはっきり示し始めるときに、次のことが生じるのです。ある人たちはそのときすでに衰え始め、別の人たちはまだ成長力を維持し続けます。しかしゲーテでさえ、『ファウスト』第二部をふたたび続け始めたとき、自分のからだを詳しく計量してみたら、小さくなっていたのです。もっと以前からそうなっていたでしょう。

皆さん、宇宙が私たちに形成力を送らなくなってから、私たちは自分の身体の更新を、自分で配慮しなければならなくなります。更新されるべき部分はますます少なくなっていく。最初のからだをモデルに従って形成した幼児期には、形成力が歯に到るまで働きかけていましたが、今の私たちはそれと同じ壮大な規模では自分の新しい身体に働きかけることはできません。けれども私たちは必要とする非常に多くの力を太陽、月、星々から集め、そして二八歳からは肉体を更新するように自分で配慮し、地上を生きる人間としての形態を保てるようにします。しかし地上を生きる私たちが、三〇代になり、昨日別の観点から皆さんに注意を促した時点に到り、さらに年を重ねていきます。

人間は子どものときから多くの宇宙の力を受容しつつ、二〇代の終わりのこの時点に到ると、自分の成長を宇宙の力によっては果たせなくなり、そのときから自分自身のからだの力で活動を続けます。そして二〇代の終わりになると、宇宙の力を自分の中に取り込むことをやめ、自分のからだの力で働くのですが、ただ実際の生活では、図に示したようにはっきり分かれているわけではありません〔口絵3、中央〕。

しばしば、すでに幼児期から、自分のからだからの力が働いていますが、そういう場合、子どもの病的な徴候にもそのことを認めることができ、特に骨の脆さや肥満が幼児期に認められます。しかし、この関連は背後に隠されています。人生のどの瞬間にも、人は宇宙の力と自分の力との間で努力しています。容易に認められるように、この中間点は一種のゼロの地点であり、私たちが時間的に自分と世界との間に立っている無の時点なのです。

私たちは内なる力動性において、常に或るところへ向かうか、或るところから離れるかしています。人間は、このゼロの地点へ向かおうとするか、それともそこから離れようとするかしています。自分の中で生じる事柄は、ゼロへ向かうか、ゼロから離れるかします。私たちがひとつの無へ向かおうとするときは、世界がもはや作用しない時点、人間がまだ作用していない時点へ向かっているときです。この二つの作用の間には、一種のゼロの地点があるのです。

私たちは自分の中に、ひとつの無に向かって方向づけられているものを持っています。このことは、私たちが自由な存在であり、責任をもっていることの証しでもあるのです。私たちは世界から私たちへの移行に際して、無の地点を通っていくことで、責任のある自由な存在になりうる。そのことは人間の在り方そのものに基づいています。天秤の棹は右から左へ、左から右へ無の地点を通していきますが、この無の地点は秤《はかり》そのものの法則には従っていません。

天秤がここにあります［口絵3、右］。ここでは機械の法則が働いています。天秤はその法則に従って、上になったり、下になったりすることで重さを示している。これが天秤、または梃《て》子《こ》の法則です。しかし、この地点はこの法則から自由です。皆さんは天秤を持ち歩くこともできます。機械的な作用に従う他の部分は、天秤をどこへ持っていっても同じですが、しかしこの地点は自由で、天秤とはまったく関係がないように天秤を持ち歩くことができます。

同じように、人間にも、前にはそれに向かい、後ではそこから離れる地点があります。魂の体験をもったとき、以前は宇宙が、後では人間自身がその体験を生じさせたのですが、この地点ではそのいずれも作用していません。しかし向かったり、離れたりするその地点では、人間の中の自然や宇宙の働きとは無関係なものが働いています。そこに人間の自由の原点である無の地点があるのです。そのとき人は責任を理解するのです。

ですから、例えば三五歳になって、単なる興味からではなく、事実に即して責任の重さを知るためには、こう問わなければなりません──「二〇代の終わりの時点までに異常に形成された部分から過剰な作用が生じているのか。この時点が多かれ少なかれ青年期に従っているのか、それともより老年期に従っているのか」。

この地点が正常ですと、人間は責任を十分に果たせます。そのときは、この地点が正常である人間の生活態度に応じて、人生全体を評価できるのです。

この時点があまりにも青春期に置かれ、宇宙が人間に作用することをあまりにも早くからやめてしまった人が少しでも強迫観念に悩んでいたとすれば、魂が影響されやすいのかどうか、行為に十分な責任能力がないのかどうか、よく調べなければなりません。

この点があまりにおそくに置かれると、人間の内的本性が、魂のまったき自由を発達させなかったのではないかどうか、肉体的にあまりに強く規制されていないかどうか、十分な責任を問うことができないのかどうかを問わなければなりません。

医師も聖職者も繊細な感受性をもって、人間の成長を正しく評価できなければなりません。そして相貌学も宗教医療に属しているのですから、私たちはさらに、人が均衡状態で生きているか、無の時点を人生の正しい時点に見出せるか、それとも、もっと早くか、もっとおそくかに見出せるか、その体貌から読みとれなければなりません。

以上のことは、古代の秘儀の叡智として、非常に重要視されてきました。その後、忘れられてしまいましたが、今ふたたび人間学の中に取り入れなければなりません。そうすれば人間学が包括的に、正しい意味で、医療と宗教活動のために働きかけることができるでしょう。

それについては、明日お話しします。

第五講

一九二四年九月一二日

愛する皆さん、私たちが今問題にしている認識は、霊界に通じているとは言えないにしても、霊界を知覚することのできる人間の考察を通して得られました。そういう人物の態度は、容易に病的な症状と取り違えられかねませんが、病理的な状態とはまったく違った状態を示しているのです。この場合、すでに述べたように、病理的なものはその発生時の状態に留まっており、そして霊に由来する治療の可能性が常に存在している状態なのです。こういう状態は、聖テレジアやメヒトヒルト・フォン・マクデブルク〔Mechthild von Magdeburg, ca. 1210-ca. 82/94 キリスト教神秘思想家〕のような人物にも、男性の幻視者たちにもよく見られます。

こういう状態を考察しますと、その初期の段階では、自我組織が人間組織全体から抜け落ちているのが分かります。次いで、自我組織がアストラル体を自分のほうに引き寄せ、アストラル体を覚醒時にもエーテル組織と身体組織から引き離すのです。

その結果、何が生じるのでしょうか。愛する皆さん、そういう場合、人間は一種の夢の状態に陥るのです。そういう態度を霊学的に見ると、自我がアストラル体を自分のほうに引き寄せて、肉体、エーテル体には結びつかせず、それによって一種の夢の状態を生じさせています。けれども、すでに申し上げたように、特別なカルマによって自我とアストラル体が強まると、夢の中で霊界を知覚できるようになる。夢が霊界を見ることのできる状態に変わるのです。その結果、霊界の本性たちが存在しているという実感が持てるようになります。

さて、私たちはそれと正反対の状態に陥ることもあります。アストラル体が弱い自我組織をあまりにも強く取り込んだとき、そういう状態になります。そういうとき、覚醒時に、聖テレジアにおけるような明るさが生じないで、その反対に覚醒時にもかかわらず、意識が暗く、夢の状態にまで曇らされるのです。

私たちはこういう状態になった人のことを、聖テレジアやメヒトヒルト・フォン・マクデブルクのような高められた段階にまで達した人のことを知るような仕方で知ることはできません。聖テレジアのような人や、人が考えるよりもはるかに多くの霊的存在を実感している人のことなら、そのために必要な前提または能力さえ身につけたなら、そういう人びとに語らせることによって、よく知ることができるようになります。こういう言い方を許していただくなら、そういう人は模範的な市民よりもずっと興味深い話をすることができるのです。そういう人の話は、はるかに興味深いものがあり、特に人が日常の中でもつことのできないような事柄を話してくれるのです。ですからこの人たちは、まだ初歩の段階に立っているときも、興味深いのです。その人たちのことを知るには、その人たち自身のことを話してもらうのが一番です。

アストラル体が弱い自我を引き寄せる人たちが自分のことを話してくれるのにも興味がありますが、ただ前者の人たちを理解するためには、祭司のような魂の深化が必要ですし、中途半端な幻視者よりも、しばしばもっと興味深い話をしてくれる後者の人たちを理解するためには、善意ある理解力と共感共苦する心で世の中を受けとめる医師の内なる感情の働きが必要です。

実際、そのとき大切なのは、話してくれない事柄を理解することなのです。話してくれた事柄にはあまり価値がありません。大切なのは、その人たちが言ったり行ったりする事柄を、人体組織と関連づけて正しい展望の下に見ることなのです。こういう人たちは、何かを尋ねても、はっきり答えてはくれず、あまり答えたくないような態度を示します。そして訊かれたこととは違う何かについて語り始めます。

しかし、自分から進んで語るのをしっかり受け止めると――たえずおしゃべりを続けようとする人もいますが――、その話し手の心の中に、通常の人には見られぬような、特殊な考え方、感じ方を見て取ることができるのです。わざわざ問いかけるのではなく、ふともらす言葉に耳を貸さなければならないのですが、そういうときのその人たちは、こんなふうに語り出すでしょう——「十年前、農家の世話になっていたとき、そこの奥さんが私にコーヒーを淹れてくれました。そのとき出してくれたカップの外側には、赤いバラの花が描いてありました。奥さんはすぐにコーヒーを淹れてくれたのではありません。台所に砂糖を置き忘れたので、取りに行ったのです。それからミルクを持ってくるのも忘れたので、ミルクを地下室から取ってきました。そのミルクを八分の一リットル［一二五グラム］ほどコーヒーに入れて、私の淹れたコーヒーはとてもおいしいのよ、と言ったので、私も、そうでしょうね、と応えました」。

そんな言い方をします。その人はずっと以前のことなのに驚くほど細かいことまで憶えているのです。だからそれを聞く人は、この人のように記憶がよかったらどんなにいいだろう、と思うかもしれません。でも、その人のように記憶力がよかったら、その人のようになるのです。

今、典型的な場合として、典型的な言い方をしてみました。多少の違いはあっても、特に医療に従事している人なら、こういう例をいろいろ経験なさっているでしょう。ですから、そういうことの意味を理解していなければならないので、問題がどこにあるか知っていただくために、極端な話をしてみたのです。

アストラル体が自我組織を引き寄せると、一種の力が生じます。その力が自動的に、記憶の中に残されている細部を好んで甦らせるのですが、なんらかの論理的な関連を語るのではなく、相前後した記憶内容を数え上げるだけなのです。したがって，あるときはこれを、他のときはあれを思い出すのですが、どうして思い出すのかを分かって語るのではないのです。

さらにこういうことも言うでしょう――「農家の奥さんは外からミルクを持ってきました。奥さんが外にいっている間、その部屋の隅を見たら、そこに聖母像が置かれていました。その像は三〇年前に別のところで見た像ととても似ていました。そのときの私はコーヒーではなく、とてもおいしいスープをご馳走になったのですが」。

それまでの話からすっかり離れてしまうこともあるでしょうし、また前の話に戻ることもあるでしょう。そういうときの話は、論理的に関連づけて話すのではないのですが、空間的・時間的に非常に正確に、思い出を明るみに出そうとして語っているのです。そういう人のすぐれた記憶力は、よく見ると、非常に特徴的な在り方をしています。すなわち、問題がどこにあるのかをあらわしているのです。そういう人は、何かを体験したとき、一定の言葉のひびきにこだわり、好んでその言い方を口にします。何も考えないで――まったく考えないわけではありませんが――、記憶に残った言い回しを繰り返すのです。

その一方で、意志の領域にも変化が見られます。このことにも注意を向けなければなりません。実際、そうすることによって、次第に本当の病理的な状態に入っていけるのですから。そういう状態については、あとでお話いたしますが、今問題にしたいのは、次のことです。――こういう人たちに何かをやらせて、何かの症状を観察しようとしても、あまり役に立たない。

なぜなら、こういう人たちはとてもかたくなで、言うことを聞いてくれないから。何か尋ねても答えてくれない。何かやってくれることもない。

しかし、それまでの生活を調べて、その人の生活態度を集めてみると、こういう人たちが、例えば一年の特定の時期に意志を活発に働かせているのが分かります。そういうとき、ある地域を歩き回ろうとします。しばしば一年の同じ時期に同じ地域を歩き回ろうとします。そのとき内なる意志衝動が非常に強まっているのです。ですからそういうとき、否定的な態度でどうしてそうするのかを知ろうとすると、例えば、こういう経験をするでしょう。

美食家の例をとってみましょう。そういう人たちの中には、食べることの大好きな人もいるのです。その人をその歩行中につかまえて、おいしい料理をご馳走しますと、その人は次の日も、また同じご馳走がほしくなり、落ち着かなくなってしまいます。ご馳走が食べたいのに、先へ行ってもいいことがなさそうだ、何か良くないことが起こりそうだ、と思ってしまうからです。その人は記憶力がとてもすぐれているので、不安になり、どこかへ行ってしまいたくなるのです。自分の意志力では外的な働きかけに適応することができないからです。

そういう人は直接的な感覚印象に適応することができません。ですから、あらゆることを言葉の貯えの中から取り出すだけで、自分の意志＝肢体系を外的情況に組み込むことをしないのです。一定の仕方で内部から衝き動かしてくる自分の意志の烈しい衝動だけに従おうとするのですが、そのとき自我組織に依存しているもの、自分を外界と結びつけてくれるものをすべて失ってしまっているのです。またはごくわずかしか残していないのです。感覚が鈍く、意志は世界の中にまともに身を置こうとはしません。自我がアストラル体に引き込まれた結果だけに従おうとするのです。

さて皆さん、次のようなやり方で、私たちの医療と、神学を志す者の無私の愛とが一緒になって働きかけることができたなら、非常に役立つことをしてあげられるでしょう。

こういう人の場合、ある決まった事情が現れているのですが、このことを知るためには、こういう人の歯の生え変わりから思春期に到る第二・七年期の生き方を見なければなりません。その第二・七年期の生き方を見るときに大まかな見方しかしていないと、第二・七年期に特に異常なところは見られません。むしろ非常に賢い様子、賢い答え方をする様子を見て、たぶん喜ばしいと思うでしょう。しかし、この時期の子どもの賢い答え方に、よく注意することが大切なのです。なぜなら、この年齢で賢すぎるときは、思春期以後の発達過程で必要な事柄をすでにこの時期に消費してしまうことになるからです。それによって、すでに申し上げたことが生じるのです。

二〇代の始めから発達を遂げるべき自我は、思春期以後に初めてアストラル体の中に取り込まれるべきなのに、そのアストラル体が歯の生え変わったばかりの九歳、一〇歳、一一歳から、自我組織を取り込んでいるのです。私たちはこういう異常な賢さを見て、はじめは喜んでいます。しかし後になり、一八歳、一九歳、二〇歳になっても、自我組織があまりにも深く、アストラル体の中に取り込まれているのです。そうなると、私が申し上げた状態が生じます。そういう症状が出てくる。ですから、今述べた年齢であまりに賢すぎた人には、一定の仕方で対応しなければならないのです。今述べた年齢の子どもたちにどういう態度をとったらいいのかを教育者に知ってもらうために、医師と聖職者にはしなければならないことがあるのです。けれどもまず私は、徴候の記述をもう少し続けようと思います。今大切なのは、これまで考察してきたことを相互に結びつけることなのです。

しかし今、問題にしなければならないのは、エーテル体がアストラル体と自我にあまりにも強く結びつく場合です。アストラル体と自我が、覚醒時に、肉体とエーテル体の中に恐ろしいくらい強くくっついてしまうと、アストラル体の働きが諸器官の中であまりにも烈しくなって、諸器官と正しい結びつきがもてなくなるのです。つまり、例えば聖テレジアにおけるような幻視状態の病理的な反対像が生じてしまいます。私が述べた最初の状態が、神的本性たちについての存在感情が生きている状態の病理的な反対像であるように、それと同じようにこれも幻視状態の病理的な反対像なのです。

最初の状態では、目覚めた眠りを明るい意識の中へ持ち込むのですが、この場合、それとは反対のことが生じます。すなわち、夢が目覚めた生活の中へ持ち込まれるのです。本来の目覚めた状態においては、夢が現れることはありませんが、私たちの述べたあの語りの中に示されているような、能動的な夢が現れるのです。そのとき、意志衝動のあの内密な、誇張された内面化が生じます。これは夢の病理的な鏡像なのですが、そのときは夢の受動性の代わりに、能動性が現れるのです。

次に、第二の状態が生じます。エーテル体の中に自我とアストラル組織が取り込まれ、さらに自我とアストラル体がエーテル体と共に肉体組織の中へ強力に取り込まれます。しかし肉体組織は、個々の器官の中にこれらを正常に取り込むことができないので、可能なあらゆる器官の中に取り込まれたアストラル性は、その諸器官と正しく結びつくことができぬままに、私たちが第二段階と述べたものの病理的な反対像が現れるのです。この段階では、感覚的知覚が内から刺戟されて、内からの流れが感覚のほうへ向かっていきます。その流れは今、組織を捉えます。肉体器官、エーテル器官が、アストラル体、自我組織に深く浸透されるときはいつでも、この状態が現れます。そのときは肉体がエーテル体、アストラル体と正常に結びついているときのようには、互いに結び合うことができません。

高次の器官組織の中の何か、感覚体験に似た色あざやかなヴィジョン、霊界の啓示でありうるもの、それが今、体内へ注ぎ込まれ、器官を捉えます。より外的な仕方で感覚体験と結びついて、霊的な体験が体内へ注がれ、器官を捉え、痙攣状態となって、本来の、もしくは仮面をかぶったすべての癲癇症状となって現れます。自我組織とアストラル組織があまりに強く、エーテル体と結びついた肉体の中に入り込むからです。

今述べた最初の状態がこの第二の状態の中に巻き込まれることもよくあります。そして、しばしばこのことが生活の中に生じますから、真の宗教治療の普及によって、それを防ぐことが必要になるのです。

最初の状態に留まっている限りは、あまり気づかれることなく、興味ある状態に留まっていられますが、第二状態になると、痙攣が生じ、癲癇症状があらわれて、やっと事の重大さに気づかされるのです。その場合、細部への記憶や内的な意志衝動が過度に現れるのではありません。アストラル組織と自我組織が体内へ押し込まれるとき、アストラル組織と特定の器官形態との不一致が生じ、それによって記憶喪失に到るのです。そのとき、やっと事の重大さに気づくのです。

以前の状態のときは、記憶が細部にとらわれ、細部が論理的に把握されるのではなく、記憶内容が恣意的に結びつけられて、ばらばらな記憶が湧き起こってくるのですが、今は記憶が途切れるのです。記憶が戻ってこないのです。

こういう患者は、二種類の意識をもつところまでいきます。例えば、記憶が身体上部の諸器官に留まっているとします。記憶にとらわれていると、そうなります。その場合、下部の諸器官には何も起こりません。そして逆の場合も生じるのです。振り子のリズムのもう一方では——というのは、こういう場合はリズムを伴って進行するからですが——、逆の場合が生じるのです。身体上部の諸器官は記憶のために何も働かず、下部の諸器官だけが働くのです。そのようにして、二つの意識が並行して進行します。一方の意識状態にあっては、そのとき進行するすべてを思い出しており、もう一方の場合は、別のことを思い出しています。けれどもどの場合も、もう一方の意識状態の内容をまったく知らずにいるのです。こういう状態が生じるのです。

皆さん、私たちはこの場合、聖者の用いているこの言葉を専門用語として用いようと思います。現代の医療はまだ、この状態のための適当な用語を持っていません。私たちは、聖者が体験している第二の状態の病理的な鏡像を眼の前にしています。聖者のヴィジョンの世界は、霊的な内容を持っています。霊界の中へ参入して、そこから印象を受けとります。一方、別の場合は、カルマの中に弱い個性が存在しているので、身体に引きつけられ、霊的なヴィジョンの代わりに痙攣状態、穴のあいた意識、首尾一貫していない、ばらばらの生活態度などなどがあらわれるのです。

けれどもさらに、第三の状態が生じることもあります。カルマの結果、身体組織がさらに弱くなり、他の組織も弱くなり、そして以前のカルマの力が十分に肉体の中に作用することができないのです。皆さん、この場合は、自我組織、アストラル組織、エーテル体が肉体に引き寄せられるのとはまったく違った状態が生じるのです。

考えてみて下さい。自我組織が過敏になると、一切の感覚的な刺戟、色、音に対して異常に過敏になります。けれども、カルマの結果、それとは正反対のことが、肉体が弱った人に生じるのです。内面が過敏になるのではありません。肉体が鈍くなると、その代わりに意志の力が、外部の物質界のすべてが巨大な力で関わっていき、重さ、暑さ、寒さなどなどが無機的存在に作用するように作用して、アストラル体と自我組織の働きを抑圧するのです。そうすると、物質界のとりこになってしまいます。弱い肉体のせいで、外界に対して十分な抵抗力を示すことができず、外部の、しかも物質界の一部分になってしまうのです。

これは聖者における第三段階としてすでに述べたことの、明らかな反対像です。聖者は苦悩によって、自分の中で快感に変わる苦悩によって、霊界の純粋な霊性を体験するようになります。その体験は「神の中での安らぎ」「霊の中での安らぎ」と呼ばれます。今述べた人の場合は、物質界の隠されたオカルト的な力の中に安らいでいますが、しかし、このオカルト的な力を意識してはいません。その人は神、霊の中での安らぎに到るのではなく、世界のオカルト的な力の中で安らぐのです。その人はまさに人間として、自由な立場でそうしていればいいのですが、聖者の第三状態の病理的な鏡像を育ててしまいます。そして、この反対像とは痴呆の状態にほかならないのです。

この状態の中では、人間的なものが消え去り、外的な自然の中で、つまり隠された力の中で安らぐのですが、もはやみずからを人間的に表わすことができずにいます。人間の中の自然、外的な自然過程、植物過程の延長上でしか安らげないのです。つまり食べること、養分を消化すること、食欲のおもむくままに行動すること、完全に目覚めたまま眠っていること、身体の機能に帰依した状態で生きることに終始してしまう。肉体が虚弱なので、外界の諸経過に似た状態に留まることを余儀なくされてしまうのです。そのような自然過程は、人間の中で、人間的な働きと似たような衝動を示しています。そのため、そのような人は、世界から切り離されて、あまりにも強く物質の中に組み込まれてしまっています。

私たちが取り上げているのは、神の中での安らぎの病理的な鏡像です。その状態は「自然の中での安らぎ」であると言えます。またはさまざまなパラノイア（妄想症）的な状態、通常の生活の中での痴呆の状態です。一方、それに先行する諸状態は、精神遅滞の状態です。

私たちは聖者の場合の諸段階を考察しました。霊界の諸本性の存在を感じとる段階から、みずからが霊界へ移行する第三段階に到るまでの諸段階です。そして次に、その病理的な鏡像を考察しました。その第一段階で見られたのは、精神病理的な劣等感でした。この劣等感は、ばらばらな記憶と結びついた異常な放浪癖となって特にはっきり現れます。この状態はさらに精神錯乱状態に移行しますが、この状態は、その初期の段階では、外から見ると、特定の仕事にはふさわしい仕事ぶりを示すことがあります。この段階はしばしば第三の状態に移行しますが、この第二の状態がすでに始めから存在している場合もあります。

この第二の状態は、本質的に、誕生から歯の生え変わりまでの時期に生じます。この第一・七年期の子どもが第二・七年期になってから示すべき強い学習欲を示すなら、つまり私が教育の講義の中で述べてきた第二・七年期の正常な生活の中に現れるべき諸特性が、すでに第一・七年期にはっきり現れるなら、そのような病理的な症状を改善するために、心的＝霊的＝物質的な手段を講じなければなりません。このことについては、あとで取りあげるつもりですが、昨日述べたように、第二・七年期に生じるべきものが、第一・七年期にすでに現れることがないように、以上の諸現象との関連の中で研究しなければならないのです。

第三段階は、二重の仕方で生じることがあります。私のこれまでの記述からもお分かりいただけたと思いますが、大抵の場合、カルマが関与しているのです。人間は肉体の中に入ってくる前に、エーテル体の形成過程ですでに異常な状態になっていて、エーテル体がすべての器官に入っていこうとしないのです。正しい仕方で心臓や胃の中に入っていこうとせず、それらの器官を包み込もうとします。アストラル体と自我組織とがあまりに強く諸器官の中に入っていくからです。その結果、すでに誕生に際して、もしくは誕生後すぐに、相貌上の奇形が現れます。

その場合、先天性の痴呆を考える人がいるかもしれませんが、そんなことはありえません。人間の運命全体に関わるカルマに由来する痴呆があるだけです。けれども、こういう精神上の闇を生じさせた受肉が、一回の受肉においては悲惨な状態を生じさせても、人間のカルマに良い働きかけをすることができます。このことについては、あとで詳しくお話しするつもりです。その際必要なのは、事柄を限りある人生の観点からだけではなく、限りない人生の永遠の相の下《もと》に見ることです。そうすれば、心のこもった、そして同時に叡智のこもったカリタス（慈愛）の下に見ることができるでしょう。

けれどもその一方で、私が述べた第二段階が第三段階に移行する場合を考察すると、そのことが現れるのは、すでに第一・七年期に第二期が働きかけているだけでなく、自我組織を取り込むべき第三期もすでに働きかけているからなのです。

四歳児、五歳児なのに、まるで二〇代の人のように語ったり行動したりして、しばしば周囲の人を魅了することがありますが、もしそういうことがあったら、配慮しなければなりません。なぜならその場合、自我組織があまりにも早くに発達して、肉体を圧倒し、弱体化してしまうからです。その場合、カルマによるというよりも、生活の中に取り込まれた痴呆が現れます。

しかし、この痴呆はずっとあとになって現れ、ずっとあとになってカルマ上の清算がなされるのです。私たちが当の人物の初期の段階で、正しい仕方で、理解ある態度で宗教的＝医学的に教育を行いさえすれば、後年のこの痴呆をあらかじめ克服することができるでしょう。

しかし内的な使命によってこういう事柄と向き合う仕事についている人は、それを個別的な現象として観察するだけでなく――もちろん特別の愛情を傾けてそうするのでしょうが――、普遍的な現象として受けとることもできなければなりません。こういう事柄がいろいろな場合に生じうることを知っていなければならないのです。

愛する皆さん、いろいろなことが幼児期の教育問題に関わっています。そして、私たちは健全な教育を求めるヴァルドルフ教育を実践する立場から、今人びとが非常に好んでいる事柄と対決しなければなりません。しばしば私たちのヴァルドルフ学校教育においては、残酷なほどきびしい態度で、例えばフレーベル作業［恩物《おんぶつ》のこと］を批判してきました。なぜなら歯の生え変わる以前の幼稚園で行われるこの作業は、生命にではなく、知性に由来するものであり、生活の模倣ではなく、考え出されたものだからです。そこで歯の生え変わりから思春期までの第二・七年期に行われるべき事柄が誕生から歯の生え変わるまでの幼児期に取り込まれていきます。

ですから、今日述べたような病理的なものの第一段階に現れる事柄が取り込まれているのです。次いで弱い病的状態が生じますが、この状態はしばしばまだ病的とは呼ばれていません。すべてを病的にしてしまわないためにも、そのほうがいいのですが、しかし文化現象として考察するときは、事柄の本質をよくわきまえていなければなりません。正しい向き合い方をするためにも、すぐに批判するのではなく、事柄の本質をよく理解していなければならないのです。

問題はどこにあるのでしょうか。問題は間違った幼児教育にあるのです。第二・七年期が第一・七年期の中に取り込まれるのです。本来ならば、内部から自発的に、環境への適応なしに、自発的な意志が働くようにしなければならないのです。

私が述べた最初の病理的段階のかすかな徴候が生じたとしましょう。この徴候は教育が私の述べた方向で間違っていたことによって生じます。そのとき、何が現れるのでしょうか。放浪癖が現れます。病理的とは言い切れませんが、一定の特徴をもった癖が、です。一定の年齢になってから、自分だけに従い、世間のことは考慮に入れずに世間からさまよい出るのです。ですから、放浪癖なのです。

このことは時代現象と関連しています。時代の病的な現象そのものが、病理的な教育に、あるいは少なくとも病理的な徴候を伴った教育に由来するのです。どうぞ現代の多くの若者たちを見て下さい。私は批判するつもりはありません。現象そのものはまったく正当なのです。時代のどの現象もカリ・ユガ［暗黒期］と結びついており、こういうやや病理的な徴候とカリ・

ユガの所産との間に親和性があるから、こういう現象が生じるのです。

こういう事柄はすべて互いに関連し合っています。しかし今、私たちはそれを二つの側面から考察しなければなりません。そうすれば、私が述べたような事柄のかすかな徴候をも容易に見て取ることができるでしょう。このことは放浪癖として、けれども極端な段階で現れます。どうぞ一度、人びとの交わす会話を聞いてみて下さい。その話の内容がどんなに通じ難いものか、絶望的になってしまいます。

人びとは自分の「体験」の詳細をいつまでも繰り返しています。繰り返して同じところに戻っています。どうぞ誤解しないでください。私は通俗的な意味で評価しようとしているのではありません。ただ今回述べてきた関連を正しく見るために、こういう現象を洞察する必要があると申し上げたいのです。その関連というのは、霊的生活へ到る一つの段階がある一方で、自分のからだへ到るその対極もあるということです。聖者の場合、霊界への更なる段階があり、病的になった人の場合、痙攣や癲癇に到るまでのからだへの更なる段階があります。そこには関連があるのです。

外の世界でも、電気や磁気では、一方の極が常に他方の極に依存しています。そのことを考えると、人生において二つの間に存在する不安定な状態が理解できるでしょう。しかしこの状態は、こんにち唯物的な世界観が示しているような、荒っぽい手つきでは捉えることができません。両極をふまえて反発と吸引が存在することを、繊細な感受性で捉えるのでなければなりません。そうすれば、一方の場合に何があり、もう一方の場合に何があるのかが分かるでしょうし、それによって人間の本性を洞察することを学ぶこともできるのです。明日、この続きをお話しいたします。

第六講

一九二四年九月一三日

愛する皆さん、私たちは人間の本質を考察してきましたが、その際、別の問題と結びつけて、地上を生きるに際してあれこれの側面からいわゆる正常なるものが病理的な方向へ向かう場合、もしくは真の霊界へ向かう場合を考察してきました。

今日は個々の人間生活から離れて、輪廻転生を通して生きているもの（個性）が、霊界への上昇と身体的・自然的なものへの下降との対極の中でいかに働いているかについて、いくつか例をあげて考察しようと思います。

そもそも医師は自身の仕事をしようとするとき、外的・合理的な仕方だけでなく、全身全霊で働かなければなりません。霊界の中にあって、霊の観点から世界を観るのでなければなりません。

その場合、人間存在は輪廻転生の中で、ある人生での原因が別の人生に働きかけているので、カルマの観点が治療にとっていかに大切かを次第に理解できるようにならなければなりません。そのために、カルマの働きが病理と霊視とにどのように関わっているのかを知らなければなりません。

祭司は人生の諸事象に関わり、自分を信頼してくれる人たちの魂のために正しい聖職者として働こうとするとき、人生にとっての霊的な働きの意味をよく洞察できなければならない。霊の観点から人びとに向き合わなければなりません。

愛する皆さん、こんにちの人びとは啓蒙的・合理的な立場から、時にはある種の侮蔑の念をもって相手に向き合います。しかし、そうしていたら、数世紀あとの私たちの子孫が私たちに仕返しをすることでしょう。なぜなら、子孫たちは私たちに対して、ちょうどいわゆる学問教養のあるこんにちの人間が祖先に対して行うような仕方で、同じような態度をとるでしょうから。何を言いたいのかは、すぐ申し上げます。

病気の原因について、人間は時代の経過の中でまったく違った見方をするようになりました。まさに一九世紀末から二〇世紀初頭にかけて、この変化が顕著に現れています。数千年前、例えば旧約時代の初期に眼を向けると、病気は罪の結果だ、と考えられていたことが分かります。このことが深刻に意識されていたのです。

からだに病気が現れたとき、その本来の原因はどこかで霊的な錯誤あるいは過失があったのです。そして、この見方がずっと続きました。そして、こう考えるようになりました。——なんらかの霊的な錯誤や過失があった人に病気が現れたなら、何か霊的にエレメンタルなもの、もともと彼自身には属していないものがあって、その人はそういうものに憑依されている、と考えるようになったのです。

古い時代には、どんな病気も霊的な存在に憑依された状態なのですが、そうなったのは、霊的な錯誤・過失の結果だったのです。治療もこの観点からなされました。すなわち、霊的な錯誤・過失の結果、患者の中に入ってきた異質な霊的存在をふたたび追い出すための手段を考えたのです。病気の原因が分からなければ、病気が理解できないというこの考え方はラディカルでした。

そこで、その後まったく首尾一貫した進歩の過程で最近になって生じた観点に眼を向けてみましょう。今述べた観点のまさに正反対のことが言われるようになったのです。すなわち、どんな罪も病気が原因になっている、というのです。

犯罪者、罪人を前にしたとき、しかもその場合の罪というのは、かなり表面的な、国法によって定められた罪なのですが、どこかに罪人、犯罪者がいたとすると、人びとはなんらかの仕方で、その人の死後に脳を解剖してみれば、その人の身体組織を調べれば、そのどこかに欠陥、病的な徴候が見出せる、と思うようになりました。そして、そのような欠陥を多くの関連で見つけました。この点ではかなり大きな成果をあげました。自然科学的な思考を身につけた人は、身体が完全であれば罪を犯さない、と考えるようになったのです。身体上に欠陥があることで罪を犯す。罪は病気のせいだ、というのです。

　進歩は直線的には進みません。対極を通って進みます。こんにちの人は、上に述べたような見方を肯定しないときにも、そのような見方をしているのです。そして、病気は罪のせいだ、という古い時代の観点を軽蔑の眼で見ています。罪は病気のせいなのですから。

　同様に、患者の中に原因となる物質的な経過を見つけて、それを排除しようとします。ちょうど昔の人が霊的なエレメンタルな世界の経過を排除しようとしたようにです。

　全体を洞察するなら、内的に見ると、唯物的な医学が認める治療源とルルドとの間に大きな違いがあるとは思えなくなります。一方は教会の信仰によって医《い》され、もう一方は唯物的信仰によって医されるのです。このことを今、とらわれぬ眼で見なければなりません。

　さて、こういう、いわば近視眼的に見ている限り、真の関連には到りません。ですから、今日は——こういう事柄を扱うときには、常に具体的に語るべきですので——、具体的に皆さんに健康生活における高次の関連を示すことのできる場合をお話ししようと思います。

　一九世紀に或る人物がいました。私はまずこの人物の前世へ皆さんの注意を向けようと思います。直接の前世であるとは申しませんが、一九世紀での人生にもっとも本質的な影響をもった前世です。この人物はオリエント世界の南、アジアの地に生を享け、非常に動物好きな環境で育ちました。ご存知のように、東洋の教えでは、動物愛はとても大切な美徳なのです。人間愛、物への愛が特に動物愛に及んでいるのです。特に昔のこの地方では、動物を愛し、一定の動物を大切にするのは、ごく当然のことでした。

けれども、今述べた人物の場合は、動物好きではありません。彼は前世においてのカルマの結果――それについての探求はしませんが――、動物好きな人びとの間にあって、ある動物たちをひどい仕方で扱ったのです。すでに少年のときから動物を虐待し、おとなになっても家畜をひどく扱いました。そのことは周囲の人びとをひどく怒らせました。彼は、内からの衝動に駆られて、どうしても動物を虐待せざるをえなかったので、周囲の人たちとしばしば衝突しました。こんにちの人は、唯物的な観点から、それはひとつの意志の倒錯だ、と言うでしょう。

彼は、その他の点では、人びとと共有している信仰生活の中で、その地方の宗教の教えに敬虔に従っていました。けれども、動物虐待のせいで、周囲の敬虔な人びととひどい関係にありました。特に彼は自分の所有している家畜にひどい扱いをしました。彼は農家の一員として働きましたが、東洋人が特に大切にしていた動物たちを虐待する癖だけは直りませんでした。

この人物があまり重要とはいえぬ人生を経て、一九世紀前半に、非常に神経質な人物となって私たちの世界に生まれました。そして不安のあまり、動物、特に犬を傍につないでおかないと安心できませんでした。この正常とはいえぬ動物への関心の中には、病的な特徴が見えました。この人は、犬が特別好きだったわけではないのに、犬を飼っていないと安心できなかったのです。この犬に対する態度の中に、第一に、すぐにお話する空想的な特徴が、第二に、カルマによる強制が見てとれます。

彼は、一九世紀における人生では、大変に才能が豊かでした。東洋での霊的な生活の中で体験したすべてを持ち込んでいたのです。この霊性は、感情となって生きていただけでなく、実際、生活にも生きていました。ですから、霊的なものを空想するだけでなく、生来の当然さで詩作し、この世の生活の中に働きかける霊的・根源的な存在についても表現しました。

これが一つの特徴です。彼は詩人として非常に優れていました。それだけでなく、劇作家としてもシェイクスピアともっともよく比較できます。彼の名は、フェルディナント・ライムント〔Ferdinand Raimund, 1790–1836〕と言います。彼の劇作の中には、以前の諸人生から持ち込まれたものが示されています。彼は奇想天外の才能で霊的なものを人間生活の中で描いています。どうぞ『アルプスの王様と世間嫌い』（一八二八）その他を観て下さい。彼をシェイクスピアと比較できるのは、ひとつには劇作家であると同時に俳優であり、舞台上で俗なものと霊的なものとを結びつけるところにも言えることです。彼は類のないくらいすぐれた俳優として、ユーモアあふれる演技を見せ、かつての動物虐待の影響をも示していました。

ここでは病理的なものと天才的なものとがひとつになっていました。後者は本当にシェイクスピアと比較できるほどの力と魂のダイナミズムを創造しました。前者では空想的なものを外的生活に持ち込みました。そこで、彼の個性の或る特別の性格に眼を向けてみましょう。

かつての人生の中での動物虐待は、当時の彼に快感を与え、その内的な感情から動物を苦しめました。したがって日常、彼はその行動が間違っているとは意識していませんでした。しかし死んだ後、そのことが意識されました。そして新しい受肉の中で、そのことがまず頭部組織の中に現れました。しかもそこには、彼が豊かに身につけていた天分・才能も現れていました。しかしまた、胸部のリズム系、呼吸系にも特徴が現れていました。事実、人間はこのような在り方をしているのです〔図4〕。

ここに代謝＝肢体系、リズム系、神経＝感覚系があります。神経＝感覚系の中には、以前の地上生活が作用します。リズム系には、死から新しい誕生までが作用します。そして地上での事柄は唯、代謝＝肢体系にのみ作用します。

今、フェルディナント・ライムントの個性が体験した烈しい後悔、動物虐待にあこがれていた前世についての死後における心を烈しく絶望させる洞察、死後の世界で体験したそのすべてがリズム系に影響しました。それが身体にまで作用して、それがリズム系の中に現れたのです。事実、頭部には前世の影響が、リズム系には死から新しい誕生までの影響が現れるのです。

胎生学の中に、この真実を見て取ることができます。フェルディナント・ライムントの個性の場合、特に呼吸系、胸部のリズム系にそれが現れています。生前の体験が死後、後悔、きびしい回想を生じさせるすべてが、です。彼の場合、それが呼吸の不規則、酸素の不十分な受容、炭酸ガスを過剰に取り込むことを生じさせました。この呼吸系の不規則が不安状態を生じさせたのです。そして、不安の四大霊の担い手にさせられたのです。

呼吸の不規則、酸素と炭酸ガスの不正な混合は、不安の四大霊を引き寄せます。このことが、『アルプス王と世間嫌い』の中によく見て取れます。フェルディナント・ライムントはこのことを体現していました。彼は、呼吸系を不安の四大霊の担い手にするように生まれついていたのです。

不安の四大霊は不安の四大霊であるだけでなく、同

［図４］

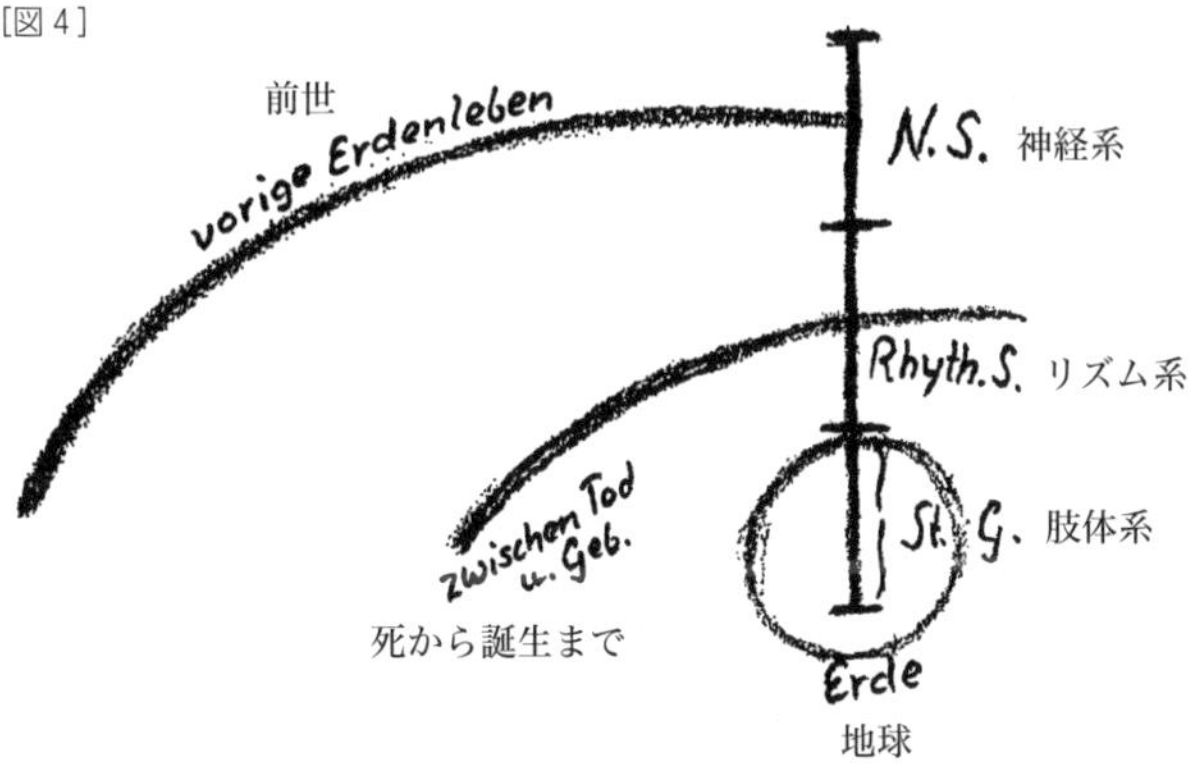

時にカルマを特定の方向へ導く不安のデーモンでもあります。このデーモンは、カルマの意味で病気を生じさせるのです。その結果、空想的なイマジネーションからヴィジョン体験に到るまでの傾向を生じさせるのです。だからライムントのドラマには、幻想的なものが根底にあるのです。不安のデーモンは幻視の中に入り込んで、生活の中でも空想的なものを生じさせます。このようにして、カルマの中にひとつの流れが生じます。それが途方もない才能となって現れるのです。

ひとつの流れは、特別の精神創造行為となって現れ、もう一つの流れはそれと並行して、一種の空想生活となって現れたのですが、後者の流れは外的な行為となって現れたのではなく、内部を見ることへと向かいました。なぜなら、リズム生活（呼吸循環系）という半ば内的な組織に由来するものだからですが、しかしその組織の下部の諸器官においては、外的な生活へも働きを及ぼし、かつふたたび内部へその働きを返すことで、彼の天才的な個性が病理的な特徴を帯びていたのです。不安のデーモンの中を生きたこの病理的な特徴は、カルマの働きをよく示していました。

ですから、フェルディナント・ライムントのカルマを直接読みとることができました。ライムントは犬を飼う必要がありました。彼は空想家でした。他の人ならやらないであろうようなこともやったのです。このことが理解できるなら、ライムントに共感をもつこともできるのです。実際、愛する皆さん、私は、ライムントが夢想的な気分からつれてきた犬のほうを向き、犬のために自分の料理を分けてあげているのを見たときのほうが、商工業功労賞を受けた人たちが食事をするのを見たときよりも、ずっと好感がもてたのです。そういうライムントには、前世における動物虐待のカルマが働いていたのです。

死後における悔いと前世での動物虐待に由来するこの事実に注目して下さい。そこにはひとつのカルマの清算がなされているようですが、この清算はもっとはるかにきびしい結果も伴ったのです。そのすぐあとで、不安のデーモンがやって来て、カルマの清算を求めたのです。

フェルディナント・ライムントは、犬が狂暴になった、この犬と食事を一緒にしたから、狂犬病にかかったに違いない、という思いに駆られます。そして絶望的になってしまいます。

彼は舞台で比類のない才能を発揮できたのに、そこから離れると、強迫観念におそわれて、狂犬病になる、という思いにとらわれるのです。

ですから、友人と旅に出て、ウィーンからザルツブルクへ行ったときも、この思いに襲われて、急いでウィーンに帰り、治療してもらおうとします。彼にとっても、友人にとってもつらい旅になってしまったのです。病理的なものと天才的なものとが同居しているのです。

しかし、彼はとても正しい治療を受けました。人びとは彼のことを特別愛していました。次第に彼はこの強迫観念から脱することができました。それは人びとの善意のたまものでした。

彼は、いたるところで不安のデーモンの手に陥ってしまうほどの心気症患者だったので、そのことを認めようとはしませんでした。しかし少なくとも彼は、狂犬病になった、という思いからは解放されました。この強迫観念は数年間続きました。それでも動物たちに拘束され続けました。そして十年後にまた犬を飼いましたが、その犬と遊んでいたとき、本当に犬に噛まれました。ふたたび同じ思いが生じましたが、その犬は本当に狂犬病だったのです。ライムントはポッテンシュタイン［バイエルン州バイロイト近郊］へ赴き、頭にピストルを発射しました。弾は後頭部に入り、内部に留まったので手術もできず、三日後、彼は亡くなりました。皆さん、彼は最初のいわゆる妄想からは脱したのに、カルマは働き続けたのです。

これはめったにないような仕方でカルマが際立って作用した例です。どうぞ次のように考えてみてください。これは主観的には自殺とは言えません。ライムントには完全に責任があったのではありませんから。主観的には自殺とは言えない。客観的に見ても完全な自殺ではない。なぜなら、その部位を手術して弾丸を摘出したなら、助かったかもしれないからです。しかし、そのときは適切な処置がとれず、銃弾を頭の中に残したまま、三日後に死ななければなりませんでした。主観的にも客観的にも完全な自殺ではなかったので、自殺がカルマに影響するだろうとは言えません。カルマはもはや継続しません。ライムントは、この人生で最後まで体験したことで、そのカルマをまっとうしたのです。けれども私たちは、前世のカルマがどのように作用するか、はっきり認識できるのです。

さて、これまで見てきたように、特別のカルマによって、聖テレジア、マクデブルクのメヒトヒルト、その他多くの人たちのように、霊界を霊視できるような自我、アストラル体、エーテル体をもった人たちがいるのです。こういう人たちは、ある点では霊界に向けて異常さを示しています。こういう異常さを示す人たちの場合は、カルマの細部にまで立ち入って考察する必要はありません。なぜなら、ひとつの人生の中での在り方を見るだけで十分だからです。

昨日考察したような、別の側面においても同様です。すでに私たちが見てきたように、その人びとは肉体、エーテル体を異常な仕方で発達させ、異常に肉体の中に沈潜し、昨日述べたように三段階において病理的になるのです。この病理はカルマに由来するのです。しかしこの場合は、一般的な問題に留まることで十分です。聖テレジアのような個性の場合、前生における個性は特別強く発達していましたが、今日取り上げている病理的な人物の場合、特別弱く形成されていたので、低い部分によって高い部分が取り込まれていました。この場合も個性の一般的な特性に眼を向けるだけで、個々のカルマに眼を向ける必要はありません。

しかしフェルディナント・ライムントの場合は、独特の人格を示しています。この人格は霊視的なものへ向かって発達しているだけでなく、同時に別の発達を示しています。この二つが両極をなして、生活の中でたえず衝突を繰り返しています。病理的なものと天才的なものとが、一方ではすばらしく、他方では恐るべき仕方で働いているのです。ですから、具体的にカルマを考察する必要があります。この両極が時には別々に、時には相互に作用するようにカルマが働いているのを考察しなければならないのです。フェルディナント・ライムントの戯曲の中には、霊視と並んで、不安のデーモンが働いている多くの場面があるのです。

このような仕方で人間の性格を考察しますと、まったく当然のようにカルマの問題に出合います。そして古代の文化の中に見られる「病気は罪の結果である」という考えを抽象的に受けとることがどんなに一面的であるかをそこから見て取れなければなりません。人間の中には異常な霊性しか働いていない、というのです。人間をそのように扱うときも、この抽象性の中では、事柄が理論に留まっています。「罪は病気の結果である」という、もう一つの考えも抽象的な一面性に留まります。人間生活における物質的成分、物質過程を克服しなければならないのです。

私たちは、具体的に問題を考察しなければなりません。まず人体組織を具体的に、高次の体が相互にどのような関係にあるか、互いに引き合っているか、それとも低次の体から切り離されているか、考察しなければなりません。そしてライムントの場合のように、天才性と病理性とが相互に作用し合っているのをふさわしい仕方で見て取らなければなりません。カルマの働きを、です。

実際、こういう事柄を理解できるなら、すでに人生の中で、物質的治療過程に対して、補足となる言葉を付け加える可能性を見つけ出すでしょう。物質的な治療過程にとらわれて、それだけを大事にするのではなく、道徳的なものを治療に付け加えることがしばしば必要になることを悟るようになるでしょう。俗物的な慰め手になって患者にやさしくする、というのではありません。そういうことは概して有効ではありません。そういうこと、お茶をごちそうしてくれるおばさんやパイプをくゆらせるおじさんの優しさなど、患者にとって特別好ましいわけではないからです。けれども自然な仕方で話しかけるときの「何」ではなく、「いかに」を患者は大切にするでしょう。これまで述べてきたような例を本当に真剣に受けとって下さるなら、霊的な諸関連にふさわしい仕方で自分の世界観・人生観を見つめ直すことで、まったく本能的に、そのような「いかに」を身につけるようになるでしょう。

愛する皆さん、霊的な作用は、宗教的な訓話によってではなく、霊的な生活は事実に即して育てなければならないのです。そして、霊的な生活を事実に即して把握できたとき、その把握できたものを治療に役立たせることができるのです。特に病気の診断を本能的にすることができるようになります。このことは身体の疾病についても言えますが、まず身体の疾病の中にもこういう事柄を見て取れるようにならなければなりません。

それにはいろいろな症例を通して、こういう事柄を学ばなければなりません。こういう観点に立つと、まさに天才的な多くの人たちの生活を、チェーザレ・ロンブローゾのような俗物的な観点からではなしに研究することは、とても関心をそそられます。ロンブローゾの嫌悪すべきところは、彼の偉大な才能に由来するものではなく、彼は実際、天分ゆたかな人物なのですが、彼が本当に俗物的で、どこから見ても俗物的な判断しかしようとしないからなのです。つまり、学問そのものが今や俗物的になり下がってしまったのです。

ですから、皆さんが事柄を、こういう学問の観点からではなく、世界を洞察することによって、つまり感覚的＝霊的な生活を洞察することによって把握するなら、宗教またはサクラメントの慰めを患者にもたらすでしょう。このサクラメントを正しい霊的なオーラをもって示すでしょう。しかし、その背後に理解力がなければなりません。私たちが患者に正しい仕方で聖餐を提供できるかどうかは、こういう事柄が理解できるかどうかにかかっているのです。

皆さん、あとでもお話ししますが、からだが治ったとき、聖餐が必要なことがあるのです。カルマによってもたらされた病気を癒やすときには、です。しかし、このことが分からないときには、このことをサクラメントのオーラの中に持ち込むことはできません。

しかし他方、事柄を洞察する医師もまた、病気の中にカルマを見て取るときには、世界観に従って、全人でこういう事柄を洞察することで、正しく治療過程に関与できるのです。しかし、そのとき医師が患者のカルマに魂のすべてをもって関わるとき、客観的な働きが生じます。そのとき医療という仕事が宗教的になり、祭司の仲間として働くのです。治療が祭祀になるのです。

だからこそ、宗教治療がまず聖職者と医師のために提示されるのです。それを自然と霊を知ることで深めるためにですが、それについては明日、続けて申し上げます。

第七講

一九二四年九月一四日

愛する皆さん、こんにちの科学的手段では、人間そのものを理解することができません。もちろん科学の諸成果を否定するつもりはありませんが。科学が、みずからの分野ですばらしい成果をあげていることは明らかです。けれども人間の生活の場合、身体的＝物質的なものと共に、魂的＝霊的なものも働いているのです。その身体的＝物質的なものの中には、現在の地球の諸経過が作用しています。その場合、私たちはまさに人間外の事柄にとって比較的有効な科学の立場に立って、外界の物質＝化学上の諸経過を追求します。そして、容易にこう考えてしまいます。――これらの化学上の経過は、物理学の実験室で、または環境を直接考察することで辿ることができるが、同じ経過は人体の中でも見て取ることができる、と。

外での燃焼過程は、ある物質と酸素との化合である、と考えられますが、人間の内的活動について語るときも、人間の内部でも燃焼過程が生じている、と考えるのです。しかし、そのような可能性があるはずはないのです。

実際、ちょうど生きているものが死せるものに対するように、人間の内部での燃焼と述べられている経過は、外界での燃焼に対しているのです。外での燃焼は非有機的であり、生命を失っています。内部での「燃焼」は生きているのです。このことは一般の科学にとっても重要な意味をもっているはずです。なぜなら、外での燃焼には、特定の、発火点に達しうる熱が必要であるという、特定の熱状況がなければならないのに、人間の生体内でこのことはまったくあてはまらないのですから。外にあるなんらかの物質は、特定の温度下で酸素と結合して、化合物を生じさせる。内部での燃焼ではそういう必要がなく、別の法則が支配しています。私はこのことが、外的な科学にとって意味がある、と思っています。

外的な科学は、もっともらしい、いろいろな仮説を立てています。例えば、今の地上の状況から過去の状態を推測します。イエナ大学の有名な生理学者プライヤー［William Preyer, 1841–97］によれば、通常のカント＝ラプラス理論は馬鹿げているのです。彼は、進化が始まったときを、一定の生きた火の経過にまで遡らせたのですが、こんにちの外なる火の経過が生じるときの温度の下で、その生きた火の経過が生じたに違いないと考えました。しかし、そんなことはありえません。私たちはまず、こんにちの非有機的な火の経過から、こんにちの人体におけるように、はるかに低い温度で生じるような経過へ遡ることができるのです。その場合には、地上の原始状態を仮想するためにも、まったく違った状態が予想できるでしょう。

ですから、いまの常識は宇宙観全体にも影響を与えているのですが、しかしこんにちの科学の手段では、外界の経過とその現在を理解するには不十分なのです。一定の傾向が現れたとき、すぐに困難に遭遇します。私はそういう困難を非常にはっきりと体験させられたので、そう言えるのです。

分かっていただけると思いますが、私はこれまで、全生涯を通して――私の『自伝』からも知っていただけると思いますが――、現代の自然科学に最高の敬意を払ってきました。いつもそうでした。外的な化学的＝機械的＝物理学的な分野でも、医学の分野でも、自然科学を通俗的な意味で否定的に批判しようとしたことはありません。けれどもその場合、進化の霊的なヴィジョンも見えていましたので、霊的に開示されたものを、例えばアトランティスやレムリア時代を、自然科学の成果と一致させようと努めました。

このことは、直接の現在のために自然科学が語る事柄の場合、不幸な結果になりました。自然科学が抑制を解いて、現在から遥かな過去の状態について仮説を立てる瞬間に、霊視内容と自然科学の主張との一致を見出そうとする者にとって、この上ない困難に遭遇するのです。

まさに自然科学と折り合いをつけようとすると、どうしても衝突してしまいます。霊学は自然科学を否定するつもりはまったくないのに、事実に反抗するほど非理性的であるわけにはいかないからです。そして、そうであればあるほど、自然科学の立場と衝突してしまう。自然科学者が「よし」と言い、論文を書き始めると、その科学者はたちまち抑制を解きます。そうなると、もはや一緒に行動できなくなります。このことが深刻な対立を生じさせることを、こんにちの科学の主張に触れる者は、心得ていなければなりません。

実際、この科学が素直に人間のところへやってくることはないのです。なぜなら、人間は魂と霊に従ってこの世にいるのですから。人間の生活の中には、航空力学や空気力学、熱力学に到るまでの外的研究の対象が生きているだけではなく、例えば前世からカルマの中に入ってきているものも生きているのです。昨日述べたように、フェルディナント・ライムントのような人物の場合には、このことが手にとるように明らかに現れています。こんにちの自然科学の手段でしか考察しないと、どうしてもそこへの道が見出せません。けれども皆さん、外から見て取ることのできる人間の諸経過を、いわば霊の側面から捉え直して、霊的なものに組み入れなければならないのです。そうすれば、物質生活と霊的生活との関連を、まさに呼吸や循環の働きを通して理解しようと試みるなら、呼吸や循環の生理学の中で、こんにちの自然科学の手段によっても、必要なことを知ることができるのです。

どうぞ息を吸う過程を見て下さい。外なる空気が人間に受容されます。しかし、この外なる空気は、決して受身で受容され、体内でさらに吸収されて、酸素が炭酸ガスになって体外へ吐き出される、というような単純なものではないのです。空気を吸うということは、人間本性をたえず産み出すことなのです。

息を吸う過程は、人間本性を育てることにいつも寄与しています。人間は息を吸うことで、たえず世界から育てられています。人間は実際に無形状の酸素を受けとるだけでなく、間違って無形状と思っている酸素から、自分自身の本性に相応した形成力をも受けとっています。

私たちが呼吸困難に陥っているとき、実際に呼吸の過程に異質な元素存在が居すわっているのです。しかしこのことは、異常に形成された呼吸過程の中でのことです。愛する皆さん、正常に行われる呼吸過程の中では、常に人間が生じているのです。たえず大宇宙から空気人間（アストラル人間）という人間の誕生を促す力が人間の中へ入ってきます。そのとき生じる経過のすべては、アストラル体の中で生じているのです。

口絵4を見て下さい。私たちは息を吸います。そうすると、アストラル体によってその経過に活力が与えられます。たえず人間生成を促すその経過全体は、空気という元素の中で生じます。ですから、空気元素の中での息を吸う過程で、たえず人間が生成しているのです。

しかし皆さん、私たちは息をふたたび吐き出します。炭酸ガスを吐き出します。他の生体活動と結びついて、炭酸が吐く息のために集められます。このことは、従来、一種の受動的な過程であると思われてきました。しかし、そもそも私たちは、こういう事柄については、何もはつきりした考えをもっていません。ただ物質的な手段を使って、この方向で探求しているのですが、しかし、はっきりしたイメージをもつにまでは到っていません。

けれどもこの吐く息は、ふたたび生体のために活性化されるのです。そこには受動的な過程があるだけではありません。そこには能動性が、エーテル体の能動性が現れています。その全体は、かつて液体のすべてを「水」と呼んだときの水元素の中で生じるのです。

さて、ここで重要な問題が生じます。皆さんはもちろん、この問いを今にも口にしようとしていらっしゃったでしょう。その問いとは、眠っているときはどうなのか、です。実際、睡眠中のエーテル体は体内におりますから、息を吐くことは何の問題もありません。しかし、睡眠中どうやって息を吸うのでしょうか。アストラル体は体外に行ってしまっているのですから。

皆さん、睡眠中は、アストラル体の小宇宙部分だけが体外へ出ていくのです。睡眠中、アストラル体の大宇宙部分は、その分ますます活発に働いています。大宇宙のアストラル存在のすべてが睡眠中の人間の中に入ってきて、呼吸を制御しているのです。ですから、覚醒時の呼吸とは違う呼吸をしているのです。

どうぞ覚醒時と睡眠時の息の重要な違いに注意してください。睡眠中に息を吸うときは、人間の中で外から制御されています。覚醒時には人間自身が内部から自分のアストラル体で吸う息を制御していますが、睡眠中はその代わりに宇宙のアストラル存在が働いてくれています。

ここに病理的な問題を洞察するための大事な観点があるのです。

すなわち宇宙は、地上の状況に関しては健全なのです。地球の近くでは、気象その他で表現されるように、宇宙のアストラル存在を異常にすることのできる過程がいろいろ存在していきます。あとで述べるその他の諸過程によっても、人間の内なるアストラル存在が異常になることがあります。ここに特定の領域での病理現象の元があるのですが、その病理の元を、私たちは魂的＝霊的なところにまで辿ることができます。そして、このことが本質なのです。

さらに先へ進みます。皆さん、呼吸の過程は比較的相対的であり、したがって粗雑です。私たちは空気状のものを吸い、そして吐く。その呼吸過程は、人間の内にも外にもある熱の流れと比較すると、粗雑なのです。人間の内には熱が多様に存在し、外にも多様に熱が存在していきます。空気、水、地を取り去って、この熱の多様さだけを考えてみましょう。物理学者にとって、そんなことはナンセンスです。なぜなら熱の多様な在りようは、物質の状態としてのみ意味があるのですから。

霊学は、熱も元素のひとつと考えています。ですから、熱元素の中にあるものを独自の、能動的な元素である、と考えています。さて皆さん、人生全体に対して、熱過程による受容のより精妙な過程が呼吸過程の根底に存在しているのです。ですから、私たちが肺のところにまで上って来ると――どうぞ今話していることをできるだけ内的に受けとってください――、空気における粗雑な呼吸過程に出合います。けれども、主として頭部によって制御されている諸領域、しかしその弱い働きは全身にも見られるその諸領域まで上って来ると、より精妙な呼吸過程に出合うのです。しかしその呼吸過程は、空気元素の中ではなく、熱元素の中で生じています。ですから、私たちは精妙化された過程にまで上って行きます。この過程は、大宇宙から熱を極めて精妙に受容するのです。熱を吸って、熱を吐くのです。

しかし今、私たちが粗雑な呼吸を辿ると、人間が外界と相互に働き合っていることに気がつきます。息を吸い、そして吐くからです。入ってきて、そして出ていく。そういう過程です。ところが、この熱の場合、そうではありません。この場合も入ってきますが、通常の呼吸の場合のようには出ていかない。吐く息が、人間自身の中に入って、内的な過程になる。神経＝感覚系によって息を吐くと、その吐き出された息は、肺に媒介されて、吸い込まれた息と結びつくのです。

ですから私たちは、神経＝感覚系へ向けて、ひとつの過程をもっています。その過程を「精妙化された呼吸」と呼ぶことができます。この過程は、息を吸うときには正しく外から受容するのですが、取り込んだものをふたたび外へ出さず、より粗雑な呼吸に委ねられて、吸う息と一緒になって、吸う息の道の上でさらに生体の中へ入っていくのです。

けれども大宇宙の熱は、この道の上で呼吸を通って人体の中へ入って来ますが、入って来るのは熱だけではなく、光、宇宙的な化学作用、宇宙的な生命も入って来るのです。光エーテル、化学エーテル、生命エーテルは、熱を吸い込む道の上で持ち込まれ、人体に入ってきます。熱元素は光としっかり結びついています。そして化学元素を担い、生命元素を担って人間の中へ入っていき、吸う息の過程にそれらを託します。

呼吸の過程に現れる精妙化された呼吸過程、その全体はこんにちの科学の研究対象にはなっていません。生理学からは抜け落ちており、それによって異物のようなものが生理学の中に入っているのです。私たちが霊と自然の両方から始めない限り、この問題と向き合うことはできないからです。

このことは感覚生理学の中に異物のように入り込んでいます。その異物は視覚、聴覚、熱感覚の中で別々に働いています。はじめは熱を受容し、この過程の外的な形は、まるで肢体のように、光、化学作用、生命を担っています。けれども人間は感覚経過においては、中心ではなく、周辺しか見ていないので、感覚生理学はまるで完全な異物のようなのです。生理学者が個々の感覚の中でバチャバチャ音を立てますと、心理学者はあれこれ説明を考えます。仮説の上に仮説を立てます。

当然のことです。なぜなら視覚、聴覚の個々の特別の過程を眼の前にしても、その全体の関連、融合、その全体の内部への流れはまったく見えていないのですから。宇宙から来た光、化学作用、生命を担った熱を受容したとき、そのすべてがどのように融合しているかを知らずに、呼吸のことを考察します。真の感覚生理学を学ぶためには、次のような立場に立たなければならないのです。精妙な呼吸は、眼の生理的＝物理的な経過から、内部へ通じる神経の中へ入っていき、さらに呼吸の道へ入っていく。感覚の道、知性の道から呼吸へと。

周辺で生じる感覚生活からしばらく眼をそらすなら、かつて地上生活の中でヨーガが見出されたことの意味が分かってきます。この過程全体が空気を吸う過程に移り、その背後に存在しているものを感覚的知覚の中に投影すると、ヨーガの修行に到るのです。かつての世界観の中には、実践的・本能的に、こういうことが意識できていました。しかし、近代の自然科学は、いたるところで謎の前に立たされます。なぜなら、諸事実とその相互関係とを見通すことができずにいるからです。ただ思弁を逞しくするだけなのです。眼と耳を観察する。それから内部で何が生じるかについて、思弁を逞しくする。科学者は袋小路に入っています。私が述べた精妙な呼吸過程を事実として受けとろうとしないので、眼と耳についてあれこれ思弁を逞しくした上で、さらに内へ向かって辿ろうとすると、袋小路に陥るのです。そして、こう述べるのです――「そうだ、内部に生じているものは、外部で生じているものと並行している」。これが並行理論です。別々の過程が共時的に進行しているというのですが、もちろんこれは、この上なく便利な抜け道でしかありません。

皆さん、このことは、近代の認識行為全体の中で、祭司にも医師にも確かな立場を与えてくれます。なぜなら、この認識行為を否定しなくてもよくなるからです。感覚生理学はありとあらゆる宝物をいたるところから持ち込んでいるのです。そういう宝物は、まるで見事な家を建てるための最高の建材をいたるところで持ち込んでいるかのように見えます。

たしかにそういう建材はすばらしいものです。けれども、それを現場に持ち込み、大きな壁に積み上げることはできても、家を建てることはできるはずがありません。家を建てるのは不可能です。感覚の中に生じるすべてを持ち込んで、それを大きな壁に積み上げたところで、それ以上加工することはできない。そうするためには、人間の内部で、外から持ち込んだものを、精妙な呼吸であるエーテル的、アストラル的な経過と結びつけなければなりません。それができれば家を建てるところまで行くでしょう。もちろん家を建てるのに、最良の建材で積み上げた壁を取り払わなければ始められないと言うとしたら、愚か者でしょう。誰もそんなことはしません。壁があったら、そこから家を建て始めるでしょう。

同じように、自然科学を根本的に批判し、拒否するのは、しかも問題に対して真剣に向き合うこともなく批判し、拒否するのは、ばかげています。自然科学は拒否されるようなものではありません。むしろ建材の一つひとつを有効に使って感覚生理学という壁を造り、それをもとに見事な建造物を造るべきなのです。

ですから、呼吸の中で熱要素による、しかも大宇宙のエーテル界全体が働きかける精妙な呼吸過程に到るためには、いつも眼の前にある人間形成から眼を彼方へ向けなければなりません。私たちは、上位の人間に到るときは、彼方を見上げるのです。

しかし私たちはまた、下位の人間にも眼を向けます。呼吸過程から始めて、息を吸うときには上方の精妙化へ到るように、息を吐くときには下へ、より粗雑化のほうへと到るようにします。そして次第に、内的に炭酸形成の中で行われる過程から下のほうへ、消化活動のほうへ移るのです。上では吸う息に、霊的なものに移行する精妙な神経＝感覚過程を結びつければなりませんが、下では吐く息に、人間活動を次第に物質へ移行させる消化活動を結びつけなければなりません。ですから下では、変化した吐く息である代謝活動に到るのです。

内部で吐く息の働きがあとに残すものが代謝活動を生じさせます。呼吸が神経＝感覚＝霊活動から内的活動へ移行させるように、吐く息が人間の内部に残しておくものは、代謝活動を生じさせる力なのです。この代謝活動は、かつて「地」と呼ばれた要素の中で行われます［口絵4］。この要素は人間の生体の中で固いものに依存しているのです。

さて皆さん、この過程全体をもう少し詳しく見ていきますと、人間の中に四重の過程があることが分かります。まず第一に吐く息は本来、人間の中へ入って行きます。外から見て取れる吸う息の中で、吸い込んだものが同時に上から降りてくるものと結びつくのが分かります。ここには対極的に対立しているものがあるのです。吐く息は代謝のための力をあとに残します。決して吐く息によって何かが受容されるのではなく、何かが提供されるのです。ですから、内なる吐く息とそれから内なる吸う息があり、さらにこの内なる吸う息が肉体の代謝＝消化過程と結びつくのです。

この四重の分化過程を見てみると、人間にあらたな照明が与えられます。どうぞ先の図［口絵4］を見てください。――

神経＝動脈の道の上に熱元素が現れます。この熱元素は光と化学作用と生命を担い、ここにやってきて呼吸と結びつきます。しかし、熱は呼吸に光を提供しません。光を保っています。呼吸には化学作用と生命だけを提供します。したがって、光はここで、あとに残されます。そして、内なる光となって人間を充たし、思考活動になるのです。

吸う息と吐く息の更なる経過には、大宇宙の化学作用が関与し、人間の中で内なる化学作用となります。この作用が外なる実験室における諸過程に現れる外的・実験室的な化学作用に取って代わるのです。人間の中には、大宇宙的な化学作用が働いています。この作用は、内なる呼吸過程が継続することで人間の内部に堆積《たいせき》しているのです［口絵4、下］。

そして、吐く息と代謝とのこの相互作用の中にまで、生命エーテルが入っていき、そして人間によって受容されます。ですから、この上から下への過程を辿ると、光が熱エーテルの道のうえで上からやってきます。そして、立ち止まる。呼吸が行われるところで、光が立ち止まる。光は拡散する。もはや人間の生体によって受容されることなく、光として拡がっていくのです。私たちは光の組織を、純粋な光の生体を自分の中にもっているのです。そして、その組織が思考するのです。私たちはこの過程を吸う息と吐く息が境を接するところにまで辿っていきます。神経＝感覚過程に担われて入ってきた化学作用がそこまで担ってきたのです。今、化学作用がストップします。私たちの内なるこの化学作用、化学的生体が感情を働かせているのです。

今、私たちはさらに降りて行き、吐く息が消化過程、代謝過程をあとに残すところに到ります。この過程は養分摂取における外的な代謝過程にまで到るのではなく、ただ代謝の内的な経過にまで到るのです。生命エーテルでストップです。生命エーテルはふたたび意志する人間組織を形成します。このようにして思考と感情と意志が生じます。

この過程全体は、その身体上の模像の中で辿ることができます［口絵4、左ⅠⅡⅢⅣ］。この上のところにあるものはすべて思考として示されています。しかし、これは非常に精妙化されているのです。今皆さんにお話したことのすべては、神経の道の途上で生じています。神経の道は、これらすべてにとって外的な物質の導き手なのです。

皆さんは今、次の過程に向かいます。次の過程とは、人の中のこのもっとも上部の過程を呼吸過程によって受容することです。そしてこのことは、動脈の循環過程における物質的＝感覚的な投影の中で演じられるのです。動脈の循環路は第二の道です。

私たちは吐く息と消化＝代謝との間で演じられる第三の過程に到ります。この過程はふたたびその道をもっています。静脈の循環路がそれです。私たちは第三の静脈の循環路をもっているのです。そして、もっと人間の中に入っていくと、そこに別の第四の路が見えてきます。その路は生命そのものさえも外から入ってくるものの側から取り出される過程であり、自分自身の生命さえも外から、下から受けとらなければならない過程なのです。私たちは、その場合の物質的な投影をリンパ過程、リンパ路の中にもっているのです［口絵4、下方］。

愛する皆さん、こうして今、外と内との関係が見えてきます。感覚過程であり、吸う息の過程であるものの背後に多くのことが入ってきます。その背後で多くのものが入ってきているのです。しかし、その背後にあるものの中には、こんにちの人間にとって知らされていないものがいろいろ働いています。そこには、以前の地上生活に由来するカルマも共に働いています。カルマがそこに働きかけていますが、いざ知覚しようとすると消えてしまいます。そこにカルマが働きかけているのです。霊眼で神経路を探求する人は、この道の上でカルマを発見するのです。カルマがそこに流れ込んでくるのです。

しかし他方、リンパ液形成においては、物質過程だけでなく、このカルマの道も見てとることができます。リンパ路ではリンパ液が生体内に入っていきます。有名な生理学者ヨハネス・

ミュラー［Johannes Peter Müller, 1801–58］はこう述べたことがありました。リンパとは何か、赤血球のない血液のことである、と。

これはごく一般化された言い方ですが、正しいことを言っています。リンパ液は血液の中に入り、現在の人間をそれによって養っているのです。しかし、リンパ液の中には、まだ血液になっていないすべてのものがあるのです。そこには生成するカルマのいとなみもあるのです。そのリンパ液の過程の中でカルマが形成されるのです。リンパ路は同時に未来のためのカルマの道の始まりなのです［口絵4］。

このようにして霊的な働きは人間の中へ入ってきます。熱の道で大宇宙の光、化学作用、生命が入ってくるのが感じられるなら、光から生命の道へ一般的な宇宙生命が流れ込むのが感じとれるようになればなるほど、生まれてから死ぬまでのこの世の人生の中でのカルマの働きが感じ取れるようになるでしょう。カルマは神経を通り、さらに弱められた動脈過程を通って進み、そして静脈過程によって堰《せ》き止められます。

その際、カルマが静脈過程に到ると、カルマの霧の波もそれと共に移ってきます。そして人が静脈血を形成すると、同時に自分の中にカルマが貯えられて、カルマの意味で行動するようになります。血の変化は、怒りの現れなのかもしれません。過去が静脈過程に流れて行かず、貯えられると、その貯えられた力が行動に駆り立て、更なるカルマを生み出します。

カルマがリンパ液から流れ出て、血液の中に移って行けないと、潜在意識の深くに貯えられ、ひとつの核を作り出すのです。人間は、物質過程から離れて死の門を通っていくとき、このカルマを担っていく。それは未来へ向かって生成するカルマです。

呼吸の上方で、カルマが貯えられます。そのカルマは過去に由来します。吐く息の下方で、吐く息の下方の循環系と共に、リンパ液がまだ血液になる以前に、人は生成するカルマを見ます。このカルマはその中に潜んでいます。ですからカルマ〔口絵4、左の黄〕は動脈過程に入り込み、人間の中に留まります。そうすると静脈過程が作られ、ふたたびカルマが生じます。この上の境界のところに、カルマが神経=感覚の動脈過程の中で貯えられ始めます。

この下のところでリンパ腺から静脈へ移行する過程が暗示されています。ここに入って来るカルマが、ここに出てくるカルマが暗示されています。それはまだ血液にならなかったリンパ液を霊眼で考察したときに見ることのできた事情です。このようにして、物質と霊性との結合が示されます。人間は上方で霊的なものに接しています。カルマに接しているのです。その中間のところで現在の人生が堰き止められています。

下のところで、まだ血液になっていないリンパ液、生成するカルマが見えています。過去のカルマと生成するカルマとの中間部に、人間の地上生活が立っています。人間のこの地上生活が、この観点から考察すると、この二つの間に立って堰き止められています。しかし、私たち

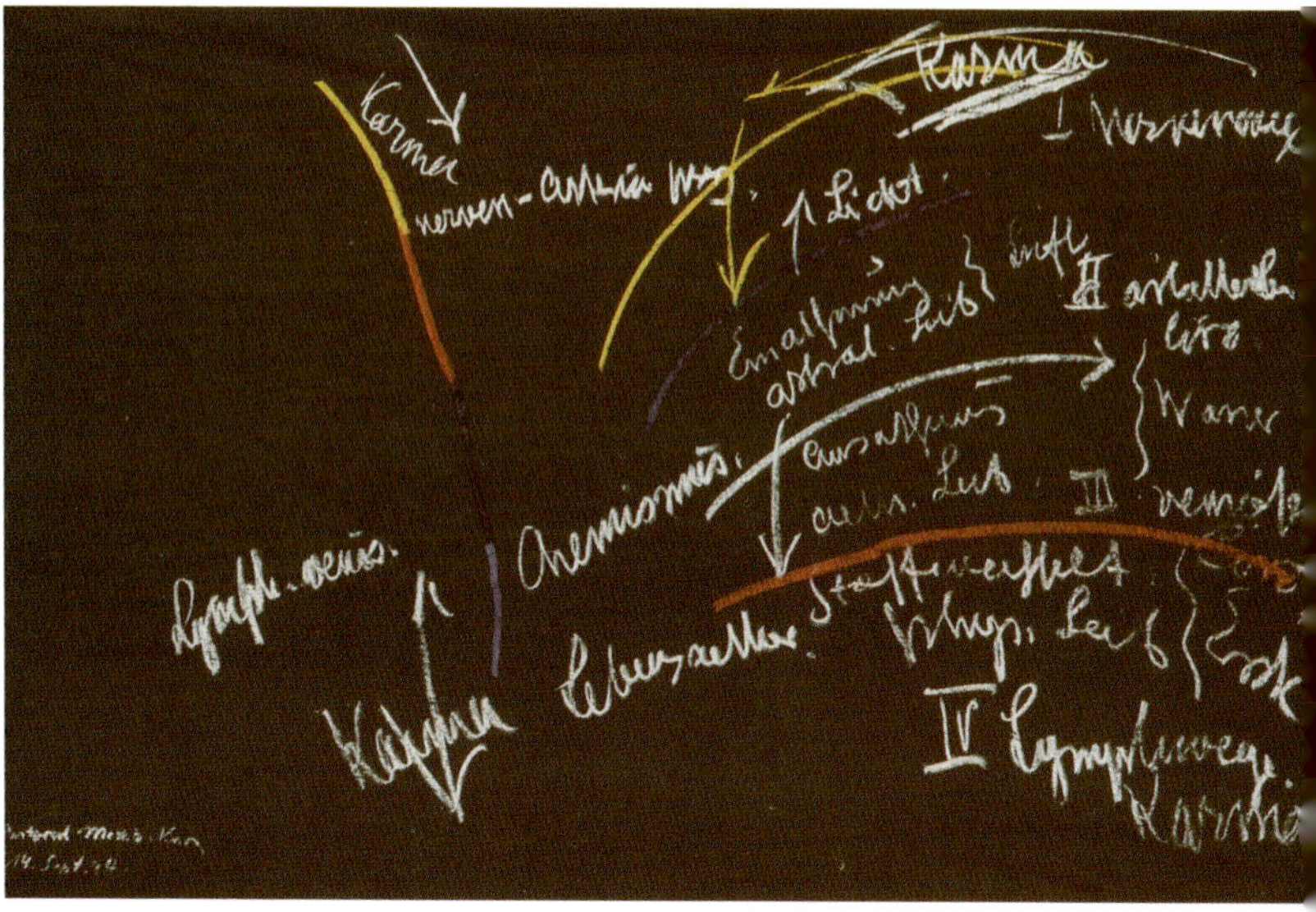
Karma
Licht
Chemismus
I
II
III
IV

［口絵 4］

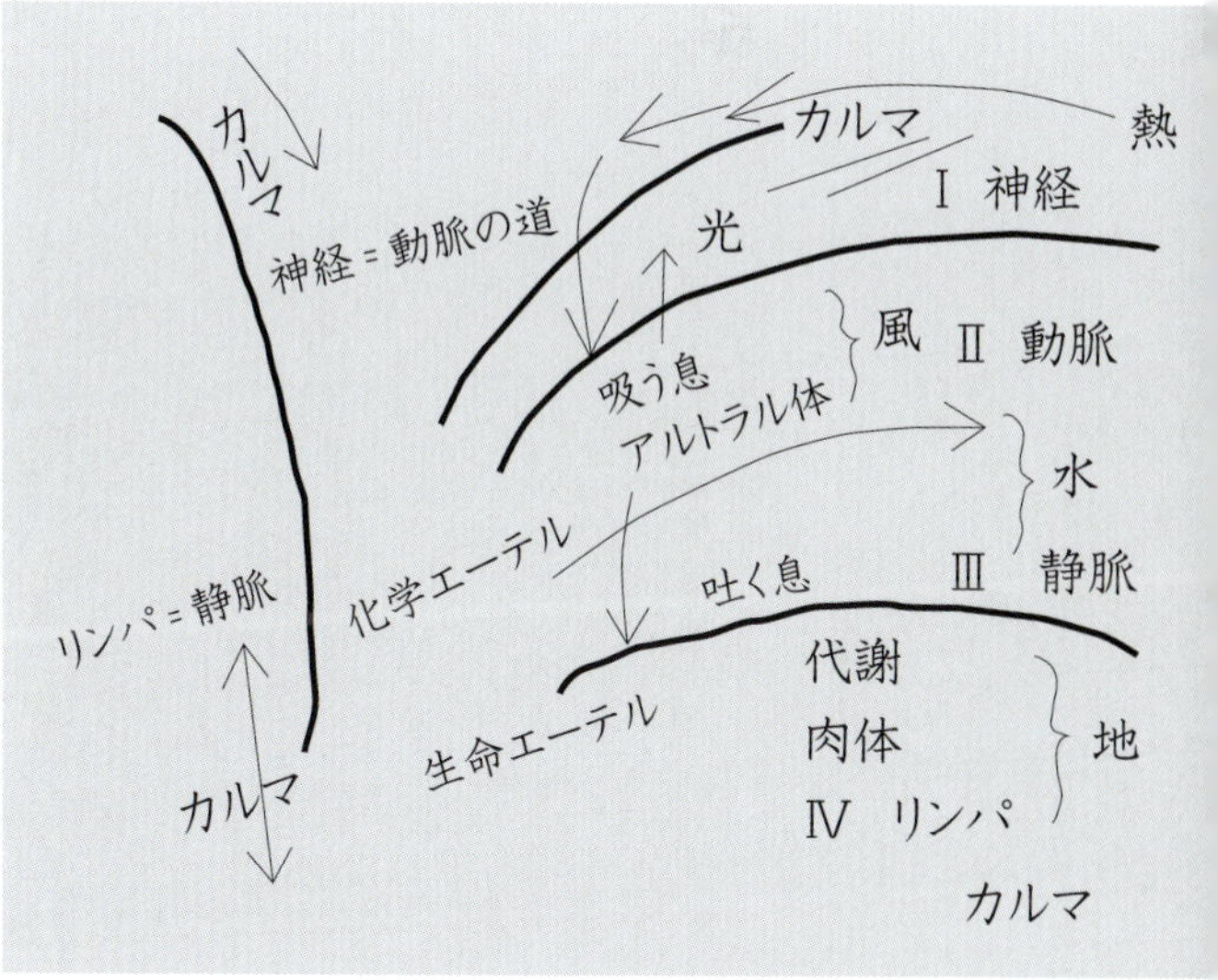
カルマ
カルマ
熱
Ⅰ 神経
神経＝動脈の道
光
風
Ⅱ 動脈
吸う息
アストラル体
水
化学エーテル
Ⅲ 静脈
リンパ＝静脈
吐く息
代謝
肉体
地
生命エーテル
Ⅳ リンパ
カルマ
カルマ

は事柄を物質過程にまで深く追求していくのです。

それについては明日、お話しいたします。このように私たちはますます物質界でも霊的なものが見えるようになってきています。けれどもこの問題については、まず実際に応用することができなければなりません。

第八講

一九二四年九月一五日

愛する皆さん、昨日は人間そのもの、もしくは人間の周りに見られる人間の体質について考察しました。今日は人間を超えたテーマをとりあげます。人間はいつでもどこでも宇宙の諸力と結びついているのですから。そして、この宇宙の諸力との結びつきは、宇宙そのものの計り難い多様性を知ろうと努力するのでなければ、見通すことができません。

愛する皆さん、人間に対する宇宙からの働きかけは、何と多様なことでしょうか。

大地から生長する植物を見て下さい。植物は茎を上へ、根を下へ生長させていきます［口絵5］。上へ向かい、下へ向かう。ですから、植物は二つの方向性を示しています。

そして、もしもこんにちの私たちの自然科学研究が、あまり本質的な問題に向き合っていないにしても、その研究方法で茎が上へ向かって生長し、根が下へ向かって生長するさまを考察するだけでも、宇宙と人間の関係を全体として把握するようになるでしょう。

なぜなら、上への茎の生長に関わるすべては、一年の、一日の、あるいは数年間の太陽作用の発達と関係しているのですから。そして根の生長に関わるすべては、月の作用の発達と関係している。ですから、植物を正しく観察すれば、そこには太陽と月の関係を見て取ることができるのです。植物の基本的な姿は宇宙の作用力から見ていかなければならない。そうすることができたなら、植物の根が大地の中へ伸びていくことで、同時に丸くなっていることに気がつくでしょう。根は大地の中で丸くなっているのです［口絵5、左］。

上へ向かって生長する茎は違います。茎は放射状に拡がろうとします。茎は線状の方向を辿ります。根は丸く円を作ろうとし、茎は線状に伸びていきます。これが植物の本来の姿です。そして、上へ向かって伸びる線の方向の中に地上での太陽の作用力を見なければなりません。そして、根の丸くなろうとする方向の中には、地上での月の力が働いているのです。

もっと先へ行きましょう。植物が線状に上へ伸びていくところには、常に太陽が存在しています。しかし、植物はさらに上へ向かって拡がります。そしてその拡がりをやめます。それは周辺で、花の中で、金星の作用が太陽の作用と一緒に働くときなのです。そして花がさらに下へ向かって葉になるときは、水星の作用が外から働きかけてくるときなのです。ですから、放射する太陽の方向と結びついた植物の構造を理解するには、金星と水星の働きが太陽の働きに協力していることを知らなければなりません。これがひとつの側面です。

他方、これらの働きは、決して植物を形成するだけではないのです。植物の本性は、もしもこれらの働きだけだったら、もっぱら全体として一緒に働くだけになってしまうでしょう。例えば極端な場合、一本の樹木を形成するような発展を遂げるために、金星と水星の働きに対抗して、いたるところで火星、土星、木星が作用を及ぼしているのです。太陽と月という根本的な両極性と関連して、他の諸惑星の作用も一緒に働いているのです［口絵5、左］。

ですから愛する皆さん、まず植物を見てください。そこには植物の惑星系全体が示されているのです。惑星系全体が地上にも存在しているのです。パラケルススのような四分の一の知者もしくは四分の三の知者が、「植物を食する人は惑星系全体を食べている。なぜなら惑星たちの作用が植物に存在しているのだから」と述べるとき、それはもはやばかげているとは思えなくなるのです。かくて宇宙は多様に形成されており、周囲のいたるところの生長過程の中に、秩序の中に、すべてその中に、大宇宙の作用力が働いているのです。

そこであらためて人間に眼を向けてみましょう。昨日述べたように、いつもよりも精妙に息を吸うとき、過去のカルマの流れの働きを見てとることができます。口絵5の右は、まったく図式化してありますが、精妙な呼吸を自分の中に作用させて、アストラル体と自我の中にあるものを発展させたとしても、こんにちの人間の在りようからすれば、決して太陽にまで到ることはない、ということを表しています。人間は、眠ってから目覚めるまで、自我とアストラル体の中にいるとき、太陽にまでは到りません。エーテル体と肉体とに結びつかずアストラル体と自我の中だけにいる人間は、太陽に到ることはないのです。その人にとって暗いままなのです。エーテル体と肉体とに結びついていないアストラル体と自我が太陽に到らないとしたら、一体どうすれば太陽に到るのでしょうか。

アストラル体と自我をエーテル体に結びつけるのです。しかし、この状態を霊視すると――それは思考を強化することで比較的容易に可能になるのですが――、思考を非常に集中した瞑想によって強めると、容易にこの状態に到ります。それは秘儀参入のはじまりです。私たちは容易にこの状態に到ります。この状態に入った人は、エーテル体の中に沈潜しますが、まだ肉体を手に入れてはいません。その人はエーテル体の中に生きているのです。

皆さん、エーテル体の中に生きていても、肉体をまだ手に入れていない状態にある人は、非常に、きわめてすぐれた思考ができます。まだ見ることも聞くこともないのですが、非常にすぐれた思考を働かせることができるのです。思考は消えることはありません。抑圧されるのは、見ること、聞くこと、またはその他の感覚だけです。しかし、思考は持続します。まずこれまで通りに思考し続けますが、これまで以上によく思考できるようになる。私たちが取り上げるような事柄を思考でき、マクロコスモスについても思考できます。思考は持続し、拡大される。その場合の私たちは、今自分は宇宙エーテルの中にいるとはっきり自覚しています。ですからエーテル体の中にいる、というのは、宇宙エーテルの中にいるということなのです。

この宇宙エーテルの中に入っていくことによって、私たちは自分が今霊界の中におり、感覚世界はここから出てきたということを経験し、体験するのですが、けれども霊界も感覚世界もまだ個体化されてはいません。私たちは個体化された感覚世界から出てきたのです。太陽はもはや輝かず、星々はもはや輝かず、月ももはや輝きません。地上の自然の諸領界にも、もはやはっきりした区別はない。個体化された世界は、肉体の中にいるときにしか体験できないのです。その点は、通常の生活においても、高次の生活においても同じです。けれども感覚世界の輪郭がぼやけた代わりに、霊界一般が、霊的ないとなみが経験できるようになるのです。

さらに先へ進むと、肉体をも意識して受け止めます。諸器官の中に生き始め、肉体を意識して受け止めるようになると、次第に消えていった存在たちが、地上的な存在は例外ですが、ふたたび立ち現れます。霊的な実体としてです。以前、通常の意識で太陽を見ていたところに、そしてそれが暗くなったところに、一般的な霊のいとなみの内部に、今、第二ヒエラルキアの本性たちの群れが現れます。月と星々はふたたび現れますが、霊的な様相の下に現れます。月も星々も今は霊的なコロニーになって現れます。

通常の意識においては、例えば――他のことでもいいのですが――、太陽を物質体として見ていましたが、今、肉体を意識して自分のものにしたあとでは、太陽を霊体として見るのです。

全世界をそのように見る。今、私たちは、太陽光線と共に霊も輝きながら私たちの中に入ってくることを学びます。どんな感覚的知覚によっても霊が入ってきます。ですから、上方へ向かって精妙化された呼吸はたえず霊に浸透された呼吸である、と思わなければなりません。そのとき私たちは、流れてくるどんな感覚体験の中にも太陽が生きていることを知るようになります。そして、それこそが太陽霊です。もしくは太陽霊たちなのです。太陽はどんな感覚的知覚の中にも生きています。そして、その直接の太陽の生命が、直接の太陽力が人間の中に、精妙化された呼吸の中に入ってくるのです。

このようにして私たちは、太陽に関わっています。太陽の光線が眼に入るとき、それと共に太陽霊も入ってきます。太陽霊は精妙化された呼吸の実質です。霊的太陽の多様な成分を、感覚の知覚によって吸い込むのです。

しかし今、人間についてのひとつの側面を見てとることができます。人間がそのエーテル体を発達させると〔口絵5の黄＝エーテル体の思考――色、音、熱のない感情一般〕、そのエーテル体の中で宇宙思考が育っていきます。エーテル体を意識化できるようになった人のこの宇宙思考は、はじめは熱もなく、冷たくもなく、音もありません。そのときの宇宙思考は、一般的な感情のようであり、自己感情と宇宙感情とがひとつになっているようなのです。今、肉体を把握することで感覚霊の中に入っていくと、その思考がさまざまな側面から色づけられます。太陽のエッセンスを吸い込むと、思考は、眼の側面から色づけられ、耳の側面から音を発するようになり、熱器官を通して熱さ、冷たさを感じるようになります。今、私たちは、思考と感覚の宇宙的な関係を知ります。その際、思考が元であり、感覚は太陽の浸透によってその上に立ち現れるのです。

これが人間の一側面です。人間は、太陽がどのようにして人間の中に、感覚の知覚を通して流れ込んでくるのかを知覚できないけれども、この太陽の道の上で過去のカルマが共に流れ込んできます。太陽は過去のカルマの保持者なのですから。人間の頭に眼を向けて下さい。神秘的な仕方で霊的な太陽光線が頭の中を流れています。その光線は、流れ込んだことによって物質化され、色や音や熱の世界の中に物質となって現れるのです。そして同時に、感覚から神経に浸透していく太陽光線の道の上で、カルマが人間の中へ入ってくるのです。

ここでもうひとつの側面に眼を向けようと思います。昨日述べたことを思い出して下さい。カルマは生体のリンパ液の中へ入っていきます。リンパ液の中では、まだ血液の中に取り込まれていないものがすべて働いています。物質界のおもてに出ていくカルマはそこで働くのです。それでは、カルマが出ていくのは、一体どんな道の上でなのでしょうか。そのことを知るには、神秘学的に月の作用力を知らなければなりません。

私たちがエーテル体を体験し、そして次第に、感覚への周辺的な方向の中で肉体を把握するようになると、太陽から流れてくるすべての生命が見えてきます。そのときには、一方ではその生命が過去のカルマを担っていますから、私たちにいくつもの非難を向け、私たちを不安に陥れるのです。

けれどもカルマの中で私たちを不安に陥れるすべてよりもはるかに重要なのは、「お前が今のお前になれたのは、お前の過去によるのだ」、という自覚です。私たちが自分の内部に担っているものは、感覚＝神経の道を通って太陽が入ってくのを知覚するとき、もっとはるかに豊かになります。私たちがカルマから身を引き離して、霊的な太陽の働きに身を委ねると、太陽のこの働きを受けとることによって、限りない至福の思いが生じ、そして私たちは、太陽こそ私たちがたえず求め願わなければならない存在である、という感情をもつのです。

太陽の働きは、私たちが望めば、愛をもって私たちの中に入ってくるのです。この太陽の働きを私たちは物質生活の中で、弱められた仕方で、愛の働きとして認識しています。このことは、人間の内面生活と、それから愛となって人間の中に注ぎ込まれる太陽の働きとの交換となって生じるのです。そして、人間の中で成長して、人びとの役に立ちたいと願うすべては、愛として生きている太陽光線と共に人間の中に入ってくるのです。なぜなら、そのときの愛は、魂的＝霊的な力であるだけではなく、すべての物質を成長と繁栄へと導く力なのですから。そういう物質のすべては、どんな細部においても、人間によって本当に心の底から評価されるなら、好意をもって幸せをもたらしてくれるのです。

これに反して、リンパ液に働きかけて、造血の準備をする作用力の方向で肉体を把握すると、月の作用が見えてきます。この月の作用は、まったく異なる特性をもっています。ですから一方では、霊的な太陽の作用が働き、他方では月の作用が働いています。

内的に造血、造リンパ液の過程を把握するときの私たちは、月の作用に向き合っています。けれどもこの月の作用は、私たちから何かを奪い取ろうとしています。何かを私たちの中から取り出そうとしているのです。太陽の場合は、たえず私たちに何かを与えようとしており、月の場合はたえず私たちから何かを取り出そうとしている。そういう感じがするのです。

そして、月の作用のこの知覚のことに何も気づくことなく、血液やリンパ液の形成に埋没し、肉体を摑み取るとき、私たちがこの知覚を手中にしていないとき、注意深く見ていないとき、そのことがほとんど何も分かっていないとき、突然、糸が断ち切れて、私たちの前に――私たちに似ているのですが――、歪んだ、戯画化された霊的存在が立っているのです。これは私たち自身が自分の中から生み出した存在なのですが、ただ私たちは不注意なままに、この経過を見過ごしてきたのです。この存在が私たちから抜け出して、私たちに向き合うのは、不思議でも何でもありません。鏡の像を拡大して見ているようなものなのですから。ただ鏡を見るときは、物質界でのことです。月の働きによってエーテルの中に映し出されるのは、高次の、高められた鏡像なのです。

この経過を全体として見てみましょう。この全体は特別のことではありません。ただ私たちがまさに宇宙と結びついており、月が私たちの中からたえず力を取り出しており、その力を私たちから独立させて、霊界の中へ、大宇宙の中へ流し込んでいることを示しているだけなのです。言い換えれば、さまざまなイメージをたえず私たちの中から大宇宙へ送り込んでいるのです。

けれども愛する皆さん、考えてみて下さい。月の作用でたえず人間の中に生み出され、そして取り出されて、宇宙の彼方へ持ち込まれるような、そういうイメージが――考えてみて下さい、そういうイメージが――、人体の中に保たれ、保持されるような一種の施設が人体内に作られたとするのです。決して抽象的な単なる鏡像ではなく、力に充ちた像が、です。

そういうイメージは人間の中でどのように保たれるのでしょうか。たえず人間からイメージを取り出そうとする月の吸引力があります。人間の中のこのイメージが外へ出ていかないで、人間の中に一体どのように保たれるのでしょうか。もう一方の側から太陽の作用力が深く働きかけて、イメージが人間の中に留められると、そのイメージは中に留まって、人間の中で働き、そしてひとつの胎児の生活が生じるのです。受胎とは、太陽の作用力が受胎によって引き下ろされ、そして、そこで月の作用力がリンパ液に働きかけて、外へ出ていくはずのイメージが肉体を捉えることなのです。イメージだったものが身体の形成に作用するのです。それによって生体のリンパ液の中で月の力と太陽の力とが結びつくのです〔口絵5、右〕。

別の面に眼を向けましょう。私たちは月の力をもそこまでもっていくことができます。そうすると、反対のことが生じます。人間の中に人間がふたたびつくられるのではなく、人間の中に太陽という大宇宙がつくられるのです。そのとき人間は大宇宙を別の意味で見るのです。

胎児が生み出されると、人間の中に物質の世界が生じます。そして、その世界はその人間の中から外へ出ていかなければなりません。他方、月の力がその欲望という性質をもって作用すると――月の力は太陽の力を引き出し、または捉えようとする――、人間の中に宇宙の霊が生じるのです。宇宙の霊が霊的な胎児となって生じる。そうすると、どうなるのでしょうか。霊界から入ってくるべきもの、地球が生じる以前に霊界の中にあったものが霊的＝胎児的に生き始める。そうすると人間の中でこの二つのものの結合が生じるのです。

この二つが直接結びつくのを見るとき、そのとき初めて人間と宇宙の関係がはっきりと解明できるのです。そこには、いたるところに協力者が見られます。ここで月の作用力と結びついている太陽の作用力には、その協力者として、火星、木星、土星がいます。火星、木星、土星には、どんな使命があるのでしょうか。

愛する皆さん、昨日お話したことを思い出して下さい。この太陽の働きについてです。

まず光が働きをやめなければなりません。第二段階では、宇宙的化学作用が働きをやめなければなりません。第三段階では、生命作用が働きをやめなければなりません。土星の力は光に対してストップをかけます。木星の叡智の力は、宇宙の化学作用に対してストップをかけます。火星の力は生命に対してストップをかけます。このようにして私たちは、個々に、具体的に、太陽の力が他のいわゆる外惑星の力によって修正を加えられて、働きかけてくることを知るのです。

逆に、別の方向では、月の力に修正が加えられました。月の力は本来、自分のために十分な力を発揮すると、胎児にまで、つまり肉体の形成にまで到ります。この月の力が霊的なもののほうへ弱められた状態で向かうと、月の力が物質にまで到らないと、金星のもっぱら魂的な愛の力に留まります。そして、この月の力がもっと弱められ、それゆえ日常生活の中で常に別の側から来るものと結びつくことができると、この月の力は神々の使者マーキュリー［メルクリウス、水星］の力になるのです。ちなみにマーキュリーは、日常の地上生活の中で、下なる力を上なる力へもたらすことができるのです。

口絵5の左と右を見て下さい。まず植物界に眼を向けて下さい。そこには太陽、月、星々が拡がっています。内部を見て下さい。そこには太陽、月、星々が、内部で、まったく正確に対応しています。その中で何かが正常でないと、内部の太陽と月と星々の共同作用も正常に働きません。それを正常にしようとするなら、治療の問題に向かわなければなりません。そして外で、正しくない月の作用の代わりに、対応する土星その他の作用を求めなければなりません。

これらすべてはみな、外にあります。ですから、人間が内部に宇宙をもっていることが分かるなら、まず医学を信頼することから始めなければなりません。これは、私たちがふたたび医学の中に持ち込みたいと思っていることです。なぜなら、かつては医学の中にこの真実があったのですから。こうした事柄がふたたび手に入ったら、そのとき初めて医学に対する内的な信頼がもてるようになるでしょう。

けれども、別の面を見て下さい。まず人間の中の月の作用を見て下さい。それはたえず人間的なものを人間の中から引き出して、宇宙の中に持ち込もうとしています。こうイメージしてみて下さい。人間が人間から出ていこうと努めています。宇宙へ運ばれたいと思っています。このイメージを抽象的にではなく、生きいきと思い描くことができなければなりません。月の作用は、たえず人間を人間自身から外へ持ち出して、人間と大宇宙との親和関係を思い起こさせるのです。これは私たちの心を震撼させる秘密です。

人間は地上では内なる胎児から生存を始めます。しかし、この月の直接的な作用が水星と金星の作用によって精妙化されますと、人間はもはや身体的にではなく、霊的に生まれるのです。そして私たちは、身体の誕生に霊的な誕生を加えます。そしてこのことは、人間に洗礼を施すことと同じなのです。そのとき私たちは、純粋な月の作用の中で生じたもののために、水星と金星の作用を生かそうとしているのです。

私たちは人間の中に常に存在している物質的な太陽の作用に加えて、霊的な太陽の作用も人間の中に働きかけているという意識を持つことができます。ですから、物質的＝エーテル的な太陽光の放射の道の上に、つまり化学的な放射、生命放射の道の上に、霊的なものが流れ込んでいます。物質的＝エーテル的な太陽の作用が感覚を通して働くように、霊的な本性が同じ軌道を通って人間の中に入ってくる、という意識をもつことができるのです。

私たちは、通常の物質生活の中で物質的＝エーテル的な太陽の作用を知覚するように、霊的＝魂的な太陽の作用を知覚します。すなわち私たちは、聖餐を、聖体を拝領するのです。

私たちが聖餐から出発するなら、一方では太陽に協力しているもの、光を暗くし、そして生命にたえず死を送り込むものを見出すでしょう。私たちは太陽と結びついている外なる諸惑星と向き合い、そして正しい時に聖餐に終油を加えます。

あるいはまた、私たちは人間の中へ入っていき、人間が大宇宙に達する前に、内部を生きます。大宇宙に身を置く前に大宇宙を自分自身の中にイメージとして移植します。大宇宙が人間自身の中で成長発展する萌芽となるようにします。つまり私たちは人間に堅信礼を施すのです。

こうしたことがまったき意識の中で体験されるなら、秘蹟を受ける人は、まったき意識でこういう事柄を生き、秘蹟を通して一般の病気から癒されるでしょう。一般の病気は物質界に沈潜することによって生じるのですが、以上のところに祭司の使命があるのです。

しかしまた、別のことも生じます。人間は自分の本性によって、霊的なものの中で自由でありたいと思っていますが、しかし一生を通じて物質界に留まらなければなりませんから、内部に非霊的なものではなく、超霊的なもの、すなわち病気を呼び起こすのです。私たちは病気になったとき、秘蹟の対極として医薬を必要としています。ここに医師の使命があるのです。

一方には祭司の霊的な医療があり、もう一方には医者という、身体医療のための祭司職があるのです。この両者の関連が見えてきたなら、祭司と医療の関連が理解できるでしょう。そのとき宗教治療が理論に留まらず、人間的な共同作業になるでしょう。

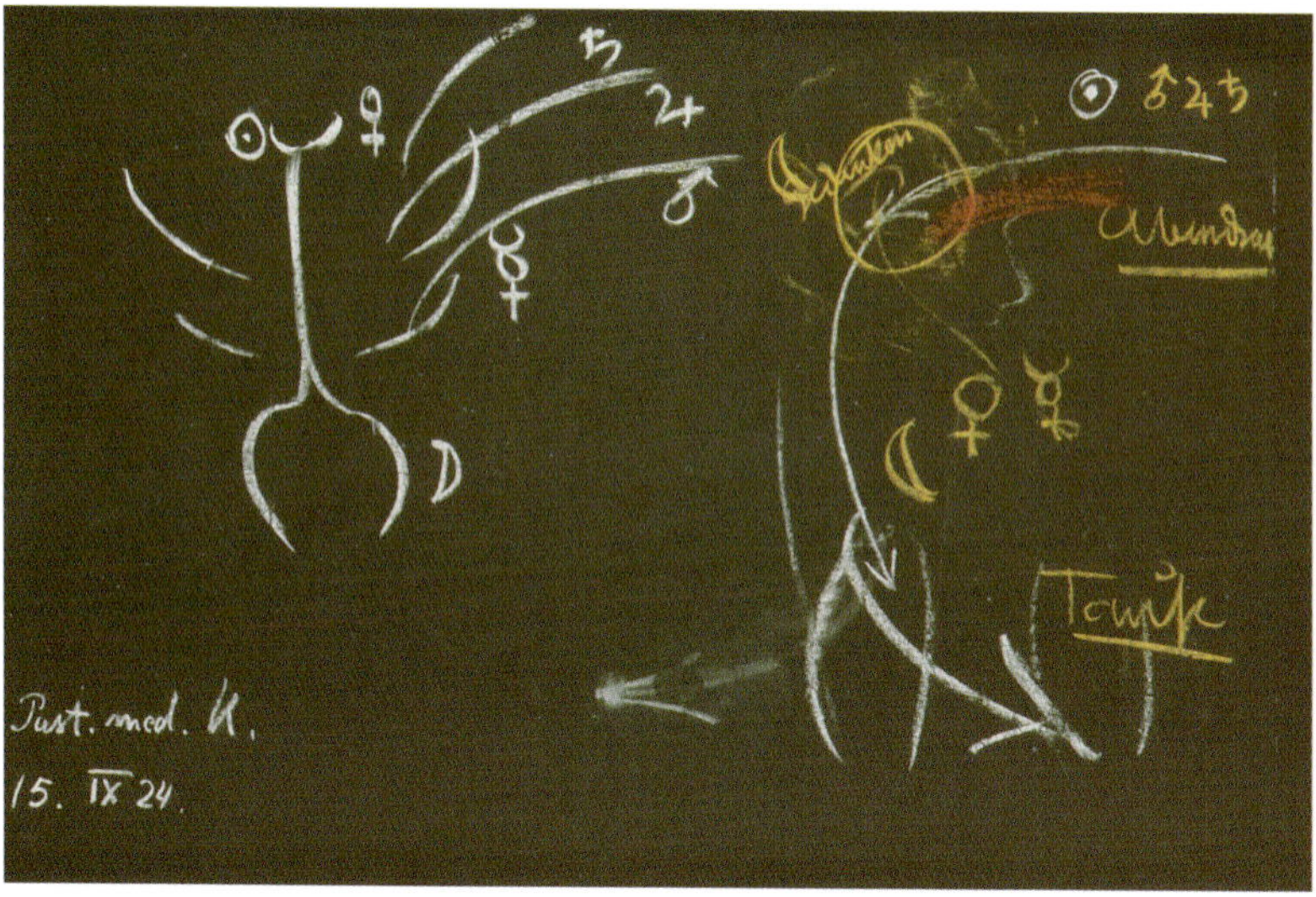

［口絵 5］

［口絵 6］

第九講

一九二四年九月一六日

愛する皆さん、これまでの話からも分かっていただけたように、大切なのは、病気を人間の霊的生活、霊的体験と結びつけることなのです。病気を神学と医学という二つの側面から理解するためには、これまで述べた考察がどうしても必要になるのです。

ですから今日は、病気と霊的生活との関連をもう一度、考察しつつ、病気の本質に光を投げかけようと思います。私たちは人間として、覚醒と睡眠を繰り返しています。そのことを一般に人智学としてどう捉えているか、皆さんはみんな分かっていらっしゃいますね。

今日は睡眠中に何が生じているのか、はっきり見てみたいのです。その場合、肉体とエーテル体が単独に存在しています。そしてアストラル体と自我も単独で存在しています。

まず肉体とエーテル体に眼を向けると、眠ってから目覚めるまで、この肉体とエーテル体はアストラル体と自我の作用から独立しています。そのとき、人体組織の中には、本来の生体活動にふさわしくないような経過が生じているのです。肉体の中に物質的な経過が生じるのです。物質的な経過は、外なる鉱物界で生じますが、肉体とエーテル体が、この鉱物界に適応しているのであって、肉体としての人体形成に適応しているのではないのです。そしてそれにもかかわらず、人間の肉体は、眠ってから目覚めるまで、物質的な経過に従っているのです。鉱物界が物質経過に従っているように。

睡眠中の人間に生じるこの矛盾に眼を向けなければなりません。睡眠中は、物質的な力や実体の働いている世界にいなければならないのに、本来そういう在り方ができないのです。そしてこのことがまさに、睡眠中の肉体に、もしもふたたび調整されるのでなければ、病気になってしまうような経過を生じさせる原因なのです。

睡眠は健康のもとである、というような一般化した言い方をするとき、たしかにそういう言い方は正しいのですが、一定の前提の下でのみ正しいのです。なにごとにもとらわれずに事柄を考察するのを妨げてはなりません。

人間の肉体内の物質経過は、この肉体の中に自我とアストラル体が沈潜しているときにのみ、からだに良い働きをしています。しかしそのような働きができるのは、目覚めているときであって、睡眠状態によってたえず中断されています。なぜなら、睡眠によって人体の中に崩壊が生じるからです。崩壊は人間の中でたえず生じています。人間の中で魂のいとなみ、霊のいとなみが生じるためには、崩壊が生じなければならない。実際、霊的な生活、魂の生活が発展するためには、崩壊が生じなければならないのです。霊的な生活は、建設ではなく、崩壊の過程と結びついているのですから。

ですから、睡眠時には、目覚めてから眠るまでの覚醒時に要する崩壊過程のエネルギー量に応じられるだけのエネルギー量が用意されなければならないのです。睡眠が不健全な仕方で崩壊過程に応じようとすると、崩壊過程の残余が生体内に残ってしまいます。病気の内的な原因は、この崩壊過程の中に見出せるのです。

考察をエーテル体に向けますと、睡眠状態でのエーテル体が植物界で生じるような過程を辿っているのが分かります。アストラル体と自我がこのエーテル体の中に沈潜しているときは、この過程が繰り返して、より高次のレヴェルへと移されます。しかし、この過程は眠ってから目覚めるまで、植物界におけるような在り方をしています。そして人間の生体に適応するのではなく、アストラル体と自我による調整を求めています。消費されない部分が残りますと、それがふたたび病気の原因になります。

このように眠りは、生体の中に病気の原因がどのように生じるのかを教えてくれます。実際、病気の原因は基本的に睡眠の正常な経過なのですが、その経過は同時に人間の霊的＝魂的ないとなみの基礎でもあるのです。

現実の中に入っていくときは、どこでも事柄が二つの側面をあらわします。これが世界の秘密なのです。すなわち、一方では肉体とエーテル体の睡眠状態の中に人間の霊的な発展のための基礎があるのですが、もう一方ではまったく同じ経過が病気の発生の原因になっているのです。ですから病気になるということは、霊的な発展に直接導かれることでもある。このように、人間の肉体とエーテル体の中で働いているものを研究すると、眠りの中に病理の基礎がある、と言えるのです。

さて、以上の観点から、覚醒時に十分に肉体とエーテル体との中に沈潜していない精神障害者を診察しますと、そういう人の魂的＝霊的なものは病気の過程の中に沈み、病気の過程と共に生き、そしてそのような状態に特別の価値を置いているのが分かります。ですから本来、精神的に病んでいる人は、病気を生じさせる諸原因と一緒になって内的な生活をいとなんでいるのです。どうぞ、このことに十分注意を払って下さい。

しかし今はさらに、外界を考察しなければなりません。人間の肉体を図式的に取り上げてみましょう［口絵6、左］。そして肉体と結びついた鉱物をも図式的に考察しますと、睡眠中の肉体の中に自我から引き離された諸経過を、このように描くことができます。この諸経過は、本来の内的に作用する原動機（モーター）なしに生じています。しかし、この自我はここでの鉱物的諸経過のすべての中に存在しています。なぜなら、私たちが宇宙自我と呼ぶものが、その中に存在しているのですから。

ですから、一方では物質的な肉体の諸経過の中に没自我が、自我を欠いた諸経過が見られます。私たちの外なる環境の中には、一連の鉱物的な諸経過、鉱物的な諸成分が存在しますが、そのような諸経過・諸成分は、自我に、つまり自我と同一であるヒエラルキアのすべてに浸透されているのです。鉱物成分は自我を持っているのです。

ですから、人間の肉体の中には、あってはならない経過が、病的な経過が存在する、と考えてみて下さい。この経過は自我を欠いているのです。私たちがこの経過を治療しようとするのでしたら、どうすればいいのでしょうか。

この経過なしで済ませている自我を、覚醒時にもたえず眠り続けている自我を、外なる鉱物界の中に求めるとき、私たちは薬物を手に入れるのです。皆さんが人間にその薬物を投与すると、当の器官に対する親和力が働きます。患部器官に欠けている自我の力が、そのとき患部に働きかけるのです。これが肉体の疾患のための医薬を鉱物界に求めることの理由なのです。その場合、自我の力をもっている薬物が見つけられれば、薬効があるのです。

ですから病理から治療への移行は、肉体と鉱物界との関連を正しく洞察することによるのですが、それだけでなく、もう一方で、エーテル体と植物界との関連も大切になります。その関連もまったく正確に現れています。エーテル体の中で何かがはびこり、増殖しているとします。

人間のエーテル体にアストラル体のふさわしい働きかけが欠けているような場合です。その場合、私たちは植物界にふさわしい薬物を求めることができるのです。

このことからも分かるように、自然霊、鉱物界・植物界の霊を宇宙の大きな拡がりの中で知ることが大切なのです。成分というよりは、霊を知ることが大切なのです。なぜなら鉱物的・植物的な自然の霊の力で、実際に人間を治療しなければならないのですから。成分そのものは、霊的に正しく調整されていませんが、霊を含んではいます。

石や植物の霊を知らずに治療しようとする人は、伝統的な処方に従って、暗闇を手探りで歩み、あれこれの薬が有効かどうか試すことしかできません。なぜ有効なのかを知るところにまでは到りません。なぜなら、なぜ有効なのか、ある鉱物の中のどこに霊が働いているのか、またはどのように働いているのか、決して分からないでしょうから。ですから本来、医師であるためには、霊的な世界観を身につけなければならないのです。私たちの時代の最大の変則事態は、まさに医療の分野において、唯物主義という恐るべき病気が支配していることなのです。

実際、医術における唯物主義は、本当の病気そのものなのです。その盲目状態は眠り込んでいることであり、認識の中に魂の有害素材を生み出すことなのです。治療を要する状態なのです。ですから、こうも言えます。私たちの時代のもっとも病んだ人とは、一九世紀のヨーロッパ人にとってのトルコ人のような存在のことではなく、医者のことなのです。この真実を医者自身、神学者もまた知っていなければなりません。しかし、この問題は秘教的ですから、信頼できるグループの中でしか取り上げられません。

さて、問題をもっと詳しく見ていきましょう。人びとの中には、通常の意味で精神障害者とは言えないのに、最近の研究によれば、肉体とエーテル体の中に沈潜するとき、病的な状態が見て取れるような人がいます。例えば、夢遊病者の場合です。その人たちの様子は、決してよく言われるような迷信なのではありません。見霊者なら誰でもよく分かっています。そういう夢遊病者は、夢遊状態で自分の病状を語ります。その人たちは肉体とエーテル体の中に沈潜します。普通の人は目覚めて、肉体とエーテル体に結びつくとき、いわば十分な結びつき方をしますが、こういう人たちの場合、比喩的に言えば、原子量の数に従って自我とアストラル体がエーテル体と肉体の中に入っていくのではありません。アストラル体と自我のうちの残部が、完全にはエーテル体と肉体の中に入り込まず知覚するのです。エーテル体と肉体の中に沈潜しない自我とアストラル体だけが知覚するのです。

このようにして、アストラル体と自我の或る部分が内的に残ると、内的に知覚されるのです。夢遊病者は自分の病状を述べます。一体どのようにしてでしょうか。正常な状態が睡眠中に中断されるのです。自我とアストラル体が肉体とエーテル体から外へ出ていったあと、この自我とアストラル体の中でこの霊的＝魂的なものに属していない事柄が生じるのです。ちょうど覚醒時に肉体とエーテル体によって自然についてあまりにも十分に体験されるように、睡眠中自我とアストラル体によって霊について著しく体験されるとき、そのとき病気と紙一重の見霊体験が生じます。そのときの人間は、睡眠の中へ霊を知覚する力を持ち込むのです。

その人はふたたび覚醒時にこの霊的知覚の記憶を持ち込みますが、特に、異常な状態で眠ってから目覚めるまでの間に生じた霊的知覚は、夢の中へ入っていくのです。生きた夢の中に現れるのです。そういうとき、見霊者なら誰でも知っていることが生じます。すなわち、こういう夢は次のような内容に充ちているのです。

ある患者が今述べたような状態だったとします。その人は霊的＝魂的なものをもって肉体とエーテル体の中に沈潜します。そして、自分の病気を夢遊病の状態で記述します。その人は肉体、エーテル体のあまりにも強い崩壊過程を体験し、肉体とエーテル体における自然の一種の逆行過程を体験します。その人のアストラル体と自我が外にいるとしましょう。そのときその人は外なる自然の霊的なものを体験します。この部分に病んだ器官［口絵6、中央］があるとします。この器官は、なんらかの外的過程を病んだ仕方で表現しているので、病気なのです。このことが夢遊病の状態で体験されるのです。

内的な過程がそこで記述されます。人間が対極の状態にあるなら、夢遊病が自我とアストラル体の中にまで作用します。そのときの自我とアストラル体は、肉体とエーテル体の外にいます。自然の四大霊の諸経過の下で体験されるものが夢の中に入っていくと、人は鉱物の中に霊を体験します。鉱物に相応する霊を体験するのです。そしてそのときの人は、どんな夢を見るのでしょうか。治療薬を夢に見るのです。

この点に夢遊病との関連が見えてきます。夢遊病者は私が述べた二つの状態を繰り返します。一方の状態では自分の病気の夢を見ますが、もう一方の状態では自分の治療薬の夢を見ます。ここには古代の秘儀において、病理と治療が求められたときのやり方がはっきりと示されているのです。

古代においては、現代のような実験はなされませんでした。患者は神殿に運ばれ、待っていた神殿祭司の手で一種の夢遊病状態に導びかれ、そして患者は自分の病気の経過を語るように促されました。それから対極の夢遊病が呼び起こされ、神殿祭司は治療法を含んだ夢を体験しました。病理から治療へ導くのが、古代秘儀の治療法だったのです。このようにして古代の人は、古くからのやり方で人間学を人間に即して学びながら、医術を作り上げたのです。

私たちはこういう方法を求めているのではありません。私たちの求めているのは、霊視体験によってただちに病気の経過を辿り、霊的合一を通して健康快復の経過を体験する方法です。これまでは一種の実験であったものが、まさにこの分野で、深められた観察にならなければならないのです。

外的な物質科学は、古代においては純粋に観察するだけの学問でした。それがますます実験するようになっていきました。純粋に観察するだけだったものが実験することに取って代わられました。そのことには、十分意味がありました。しかし医学がそれを模倣しようとしたので、間違ってしまった。かつての医学は、神殿研究（Tempelforschungen）に従って人間に実験を行い、そこから心を込めた霊的態度で学問的に稔り豊かな生命観察に移っていきました。実際、生命を考察する人は、いたるところで病気に出合うことができます。日常生活のこの上なく単純な表現の中でも、その表現がいわゆる健常な状態から少しでも外れるとき、事柄を正しい関連の下に観察さえすれば、そこに複雑な病気の経過を見て取ることができるのです。大切なのは事柄を正しい関連の下に洞察することです。

ですから本来、医師は、もっともっと実務家［開業医］にならなければなりません。しかしそのことは、唯物論の影響下にある近代の方向に逆行することを意味しています。これまで医師はますます学者になってきたのです。けれどもそうなっても、あまり意味がありません。医師は自然の法則を生きた関連の中で捉えるのでなければなりません。もっぱら抽象的な意味で自然法則を認識するのではなく、生きいきと自然法則を活用するのが医師の仕事なのです。抽象的に認識することでは、まだ自然法則を働かせたことになりません。

以上、問題を一方の側から取り上げました。

そこでもう一方の側からも見てみましょう。祭司の側からです。祭司の仕事というのは、自我とアストラル体が霊界に沈潜し、そうすることで人間が霊界に関与するときのすべての場合に人間を指導することにあります。医師が霊的な仕方で人間の本性に眼を向け、病理的諸経過を霊的に洞察することが求められるとすれば、祭司には何が求められているのでしょうか。

祭司は、霊界に導かれる人間の心の在りようにおいて、霊界に向き合う心構えにおいて、霊界への愛において、すでに日常生活においても存在する霊界体験において、人間の魂の正常な、そして異常な諸現象のすべてを扱うように求められているのです。

医師が治療に携わるときの経過はどうだったでしょうか。医師についてはこう申し上げました。医師が夢遊病患者に病んでいる器官のことを記述させるとき、その患者は夢から治療手段（薬）を記述するのだ、と。

そこで今、古代秘儀の場における祭司をもう一度取り上げてみますと、祭司にとって大切だったのは、治療手段（薬）を見つけることだけではありません。患者の治療がまず求められていたとしても。治療に終始するのではなく、別のことに心を向けたのです。夢遊病患者の自我とアストラル体が霊界にいることで、治療手段（薬）を夢の中で見出すのを見、霊界の中に魂が留まるのを見、そしてふたたび身体に戻るのを見ました。

そのとき古代の祭司は何に気づいたのでしょうか。そのとき祭司はもちろん、まず病気の器官に眼を向けましたが、さらにアストラル体と自我がその器官の中で健康な状態にあるように働いているのに気づいたのです。ふたたび病気の器官に戻っても健康な状態で働いているのに気づいたのです。その結果、祭司は、アストラル体や自我が神霊の働きの中から正常な仕方で人間の生体に働きかけていること、その生体の中で正常に存在していることに気づいたのです。夢を通してアストラル体や自我が健康な状態で霊的存在の中にいるのを知り、そして身体の中に沈んだとき、ふたたび人間を霊界と結びつけているのを知ったのです。

こういう心構えで古代の祭司は、秘蹟(サクラメント)を執り行ったのです。そして事実、霊界はこんにちでも、儀式を通して秘蹟と結びついています。儀式は霊的なものを物質成分と、まさに内的な経過を通して結びつけるのです。霊的なものが物質と関連している、という内的な洞察によってです。霊化された物質的本性が人間の中に戻されることで、人間の中で、人間の肉体とエーテル体の中で、アストラル体と自我が世界の神霊存在と結びつく。この点ですべてが一点に、つまり秘蹟(サクラメンタリズム)が祭司によって執行されるという一点に負うています。すべては、祭司がこういう心構えを身につけることができるかどうかにかかっているのです。

身体内の体験と身体外の体験との関連、身体の観察による病理学の秘密、異常な生と霊界での生と、特にまた霊界での正常な知覚活動とを観察することによる治療法の秘密、すべては私たちがこういう事柄を身につけることができるかどうかにかかっているのです。古代の傑出した夢遊病患者によって、神殿の秘密の中で解明された事柄が、今ふたたび私たちの内なる霊的認識力によって解明され、関連が観察されるのでなければなりません。この点で実験が観察に取って代わられなければなりません。

さて、私たちにとって重要なのは、人智学運動に関わる医師と祭司が、こういう諸事実を一緒になって知ろうとすることです。このことは他の医師や祭司のもっていない認識であり、結びつきです。そういうことなしに、ただ一緒に集まろうとかグループをつくろうとかの呼びかけは、単なる抽象的な呼びかけでしかありません。

グループを形成するための土台は、具体的な知的営為でなければなりません、そういう知を共有している人たちは、互いに親しみを感じ、一緒であることの意味を実感できます。外的な結びつきは、こういう知によって作られた内的な結びつきの表現であるべきです。この点で私たちの時代は、いろいろと嫌な思いをさせられていますね。

どうぞ、考えてみて下さい。こんにち、これ以上はないと思えるほどの良き意図をもって、例えば青年集会の場で、その集まりが私の承認の下でなされているにもかかわらず、魂の欲求に応えるべき具体的な問題を取り上げようとすると、すぐさま次のような発言に出会うのです――「今まずしなければならない一番重要なことは、結束することではないのか！」。こういう発言に対応するのは、非常に難しいですね。

この数十年来、すべてが果てしなく、結束の方向に向かってきました。みんな結束してきました。しかし、そのようにして000000などなどと、互いに並んで集まっても、そこから何が生じるのか、まだみんな実感していないのです〔口絵6、上〕。不満足な心が同じように不満足な心と結束し、さらに第三の不満足な心と結束するだけなのです。そこには何もないのです。けれども前提とすべきなのは、もっぱら充足感でなければならない。すべてのゼロの根底には、ゼロではなくて一《いち》なるものがなければならない。そのときにのみ、抽象的ではない何かが得られるのです。

けれどもおかしなことに、人間ではなく、知識が本質的なのだ、ということが前提にされてきました。私たちはこういう事柄に無自覚であってはなりません。こんにちの時代では、あまりにも安易に具体的なものを求めています。そして、そのために抽象的なものをいつも結びつけようとするのです。結びつくのはよいことですが、しかし具体的なものが存在するときは、おのずと結びつきが生じるのです。

以上はこんにち医師として、祭司として働く人たちが、まず第一に理解していなければならないことです。実際、こんにち二つの事柄がいたるところで見てとれます。第一に人間の自我とアストラル体はどんな覚醒時にもふさわしい仕方で肉体とエーテル体を見出していません。

ですから本来、宇宙（世界）の生成を洞察する人にとって、唯物主義が何を主張しようとも、それほど有害ではないのです。一元論（唯物主義）その他のそういう立場に立つ人には、互いに争わせておけばいいのです。たしかにそんなことはないほうがいいことですが、しかし人類の進化発展の中で、それは根本的に有害なことではありません。ですから、この進化の過程を洞察しようとするなら、こういう世界観論争に介入したりはしません。

いずれにせよ、あれこれと意見が出されていても、意見などというものは、人間の魂の中では非常に影の薄い存在です。現実に対してそんなに強力に働きかけたりはしません。意見は現実の中では泡沫です。石鹸の泡がお互いにぶつかり合い、一方がはじけて、もう一方が少し大きくなったからといって、どうということはありません。けれども、よく考えてみて下さい。現実の中では泡沫《ほうまつ》です。

正しい仕方で自我とアストラル体が肉体とエーテル体の中にある人は、決して唯物主義者にはならないのです。唯物論者であるということは、精妙な意味では病気なのだからです。

唯物論者は病気だ、と認識することが大切なのです。ですから肉体とエーテル体の中に正常に収まっている人たちがこういう病人と出会うとき、心霊科学の発想とは正反対の立場に立とうとするのは、当然のことなのです。

ここに私たちが心すべき分野があります。事柄が互いに結びついているのではなく、すでに混沌として、互いにばらばらになっている分野です。そこでは一つが他のものの役に立つのではなく、互いにばらばらになっています。患者が自分の内的器官の諸経過について語っている限り、その人の見る夢は、外界における治癒力、病気の器官に対応する治癒力に関わる夢でありえます。けれども、患者が唯物主義の病気によって自分の内的な器官を内から記述するのではなく、唯物主義的に生体をねじまげて、外界のことであるかのように記述すると、夢の反対物である偽りの心霊科学が治療手段になるのではなく、その反対にますます病気を悪化させる働きになってしまうのです。

ですから、こんにちの時代を生きる私たちが人間についてのすべての医療を文化病理学、文化治療と正当にも比較するとき、例えば心霊科学は決して治療手段にはならず、内なる器官の夢遊病的な記述に応じた夢の状態に唯物主義的に対応していることに注意を向けなければならないのです。本来、内へ向かうべき経過が外界へ向けられてしまうとき、こういう病理的な経過が生じるのです。内部において観察されるものが外へ向けられ、健全なものとしてではなく、病的な逸脱とされてしまうのです。ですから、そもそも医師は、唯物主義が病気のための決定的な要因であることを知っておく必要があるのです。

すでにこういう医療の観点を通して、その反対の側に立つ祭司の観点へ到る橋が架けられます。祭司は人びとの情動に由来する病的な魂のあらわれに眼を向けます。このことは心霊科学においてもあてはまります。そこでは広義での病的な生活が宇宙の中に沈潜しようとするのです。世界観を病的にするようなすべてが意志として働くことで人間の内部にまで作用を及ぼすのです。そういうとき、本当に病気を生じさせてしまうのです。

人類進化の現段階においては、容易に見過ごしてしまうことが、古い時代においてははっきりと認識されていました。意志の方向、世界観・人生観が間違っていると、「罪」とみなされたのです。今の人はそういう間違いが生体の病気に到るのをじかに見て取ることができなくなりました。本来の病気と罪との間の中間段階をたまたま見て取ることができるだけです。けれども罪と病気とは、こんにちの進化段階では、前世と今世ほどに、かけ離れています。以前の進化段階の人間は、同一の人生の中で罪と病気とを原因と結果として受けとっていました。

ここで祭司の仕事が始まるのです。祭司は古代の伝承に従って、罪は病気の原因であると語ることは、もはや許されません。しかし輪廻転生を洞察するようになれば、そう語ることが可能になります。なぜならそのときには、真実に従ってそう語るのですから。このように、こんにち世間で宗教家が語るこういう問題の多くは、もはや現実に対応しなくなっているのです。多くの教えは古代に由来する教えであるのに、それを私たちの時代の求めに応じた教えに変えようとする意志が見られないのです。今、私たちはこういうすべての問題を引き受けなければなりません。そうすれば宗教治療についての私たちのこの考察を両方の側のために充実させることができるようになるでしょう。

今私は、考えているところですが、皆さんの求めに応じて、さらにあと二回、明日と明後日、話を続けようと思います。

第十講

一九二四年九月一七日

皆さん、この時代に霊界からの働きかけがなされるとき、いつも見過ごされていることがあるのです。それは人間の思考と感情の中に見出すことのできる活動性・創造性のことです。本来、私たちの思考と感情の根底に何があるのかという問いは、この唯物主義の時代には完全に忘れられています。人びとはそういう問題を意識していないのです。

ですから、まさにこの点で一種の乱暴な行為が行われています。その乱暴な行為は、こんにちの文明社会の中でかなり普及してさえいるのです。

皆さんも気づいていると思いますが、いろいろな立場から、思考力をどうしたら強くできるかについての方法が提示されています。かつて「黒魔術」と呼ばれていた、そしてこんにちもそう呼ばれているものの兆しが、そういう場合にかなり普及しているのです。医師も聖職者もこういうことに留意しなければなりません。そこには同時に、こころとからだの病気の原因も見られます。実際、こういう事柄に注目することで、人間の魂の病気から身を守り、その病気をよりよく認識できるようにならなければなりません。こういう方法を用いて、いつもは存在していない力を人びとに与えるために、しばしばとても不純なやり方をしているのですから。こんにち、あらゆる可能な方法がこういう事柄のために用いられており、そういうことを商売にする人もいるくらいです。この分野でも金もうけになるなら、何でもやる人がいるのです。

一体、こういう事柄の背後には何があるのでしょうか。まさに医学と神学の分野でこういう事柄についての認識を深めていかなければ、ますますひどいことになってしまうでしょう。近代人の思考、特に科学思考は唯物主義の下で非常に大きな発展を遂げました。こんにち、いろいろなところで唯物主義の力が科学の分野でも力を失いつつあり、唯物主義を超えたものを生み出そうとしている、と満足そうに語る人がいますが、皆さん、こうした傾向は、事柄の本質に眼を向けるなら、とても好ましからざる印象を与えるのです。こんにち通用しているやり方で唯物主義を克服しようとする科学者たちは、神学者たちにも言えるのですが、頑固な唯物主義者たちよりも、はるかに質《たち》が悪いのです。頑固な唯物主義者なら、そのやり方の不条理によって次第にどうにもならないところにまで行きつきます。しかし、心霊主義や理想主義を安易に語りはじめると、自分の眼にも他人の眼にも砂をふりかける結果になるのです。

実際、ドリーシュその他の立場で物質を超えた何かについて語るとき、どういうやり方をしているでしょうか。もっぱら物質を思考するために数百年来用いられてきたのと同じ思想が、自称霊的なものを考えるために用いられているのです。ですから、物質にしか適用できない思想で霊的なものを捉えようとしても、まったく不可能なのです。霊的なものは、本当に霊的な立場に立つのでなければ捉えられません。

ですから、次のような奇妙なことが生じるのですが、まだあまりその奇妙さに気づく人はいません。例えば、一般社会でひろく認められている学者でありながら、本当はすごくディレッタント的なハンス・ドリーシュ［Hans Driesch, 1867–1941］は「サイコイド」(Psychoide) の存在を認めなければならない、と語っています。皆さん、何か或る事柄が何かに似ている、と言おうとするなら、そういう或る事柄がどこかに存在していなければなりません。もしも猿がどこにもいないのに、猿に似た存在がいるなどということはできません。人間の中に魂の存在を認めないのなら、サイコイドがいるなどと言うことはできません。そういう戯言《たわごと》がこんにち本当の、そしてたえず進歩しようとしている科学であるとみなされているのです。

このことをよく見通して下さい。そうすれば、学問上の教養をふまえて人智学運動に関わっている人たちは、文明の進歩のために役立つことができるでしょう。しかしその場合、ちらちらと燃え上がる鬼火に目がくらんではなりません。本当に必要なもの、唯物主義を克服するのに役立つものにしっかりと眼を向けるのでなければなりません。

ですから、こう問わなければなりません――「思考がこんにちのような受動的な在り方から脱して、ふたたび能動的になり、創造的なものになるには、どうしたらいいのか？　祭司と医師は、創造的なものが霊に導かれようと望む人間の作業のために、どのような働きかけをすることができるのか？」

思考、特に物質の経過のために働く思考は、創造的なものを外なる物質の中に留めて、みずからはまったく受動的になっています。このことは、科学の営みのいたるところに見出すことのできるこんにちの思想界の特徴です。そこでは思考がまったく受け身で、自分から働きかけようとはしていません。思考の中に創造的なものがないというのは、こんにちの受け身の科学の中にどっぷり浸かっている教育にも関係のあることです。

こんにちの人は、創造的な思考を働かせるようには教育されていないのです。創造的な思考を働かせようとすると、たちまち不安になってしまう。客観的な現実を確認しないで、ただ何かを付け加えるだけになってしまいます。このことをよく考えてみて下さい。

しかしそれなら、どうすれば能動的・創造的な思考に到ることができるでしょうか。本当に人間を認識することができたときにのみ、創造的な思考に到れるのです。実際、人間の本質は創造的なのですから、自分を非創造的なものとして認識することはないのです。認識しようとすることは、追創造することでなければなりません。受動的な思考では、もっぱら人間の周辺をかぎ廻っているだけで、人間の内面に入って行くことはできないのです。

私たちは本当に、人間を世界の中に置かれた創造者として理解しなければなりません。ですから今日は、ある大きな展望の果てにある目標ともいうべきものを取り上げようと思います。その目標は私たちの思考を創造的なものにしてくれるのですが、思考を創造的にするための秘密をも内に秘めているのです。このことをはっきりさせたいのですが、そのために、すでに皆さんが一般的な人智学講義によって知って下さった概念をこの考察にも取り入れなければなりません。

皆さん、生成しつつある宇宙全体を図式的に、ひとつの円と思ってみて下さい［口絵7］。円と考えるのは、時間の中で生成する宇宙が実際に一種のリズミカルな繰り返しをしているからです。もちろんその現れ方は上昇線を辿ったり、下降線を辿ったりしています。しかしどんなときにも、宇宙の中には、昼と夜のようなリズムがあります。大規模には氷河期から氷河期へと移っていくリズムもありますが、その中で人間の知覚できる最大のリズムは、いわゆるプラトン年です、プラトン年は常に、宇宙を考察する際に大きな役割を演じてきました。

プラトン年を知るには、春分の日の朝、毎年三月二一日に、日の出を観測するのです。そのときの太陽は、天の決まったところに現れます。その地点を星座の中に見て取ることができますが、この地点は時の流れの中で、毎年少しずつ星座を移動しています。一年、二年の違いでしたら、ほとんど違いが分かりませんが、移動し続けて、黄道十二宮の中を牡牛座から魚座へ移ってきたのです。それではこの黄道内での移動は、全体としてどうなっているのでしょうか。いつかは十二宮を一巡して、もとの地点に戻ってくるのです。そして、その一巡に要する時間は、平均すると二五九二〇年なのです。このリズムは目下、人間の知覚しうる最大の間隔《インターヴァル》をもったリズムです。この一巡、つまり一プラトン宇宙年は、ほぼ二五九二〇年かかります。

さて、私たちが宇宙の果てに眼を向けると、私たちの思考力を総動員しても私たちの数えることのできる数をはねつけるような何かにぶつかってしまいます。私たちの思考が壁にぶつかってしまう。思考はそこを突き抜けて先へ行くことができない。そこから先へ行くには、霊視力が必要になります。しかし通常の思考は、そこから先へ進めません。一切の進化は二五九二〇年の内部で進行するのです。

ですからこの範囲、もちろん空間によってではなく、時空間によって閉ざされているこの範囲を、一種の宇宙的な子宮壁であると考えてみようと思います。これが宇宙空間をもっとも大きく包んでいるのです［口絵7の赤黄色の部分］。そこで今、この最大限の規模で宇宙を取り巻いているリズムから離れて、人間の中のもっとはるかに小さいリズムである呼吸に眼を向けようと思います。

皆さん、ここでも大まかな平均値でしかありませんが、一分間に一八回の呼吸のことを取り上げますと、一日に何回くらいこの呼吸を繰り返すのかを計算しますと、二五九二〇回という数が得られるのです。私たちが外に見出す大きな間隔をもったリズムと同じ数のリズムを、小宇宙である人間の中のもっと小さな間隔の中にも見出すのです。このように人間は、宇宙そのもののリズムを模倣して生きているのです。

ただ動物にではなく、人間の場合だけにあてはまります。実際、この精妙な認識を通して、人間と動物との違いが見えてきます。人間の場合、二五九二〇年というプラトン宇宙年を顧慮するとき初めて、人間の身体の本質、その身体の緊密な、小さくまとまった性質が認識できます。どうぞ私の『神秘学概論』の中で、時空間を通してではなく、太陽、月、地球というメタモルフォーゼを通して、人体のためにどんなものが集められ、働かされて、数量的にではなく、こんにちのような人体に合成されるようになったのかを理解しようとしてみて下さい。

いわば人間を宇宙子宮の中心に位置づけ、二五九二〇回の呼吸をもっている中心に入っていくと、私たちは自我に出会います。なぜなら、私は呼吸について、それが上方人間のほうへ向かい、そしていわゆる精神生活にまで精妙化されると言いましたが、この呼吸の中には、地上における個的な人間生活の本質（自我）がはっきりと現れているのですから。

図のここのところに［口絵7、中央］、私たちは自我をもっています。私たちは自分の肉体とプラトン宇宙年という大時空間との関連を把握しなければなりませんが、同じように、呼吸のすべての不規則性の中に感じ取れる私たちの自我と私たちの呼吸リズムとの関連をも、よく知っていなければならないのです。

皆さん、この二つの事柄の間で、呼吸と宇宙年との間で、人間は地上で生活をいとなんでいます。人間生活は、そこに存在しているのです。自我にとって大切なものはすべて、呼吸を通して制御されています。二五九二〇年のリズムによって制御されているあの巨大な諸経過の中に、私たちの肉体のいとなみは存在しているのです。肉体の中に合法則的に存在しているものは、プラトン宇宙年の大きなリズムと関連しています。そして私たちの自我活動は、私たちの呼吸のリズムと関連しています。肉体、エーテル体、アストラル体、自我の中に組み込まれている人間の生活は、この二つの間に存在しているのです。

私たちは一定の観点から、地上の人間生活は肉体、エーテル体、アストラル体、自我の中でいとなまれる、ということができます。そして別の観点から、人間生活を神的＝宇宙的な側面から見るなら、一日の呼吸とプラトン宇宙年との間でいとなまれている、ということができます。一日の呼吸は、だからひとつの全体なのです。一日の呼吸はそれによって人間生活と一組になっているのです。

そこでこの宇宙的な観点から、人間の呼吸、つまり自我のいとなみとプラトン宇宙年、つまり外なる大宇宙のいとなみとの間に、その中間に何があるのかを考察してみましょう。皆さん、私たちの呼吸の働きについて言えば、一日の二四時間の呼吸［息を吸って吐く＝第一段階］、この呼吸と呼吸全体のリズムについて言えば、私たちはいつでも、昼と夜のリズムの中にいるのです［眠りと目覚め＝第二段階］。つまり太陽と地球との関連の中にいるのです。日の出と日没、太陽のこの日々の変化の中に私たちの呼吸のリズムが成り立っているのです。

その場合には、日々の二四時間が問題になっています。しかしさらに、呼吸から宇宙の中へどう働きかけているかを考えてみますと、まず大宇宙の一日の中で出合う事柄の中に私たちがどう働きかけているかを考えてみますと、こういう計算が成り立ちます。一日が二四時間で、一年は三六〇日です。三六〇というのはおおよその数です。一年がおおよそ三六〇日だとしますと、七二年という古代イスラエルの族長の年までに二五九二〇日かかります。この七二年を人間の一生の平均値だとしますと、人間一代の平均値をさらに三六〇倍してみるのです。つまり人類が先祖代々三六〇代続いたとしますと、七二×三六〇で二五九二〇年、ちょうどプラトン宇宙年に当たるのです。

このようなプラトン年というのは、そもそも私たちにとってどんな意味があるのでしょうか。私たちはみんな、人生を始めます。そして死んでいきます。死ぬというのはどういうことなのでしょうか。死ぬとき、私たちは私たちの地球の生体として、アストラル体と自我だけでなく、エーテル体をも宇宙の中へ吐き出すのです。

私がこれまでたびたびお話ししてきたように、自分のエーテル体を宇宙の中へ吐き出し、エーテル体は宇宙の中へ広がっていくのです。そして私たちがふたたび地上に戻ってくると、ふたたびエーテル体を吸い込むのです。これは途方もなく大きな呼吸です。エーテルを吸ったり吐いたりするのです。私たちは毎日、朝になると、アストラル体を吸い込みます。呼吸はひと息ごとに酸素を吸収しますが、地上で死ぬときは、エーテルを吐き出し、この世に生まれるときは、エーテルを吸い込むのです。

ですから第三に、生と死のリズムが考えらます。私たちが人生（生）を地上の生として享けとり、死を死と再生の間の生として享けとるなら、プラトン宇宙年に到ります。私はまず、最小の呼吸により大きな呼吸を、そしてより大きな呼吸に最大の呼吸を付け加えるのです。

1　息を吸い、そして吐く――もっとも小さな呼吸
2　眠り、そして目覚める――より大きな呼吸
3　生、死――もっとも大きな呼吸

このように私たちは、まず星の世界の中に立っています。私たちは一方では内へ向かって私たちの呼吸によって生き、他方では外へ向かってプラトン宇宙年の中で生きています。この二

つの間で人間生活がいとなまれているのですが、この人間生活の中でふたたび同じリズムが現れています。

しかし、このプラトン宇宙年と私たちの呼吸との間の中間領域の中に何が入ってくるのでしょうか。リズムを基礎にして私たちが見つけ出した数のことを思い出して下さい。下地を作ってから、画家はその上に絵を描きます。そのように私たちもこの基礎の上に絵を描こうとしてみて下さい。

プラトン宇宙年ともっと小さな時間のリズム、一年のリズムと共に、外界においては終わることのないリズムが繰り返されています。そのリズムはまず暑さ、寒さとなって感じとれます。冬は寒く、夏は暑いと考えるだけでも、背景に数が存在しており、その数は質的には暑さと寒さになっていることが分かります。人間はこの世を生きているとき、この暑さと寒さのリズムの中で過ごしています。

皆さん、外には暑さと寒さの繰り返しがあります。この繰り返しは人間にとっても、外なる自然にとっても、とても役に立ってくれています。人間はとてもこういうリズムを作り出せません。人間にできるのは、自分の中に、いつもながらの暑さ、寒さを保つことだけです。つまり人間は、内部に力を育てます。それによって冬のために夏の暑さを貯え、夏のために冬の寒さを貯えるのです。人間は内部で、まさに内部で、たえず人体組織の中で調整しなければならないのです。外なる自然の中で行われているように、暑さと寒さの間で調整をはからなければなりません。

　人体組織の中での調整を、私たちは意識していませんが、人体は内的に夏を冬の中へ、冬を夏の中へ持ち込んでいます。夏になると、生体が冬体験したものを、私たちは自分の中に持ち込みます。私たちは春分の日を通して、ヨハネ祭（お彼岸）まで、冬を持っていきます。そして調整します。秋へ向かうと、夏を担いはじめ、クリスマスまで夏を担っていきます。一二月二一日までです。それからふたたび調整します。ですから、暑さと寒さのこの繰り返しを自分の中でたえず調整しつつ担っています。しかし、そのときどきの私たちは何をしているのでしょうか。

　皆さん、何をしているのか探っていくと、非常に興味深い事実に行きあたります。これが人間だとしますと［図5］、表面的な観察からも分かりますが、人間の内部に現れる寒さはすべて、人間の神経＝感覚系へ向かう傾向を示しています。

［図5］
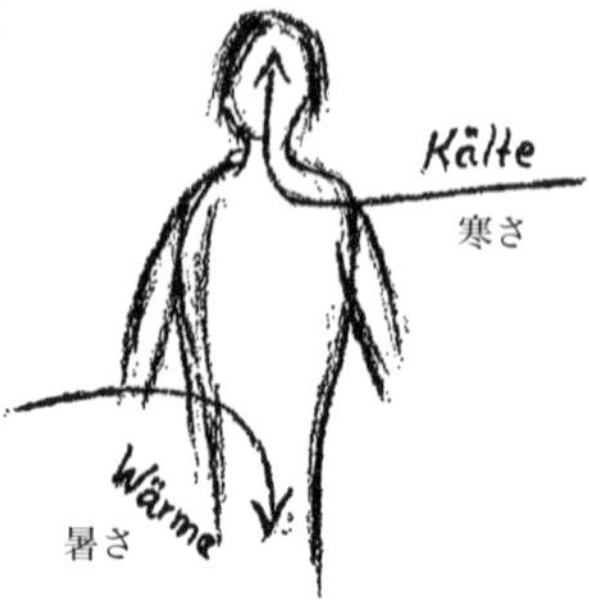

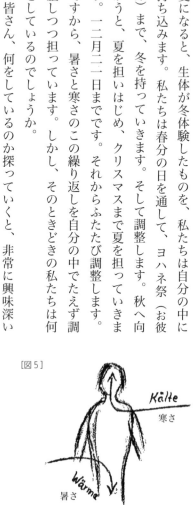

こんにち証明されていることですが、寒さの作用のすべては、冬の働きは、人間の頭脳形成、神経＝感覚系の働きを共にしています。夏の働きのすべて、暑さのすべては、人間の代謝＝肢体系に関与しています。

私たちの代謝＝肢体系の人間を見てみると、本来その器官の中に夏の働きのすべてを取り込んでいます。私たちの神経＝感覚機能を見てみると、宇宙から私たちの中に取り込んだ冬の働きのすべてを私たちは担っているのです。ですから私たちは、すべての冬を私たちの頭で、すべての夏を私たちの代謝＝肢体組織で生きているのです。そして内部で、リズム組織を通して調整を行い、代謝系と頭脳系の間で暑さと寒さ、寒さと暑さをそのつど生み出しつつ、残ったものを調整しているのです。素材の熱は熱経過のひとつの結果です。そして素材の冷たさは寒さの経過のひとつの結果です。

こうして人体における宇宙リズムのひとつの関与（Spiel）に気づかされます。つまり、大宇宙における冬は、人間の頭部もしくは神経＝感覚系における創造的なものなのです。大宇宙における夏は、人間の代謝＝肢体系における創造的なものなのです。

皆さん、この人間の生体系に眼を向けると、あの秘教医学、ヴェークマン博士［Bertha Wegmann, 1847-1926］と私が仕上げた書物『霊学認識による医療拡充の基礎』一九二五年］と共に始まった、と申し上げた秘教医学のためのひとつのよりどころをもつことができます。繰り返し本当に、科学のレヴェルに達しようとしなければならないものの発端がここにあるのです。

今、私たちが冬の植物が生えている岩山に登っていくと、そこに人間の頭脳組織に関係のある外界の対象物に出合えます。私たちが薬物の採集家として、神経＝感覚系に根ざした病気に際して現れる霊の作用が外界における霊によって医されるように配慮している、とします。私たちは高山に登り、そこで鉱物・植物を集め、それによって頭の病気のための薬を作ります。私たちは自分の創造的な思考によって処置します。その思考が私たちの足を、ふさわしいものがあるにちがいない土地のあの事物たちのところへ、飛んで行かせます。宇宙に由来する正しい思考が人間の行動を具体的なものにまで導いてくれるに違いありません。事務所で働いている人も、少くともたまには、本能に駆られて、いろいろ旅をし、放浪したでしょう。正しい思考がそういうことを通して、無意識にその人を導いてくれるのです。ただそういうときには、どんな関連があるのか、分かっていません。そして分かっているかどうかは、それほど重要ではありません。それが重要になるのは、医学的・祭司的な観察の場合です。しかし世界を細かく観察するだけで、個々の場合に何をしたらいいかを教えてくれるのです。

代謝＝肢体系の病気のためには、大地の植物・鉱物に向かい、結晶化して上のほうに伸びていくものではなく、堆積し沈澱したものに向かいます。そこに鉱物・植物の薬を見出せます。ですから、大宇宙における諸経過と人間のいとなみの関連を見ることが病理学から治療法へ導

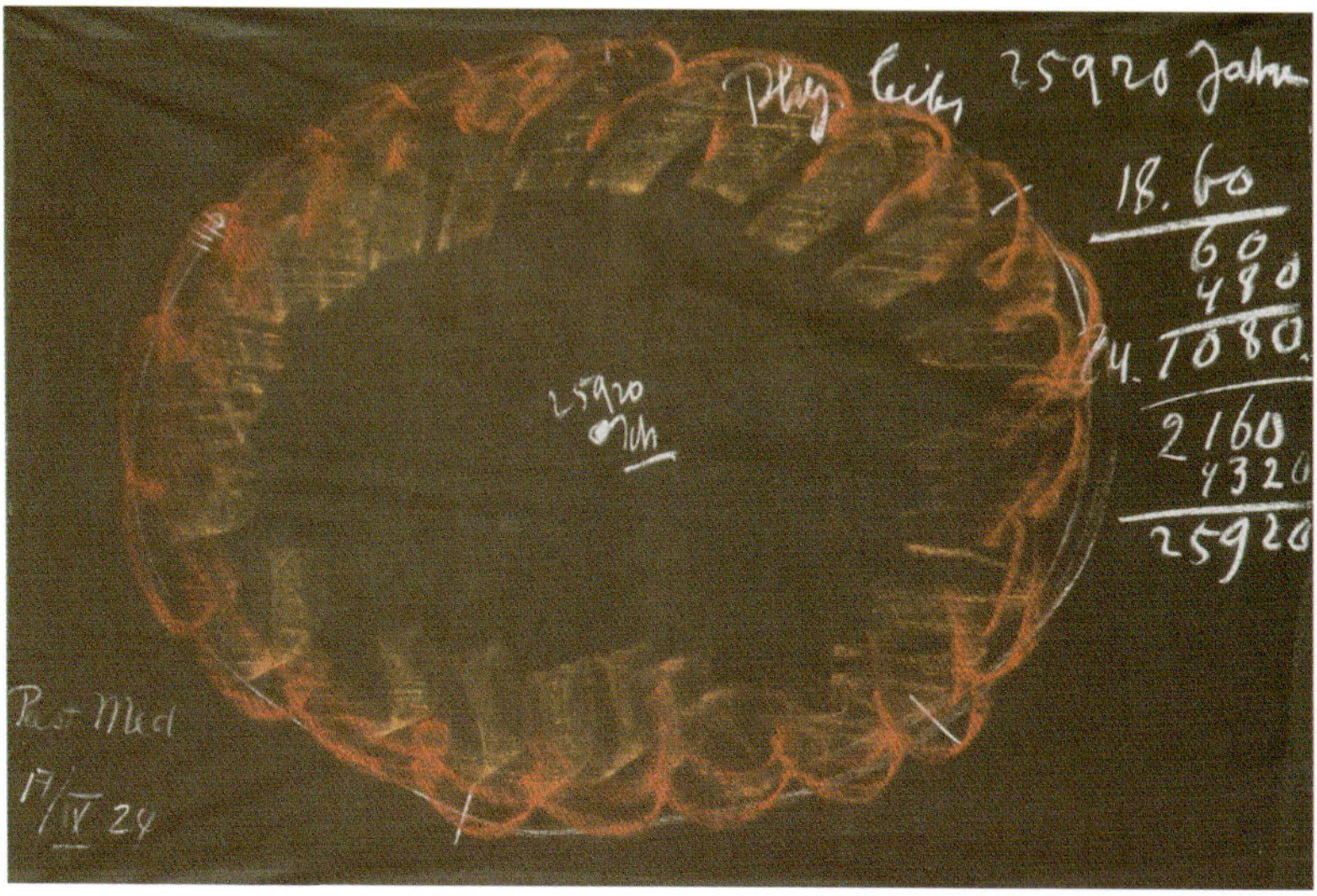

[口絵 7]

いてくれるのです。

皆さん、こういう事柄をふたたびはっきりと見通すことができなければなりません。古い時代には、こういう関連がよく分かっていました。

ヒポクラテスは古代医学の一種の遅咲きの花でしたが、彼のものと言われている著作を読んでみて下さい。その著作は少くとも彼の精神をいたるところに留めています。この偉大な展望の下に述べられている細部を、いたるところに読み取ることができるのです。その後の時代になると、こういう事柄はもはや見られません。人びとはますます単なる抽象的・主知主義的な思考と外的自然観察との中に入り込み、もっぱら実験を重視するようになりました。今、私たちはふたたび、人間と宇宙との関連を見出す道に立ち戻らなければならないのです。

ですから、私たちは、私たちの自我と私たちの肉体との間で生きるとき、人間として地上に生きています。呼吸とプラトン年との間でも生きているのですが、そのときの私たちは呼吸で一日に接しています。では、私たちの肉体では何に接しているのでしょうか。プラトン年ではどうでしょうか。

そのときの私たちは、偉大な自然経過における気候の変化のもっとも外側の連鎖との関連に接しているのです。そして、この偉大な自然経過の中で私たちの形姿を、人体形姿を変化させているのです。ですから、次第に人種を形成していきます。しかし私たちはまた、もっと短い間に生じるすべてにも接しています。一年一年、一日一日にも接しています。ですから私たちは人間として、この二つの極端な境界の間で進化を遂げ、そしてその中間にあってみずからを独立させている。なぜなら中間においては、大宇宙の中でも、注目すべき要素が介入しているからです。

実際、ほぼ二五九二〇年（プラトン年）に従って繰り返されるリズムのことを考えると、驚かずにはいられません。そのとき大宇宙と人間との間で生じるものに驚嘆せずにはいられないのです。人間をも含めて、宇宙全体が量と数と重さに従って秩序づけられていることが分かってくるのですから。すべてがすばらしい仕方で秩序づけられているのです。とはいえ、それは人間の計算にすぎません。

ですから、それぞれの決定的な箇所において、いつでも私たちがその箇所に意識して向き合うとき――すでにそこに含まれているのですが、それにもかかわらず――、注目すべき言葉をそこに付け加えなければならないのです。そのことは決して自明なことではないのですから。

その中には「合理性」が存在しています。合理性が生きて働いているのです。私の述べたすべてが生きているのです。ところが、そこには宇宙における「非合理的なもの」も働きかけています。そのことは、私たちが心を鎮めて驚嘆しつつそこに没頭するなら、必ず見えてくるのです。

私たちが何時間もどこかの道を辿るとき、傘を持っていくことがよくあります。なぜなら天気予報に反して、何か非合理的なことが生じるかもしれないからです。天文学がたとえ占星術のような古代からの叡智を身につけていたとしても、日常生活にとって、雨が降ったら台なしになってしまいます。天気予報は合理的な科学をもってしても難しいのです。こんにちの天文学は、本当に名前をつけることだけに終始していることが多いのですね。星を見つけて、それに名前をつけるだけなのです。ですから、ある王様はこう言ったそうです。その王様は自分の国の天文台に行き、望遠鏡でいろいろな星を観察しました。そして、こう言ったのです――「よく分かった。でも、あんなに遠くにある星にどうして名前がついているのか、よく分からない」。

もちろん、こういう王様のことを笑うことはできますが、天文学者のことを笑う別の立場もあるのです。私としては、天文学者のことを笑いたい。なぜなら、大宇宙の中には、非常に注目すべきことが含まれているのですから。例えば、古代に名づけられた「サトゥルン」（土星）という名称を調べてみると、皆さんの多くが参加して下さった「言語講義」〔『言語形成と演劇』全一九講、ドルナハ、一九二四年〕を少し思い出して下さるなら分かるように、古代の星の名称は、占星学者たちが特定の星から受けとった音声感情に従って名づけられました。古代の星の名称は神霊によって名づけられたのです。古代人は星の響きを聴き、それに従ってその星に名をつけました。

　しかし、占星学が天文学に移りますと、もう名前を天から取り出すことができなくなり、ある星にはアンドロメダ、別の星には別のギリシアの名前を与えましたが、どんな星もころころ、きらきら鳴くだけで、区別がつかなくなったのです。天王星（ウラヌス）、海王星（ネプチューン）は土星（サトゥルン）と同じ仕方で名づけられたのではないのです。すべては人間の勝手な思いつきで名づけられました。ですから、王様が間違っていたとすれば、この王様が、天文学者たちが古代の占星学者と同じように霊的に進歩している、と思い込んでいたことによるのです。

　天文学者は人間的な認識の枠内で研究を続け、一方、古代の占星学者は神々との出会いによって学んだのです。しかし、こんにちふたたび天文学から占星学へ上っていくとき、すべてが合理的に説明できる大宇宙の中で、ソフィアの領域にまで到るでしょう。そこでは計算では答えの得られない領域、気象学の分野も含まれていますが、こういう学問の場合、私たちは自分自身の自由な意志に問いかけることが可能になるのです。気象学はもうひとりの女性なのです。日常生活の中での女性は、気が変わりやすいですが、しかし気象も、天候から彗星に到るまで、かなり気が変わりやすいのです。

　気象学から気学（メテロゾフィー）にまでさらに上っていくと、この宇宙支配者（女性）のさらにすぐれた特質に、宇宙的な気分だけでなく、この女性の内面の優しさにまで到ります。皆さん、計算や思考だけでなく、宇宙の本性たちにも出会えるのです。この本性たちは、はじめはつんとすまして、人を寄せつけません。計算のときはますます接近していけますが、この本来の宇宙本性からはますます離れてしまいます。あとに残された行為にしか行き会えないのです。

通常の単なる計算からリズミカルな計算へ、宇宙音楽の体験へ向かうと、リズミカルな計算からさらに形や数となってあらわれる宇宙の生命組織をも直観するようになります。それは占星学（アストロロギー）以上のアストロゾフィーの領分です。

しかし、その一方で宇宙を支配する本性たちはつんとすましており、すぐには現れてくれません。はじめは一種のアカシャ写真のようで、どこで撮られたのか分からない存在となって現れるだけなのです。宇宙エーテルの中で映し出された写真のようなのです。

ついで霊聴が生じます。本性は映像を通してみずからを語り始めます。はじめは「ノミー」から「ロギー」に到ります。霊的合一になって初めて、本性そのものに、「ソフィア」に出会えるのです。一生を要する個人的な進歩の道の上で、気象学の背後にかくれている女性に出会えるのです。その姿は、四大の中で、風、天候、月、太陽の中で出会えます。そのときは、ロギーにおけるように頭だけでなく、人間全体が働けなければなりません。

以上から分かるように、この道には迷路に彷徨《さまよ》いこむ可能性もあるのです。私たちは頭を使って、現代の主役であるアントロポノミーからアントロポロギーへ、さらにアントロポゾフィーへ到ることができます。そのときはラチオだけですが、ラチオは生きていません。もっぱら生命《いのち》の痕跡だけに留まり、個別的な事柄には到りません。生命はまさに、個別に、細部にのみ、非合理的なものにだけ生きるのです。ですから私たちは、頭が理解したものを人間全体の中に導き入れなければなりません。人間全体の力でノミーからロギーへ、そしてゾフィーへ到るのです。

私たちが一方で神学を、他方で医学を宗教治療によって賦活させようとするのでしたら、以上のことを感じとらなければならないのです。このことは、明日いくつかの個別考察を通して、さらに考察するつもりです。しかし、主要な点は、まず宗教治療を研究する第一歩として、宇宙考察の中で宗教治療が働いている道を知ることなのです。

第十一講

一九二四年九月一八日

愛する皆さん、今回取り上げたような「宗教治療」は、霊的認識によって初めて可能になるものなのですから、霊的なものが具体的な作用力をもっている、という意識のないところでは、そもそも意味をもつことはできないのです。

実際、唯物主義の普及している時代においては、霊的なものに対して、それが医療に役立つと認められることなど考えられないことです。もちろん古代の秘儀文化の中では、霊的なものの中に治療の力を当然のように認めていました。そこで今日は、今回の私たちの考察のまとめとして、今この地で、ゲーテアヌムから始められるべき医療の流れと古代秘儀との関連についてお話ししようと思います。

私たちの問題は、歴史的な関連の下に考察するのなら、古代秘儀における探求方法、もちろんまったく異なる種類の、むしろ芸術的な治療方法と結びついた仕方で行うのがもっとも正しい考察の仕方なのです。

愛する皆さん、もちろん今回の宗教治療についての短い連続講義は、ひとつの刺激として、その第一章として受けとっていただかなければなりません。この地でヴェークマン女史と私が行ってきた仕事によって、これからも先に進められなければならない宗教治療の構築のはじまりとして受けとっていただかなければなりません。

そこで皆さん、今日ははじめに古代秘儀の参入者たちが秘儀の道をどのように記述していたかに眼を向けようと思います。その道は、秘儀が治療に到る過程を辿りました。基本的にすべての秘儀は治療と結びついていましたが、その結びつき方はさまざまでした。しかし、いずれにせよ治療は、全体として文明の進歩と関連している、と思われていました。

このことには深い理由がありました。古代の人々は、こう語ったのです——「人間個性が受胎と誕生を通して、霊界から物質的な地上世界に降りてくると、霊的＝魂的なものは、人体を物質的に形成するためのあの変容のために共に働かなければならない」。

すでに述べたように、この変容・形成は、最初の七年間、はじめは個性によって生じます。一方、人体は、はじめは遺伝によって形成されますが、その人体は、七歳から八歳までにすっかり脱ぎ捨てられるのです。

このように、まさに厳密な意味で、古代の秘儀においては、人間が霊界から物質界へ入ってきたのだ、と考えられていました。けれども、人間は本来、人間界を導いている霊的な諸力によってもともと決められていたような仕方では肉体と結びついてはいない、と意識されていたのです。特に人間がみずからの個性を通して前生から持ってきた力を、遺伝の力が、進化全体の異常さを通して圧倒している、と思われていました。

つまり、この世を生きる人間の中には、調和が支配している、とは思われていなかったのです。ですから、次のように言っていたのです――「地上の人間の中に霊的＝魂的なものと物質的＝身体的なものとの完全な協和がひびいていたのなら、第一、死は、今のような姿をとっていないであろう。第二に、今のような意味での病気は生じないであろう」。

人は病気と死とを考察して、それらが徴候なのだとみなしたのです。つまり、人間は本来そうであるべき状態であるよりも、もっと物質的な地上世界と深く結びついてしまったことの徴候であるとみなしたのです。このことは、たとえこんにち十分に理解されないとしても、多くの多くの真実を含んだ、非常に深い理念なのです。

実際、私たちが少しでも高次の意識段階に達するなら、その瞬間に、「死はまったく別の姿をもっている」ということに気がつくのです。死は人生の終わりなのではなく、むしろひとつの変容なのだ、ということに。

しかし、このことを通して古い意識の場合、人間の教育と治療とがとても近い関係になったのです。そして、教育の経過全体は、人類進化の太古の時代には、医療と結びついて考えられていました。ですから古代秘儀においては、地上における人間の治療は、医師・祭司と結びついていました。古代においては大抵、医師と祭司は同じ人物でした。古代の本能的な意識においてはそれが可能でしたが、こんにちでは、通常は、そういうことは稀です。

通常の生活においては当然であるような、すべての人の中のこの治療重視の意識は、死後から新しい誕生までの人生において実現されるメタモルフォーゼのあと、医師もしくは祭司であった人の魂によって、太陽への道を辿るように促されました。死後、太陽への道を辿るための最初の歩みは——古代人の意識の中では——、医師または祭司の魂によって導かれたのです。しかしこの導きは、深い秘儀の叡智に由来するものでした。この古代の方法は、もちろんこんにちでは通用しないにしても、こんにち新しく甦ることができなければなりません。そして、その甦りこそ、今、私たちがここでやろうと試みていることなのです。

愛する皆さん、古代の秘儀参入者が自分の秘儀参入について述べたときには、次のような内容を述べたのです——「自分は、境域を超えたあと、まず四大元素の働きを学びました」。

古代における元素とは、こんにち凝集状態（Aggregatzustand）と呼ばれるもののことです。すなわち、固体は地と呼ばれ、液体は水、気体は風、熱は火と呼ばれました。現代の物理学者なら、元素としてはそのようなものは存在しない、と言うでしょう。七〇から八〇の元素が存在する、と言うでしょう。特定の状況の下でなら、あるものは液状に、別のものは固体や気体状になります。熱の状態はすべてのものに現れています。しかし、古代の四大元素のようなものは、こんにち存在しません。

そういうものは現実の単なる特性もしくは状態であって、現実そのものではないのです。けれどもこんにちの元素というのは、本来、粗野な物質界の内部での現実にすぎません。古代における元素は、物質だけのものではなく、物質の生命のいとなみのことなのです。

古代の医師にとっては、何かの成分がどんな名称で呼ばれるかは、あまり重要ではありません。もちろん、それも大切なことですが、物質の生命のいとなみが分からなければ、意味がありません。ですから、風化されている場所で或る成分を取り出すとすると、古代の医師は、その成分が風化に晒されているかどうかに特別の価値を置きます。または、ある成分が単純に鉱物界から取り出されたのではなく、植物界から取り出せたということに注意を向けるのです。ですから、ある成分が宇宙過程の中でどんな生命活動の行われているところにあったのかを大切にするのです。

このことを洞察しようとすれば、四大による区分が必要になります。特に、ある成分にとって、どんな温度で地になるか、つまり固体になるか、もしくは液体、気体になるか、が重要になるのです。

なんらかの成分がなんらかの形をとるためには、どんな宇宙過程に置かれていなければならないか、それに眼を向けることが古代においては重要でした。このことが第一でした。

そのあとで初めて成分が評価されました。こんにちでは、まず成分が問題になります。当時は過程（プロセス）から始めました。どんな成分も、特定の過程、特定の段階での特定の過程を通って存在しています。人びとは、なかんずく物質の中での生命のいとなみを感じとろうとしました。秘儀参入者は、そのような仕方で成分の生命のいとなみを洞察できるように促され、その成分が四大元素から成る構成体であることを知るようになった、と述べるのです。これが第一でした。

秘儀参入者にとっての第二の段階は、「上なる神々」と「下なる神々」とを知ることでした。これはどういうことなのでしょうか。愛する皆さん、このことはすでにお話ししたのですが、しかし現代的な仕方でお話しししたのです。

私がお話ししたのはこういうことでした――「霊的＝魂的なものが肉体とエーテル体の中に深く入っていって、肉体とエーテル体がこの霊的＝魂的なものを圧倒してしまうと、病理現象が生じる。霊的＝魂的なものが物質的＝身体的なものへ迷い込むことが病理現象なのだ」。

そういうときに、病理現象が生じるのです。こういう現象が生じますと、人間は肉体の中に目覚めている間、通常の目覚めの時よりももっと深く自分の中に入っていきます。そして、下のほうで、人間的ではない「下なる自然」の作用に出合います。私たちは、通常の関係の中で、私たちの霊的＝魂的な組織と物質的＝身体的な組織との間にいるときにのみ、「自然」の中に生きるのですから。

私たちが肉体の中により深く、より集中した仕方で入っていく瞬間に、自然よりももっと低い「下なる自然」と出合います。そのとき結びつくのは、四大霊たちをはじめ、さまざまな段階での高次のヒエラルキアの本性たちなのです。「下なる自然」の中で活動する神々と結びつくのです。

ですから古代の秘儀参入者が、事柄の本質を隠す、より中立的な表現を用いたとしたら――同じ秘儀参入者でなければ誰も彼を理解しなかった――、もしそうだとしたら、ただ下なる神々のところへ降りたというだけではなく、こう語ったでしょう――「私は人間の病気の本性を知った。なぜなら、下なる神々のところへこの本性が私を導いてくれたのだから」。

もうひとつ別の場合を取り上げようと思います。この場合も、病理と健常の境界にありますが、聖なる生活の場合です。この場合も、霊的＝魂的なものが外へ出ていくのですが、正常な場合よりもさらに一層外へ出ていくのです。そして、いわば睡眠状態を活性化する。古代の秘儀参入者は、このことを「上なる神々」との結びつきであると述べました。

以上を図式にして繰り返しますと、「自然」と「下なる自然」と「上なる自然」があります。

秘儀参入者は自分の見たヴィジョンを「上なる神々との結びつき」と呼びました［図6］。

愛する皆さん、「上なる神々」と「下なる神々」という言い方をすると、ヒエラルキアについて、つい間違ったイメージをもってしまいます。私が自然、下なる自然、上なる自然、病気、霊視生活という言い方をしますと、私が下なる神々を下位のヒエラルキアに属している、と言っているように見えます。しかし、そういうことではないのです。考えてみて下さい。ここが自然の領域だとします［図7］。そこから上のほうに向かっても円に導かれ、下のほうに向かっても円に導かれる。そして、私たちがこの上のところに見出すものは、下の部分で下なる円につながります。円をもっと大きく描くと、この円、さらにこの円を得ます。そして、その円を限りなくひろげていくと、最後には直線になるのです。

この直線も一種の円です。延びていき、無限に延びていくと、別の側から戻ってくるのです。このことは、「下なる

［図6］
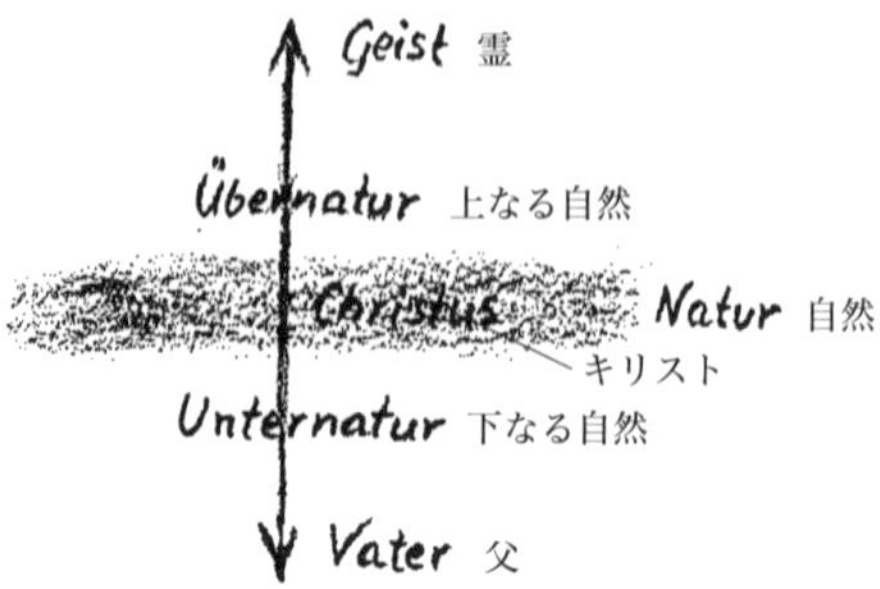

神々」と「上なる神々」とがヒエラルキアの表示ではなく、人間に関わるときの関わり方の違いであることを示しています。いずれの神々も、まったく同じヒエラルキアにあって互いに働き合いながら、無限に遠い地点で結び合っていることを示しているのです。ですから、病気と見霊状態とはすべて、古代においては、人間がそれを洞察するときには、霊界を洞察する状態にいるのだ、と思われていました。霊界を洞察することは、病気と見霊状態を本当によく知ることでもあったのです。

［図7］

このことを理解することは、同時に古代人の意識を現代の中に生かす可能性を私たちに与えてくれるのです。どうぞ、現代の意識の中でこう問いかけてみて下さい――「私たちの現代の意識の中の何が、下なる神々の領域に相当するのか」。

皆さん、神的な三位一体の中の「父」こそが、下なる自然に属しているのです。父は下なる自然に属しています。それでは私たちは、認識において、この父なる神にどう向き合うべきなのでしょうか。

愛する皆さん、私たちは人間を覚醒時の人間と睡眠時の人間とに分けます。すっかり目覚めている人間は、物質世界の中で、この物質世界の秩序に組み込まれています。実際、地球がかつてその前段階から出て、更なる進化の道を辿ったように、人間は、土星紀、太陽紀、月紀を通って進化してきました。覚醒時における人間は今、地球紀に属して、地球の中に生きています。覚醒時の人間は、自然のレヴェルにおいて生きています。

睡眠時はそうではありません。そのときの肉体とエーテル体はベッドに横たわっています。そしてアストラル体と自我はその外にいます。しかし、あらためて肉体とエーテル体に眼を向けてください。肉体とエーテル体として横たわっているこの人間部分とは、一体何なのでしょうか。それは、もちろん進化した状態においてではありますが、土星紀と太陽紀に得たものなのです。これはさらに進化を遂げました。しかし人間は今、眠っているとき、土星紀、太陽紀の進化したものをあらわしているのです。ベッドに横たわっているものの中には、月紀のときの人生はまったく示されていません。

自然は進化しつつ、月紀から地球紀へ進みました。しかし、人間が睡眠状態を必要としていることによって、自然はみずからの下に、眠れる人間として、下なる自然を、つまり土星紀と太陽紀の自然を保っているのです。これが「下なる自然」なのです。このことは、人類が存在している限り、すべての存在の根底に存在しているのです。

人間は睡眠時には、本当に「下なる自然」の中に降りていきます。そして今回、すでにお話ししたように、この下降の中から、病気が上まで昇ってくるのです。そこは父なる神の領域です。眠っているときの私たちは、父なる神の領域に沈んでいます。下なる自然の中に、父の領域に入っているのです。

人間の見霊能力とは本来、睡眠中に肉体とエーテル体から抜け出た自我とアストラル体の部分が明るく輝く状態のことです。人間がその状態を知るようになると、病気の対極の状態が現れます。人間はアストラル体と自我をもって、霊界の中へ入るのです。

このように人間は、地上を生きるとき、二つの方向へ向かって父に到る「下なる自然」の方向と、霊に到る「上なる自然」の方向とに向かって「自然」から抜け出るのです。そしてゴルゴタの秘儀以後のキリストは、この二つの世界の仲介者なのです。自然存在に霊の力を与える者として、正常の人間存在に霊の力を与える者として、キリストは、常に「下なる自然」と「上なる自然」との間に調和を生じさせるのです。

「下なる自然」は、睡眠と覚醒の正常な経過を通して繰り返し調整されます。「上なる自然」は、いつでも自由に通常の人間生活に立ち戻ることのできる見霊者によって調整されます。人間が目覚めるとき、下なる自然の中で体験したものを調整できずにいると、肉体上、エーテル体上の病気が生じます。人間が霊の領域での見霊体験を覚醒状態という地上生活上の自然な状態にもたらすことができなくなると、魂と霊に病気が生じ、もう一方の極に到ります。

さて、肉体の病気の場合、治療過程を通して何が生じたのでしょうか。人間は「下なる自然」の体験から自然の体験へ、父からキリストへ導かれたのです。キリストは自然における霊的生命なのです。父からキリストへ、これが本質上医師の仕事なのです。実際、キリストは自然にお

比喩的に言えば、父が支配権を子なるキリストへ譲り渡したのですが、どのようにして「下なる自然」にとらわれた人間がキリストの下に戻されるのかを認識することが、医師の本質的な課題です。このことは、まさに近代語で表現された秘儀の叡智なのだと言えます。秘儀参入者は、この地上で正しいキリスト意識をもったあとで、一方では父へ、もう一方では霊へ赴くのです。そして父を意識することによって、父からキリストへの道が示されるとき、この道の上ですべての治療過程を見出すのです。

愛する皆さん、これこそが近代の秘儀なのです。この秘儀は真の薬学のための偉大な宇宙の試み［試薬品］を与えてくれます。ですから私は、宗教治療のこの講義の終わりに、このことに注意を向けたいのです。まず病気の快復とは何かを知るためにです。

一度、この講義で述べたように、医師が次第にこの個々の治療過程を学んでいくとしましょう。その医師は欠陥のある器官を知ることで、外の自然界の中にその器官に対応して働いているものを見つけます。自然界の中に働く霊を人体のための治癒力として導入するのです。医師は、どんな場合にもそうすることを学ぶのです。

こういうすべてが彼の中で全体知識になるように互いに結びつくのです。しかし、そのときの医師が実際の知識として先に進めていくものは、こんにちの医学が知識として先に進めているものとは違うのです。皆さんがこんにち、病理解剖や薬学を学ぶとき、最後には始めのときよりも前進しています。そのときも全体を見通せるような立場に立とうとして、そうしているのですが、しかしそれぞれの部門の中で研究を深めていっても、人間として全体的な態度をふまえて、そうしているわけではありません。しかし、人間としての全体的な態度で先へ進んでいくことこそが、全体知識の本質でなければならないのです。

この講義で述べた意味で医学を取り上げるとき、皆さんは一歩一歩前進していかれます。そして愛する皆さん、この講義の最後の成果は、次のように言えるのでなければなりません――「今、医学知識の全体を学び終えたあとで、私はゴルゴタの秘儀に先行するすべてからキリストの磔刑場の死の瞬間に到るまでの過程をあらためて辿ってみたい」。

皆さんは、父のところからゴルゴタの死に到るまでのキリストの歩みを理解しようとなさるはずなのです。そして、それこそが秘儀なのです。

はじめ私たちは、父とゴルゴタの死との関連を理解できません。けれどもこの両者は結びついています。その結びつきは、治療（救済）の道を見ることによって理解できるようになります。父は子をゴルゴタの死を通って行くようにと送ったのです。それは宇宙での出来事です。

そして愛する皆さん、皆さんはゴルゴタの死として生じた事柄の中に死を見るのではなく、死ではなく、死の克服である死として生じたすべての相互作用を見なければなりません。その死は、人類全体の救済なのですから。この救済、この治療こそが父から子への医師の歩みであり、子がゴルゴタで死を迎えるまでの歩みなのです。個々の治療認識のすべては、このことを最後に理解するための一歩一歩なのです。

宗教治療は、祭司と医師が一緒に行うべきものであるだけではありません。それだけではなく、宗教治療は、ゴルゴタの秘儀の一部分なのです。そのことが本当に医師によって洞察されうるように、目下このような形でこの講義をまとめなければなりません。

これは医学の頂点であり、最高の地点です。そのようにして、死に到るまでのゴルゴタの秘儀を偉大な治療過程と見ることができるために、すべての病気を理解しなければなりません。進化する人類のための病理治療こそが、十字架上の死だったのです。本当の医学であるなら、この関連をふまえた医学でなければなりません。

祭司は、身体から離れて霊界に入っていくときの人間の魂が体験するすべてを辿ることができなければなりません。祭司は、そうすることによって、ますます人間と霊、聖霊との親和性を知るようになるのです。

祭司の道は、霊と子なるキリストとの間を仲介することに、それによって神学を形成することにあるのです。それによってキリストから霊へ、霊からキリストへの道を見出すためにです。人びとを霊からキリストへ、キリストから霊へ導く道の上で、認識全体を、生活内容の全体をふたたび獲得するのです。

そして、この道が頂点に達する時とは、人類にとってキリストの道とは何だったのか、偉大な治療の過程であったゴルゴタの死を通過したあとの道とは何だったのかを人間に理解させた時なのです。

ですから今、次のような問いが生じます――「この治療過程を通して、人間が霊界に参入できるためには、人間の中にどんな能力が生じなければならないのか」。

このことを通して、神学のすべては、ゴルゴタの秘儀を通ったあとでキリストに生じたことを把握できなければなりません。このことこそが神学の達しうる頂点なのです。

ゴルゴタ以後のキリストの道、それは医師の道の最高地点であり、祭司の道の最高地点なのです。

特に近代の多くの神学者にとって、二つの事柄が全然結びつきをもっていないかのように思われています。実際、こんにち、復活した霊とさらに作用し続けるキリストとについて、まったく関心をもとうとしない神学者が少くありません。しかし今、私たちが秘儀を甦らせようとするときには、ゴルゴタの出来事、ゴルゴタの秘儀以後が問題になるのです。その時のことを秘儀参入の道の古い表現は、こう述べていました――「私は四大に導かれて、下の神々へ、そして上の神々へ赴いた」。

この表現は近代の秘儀参入者にとってはこうなるでしょう――「四大は、四大みずからの諸経過の中で解消された。四大は今、八〇の化学元素となり、諸経過の中に解消された。しかし私は四大を乗り越えて、下なる父のところへ、そして上なる霊のところへ行く。そしてこの二つの道の上で、キリストの働きを知覚する」。

愛する皆さん。皆さんが自分の秘教の深化のために、宗教治療についてのこの講義を受けとろうとして下さるのでしたら、どうぞ次の言葉を忘れないように持ち帰って下さい。――

私は道を行く。
その道は四大を事象の中に融解しつつ
私を下なる父のもとへ導く。
父は病気を送ってカルマを清算させる。
そして、その道は私を上なる霊のもとへ導く。
霊は魂を迷わせて自由を得させる。
キリストの道は下へ導き、上へ導く。

調和的な霊人を地上の人間の中に生じさせながら。

皆さんがこの瞑想のスケッチを深く受けとめて下さるなら、この講座の中で宗教治療としてお話ししようとした内容を、霊の中で生きいきと受けとることができるでしょう。

教えることと生きること

全五講

シュトゥットガルトにて

1924年4月8日～11日

Die Methodik des Lehrens

und die Lebensbedingungen des Erziehens

第一講

一九二四年四月八日

皆さん、今回の教育会議では、現代人の個人的・社会的な生活のなかで、教育がどんな役割を果たしているのか、を話し合うことになりました。

現代の文化生活のさまざまな分野に眼を向けている人は、きっと同意して下さるでしょうが、まさにこのテーマは、ここ数十年の間、多くの人々の心を捉えてきた、もっとも深い意味での「謎」に触れるのです。実際、現代の支配的な文化社会に生きる人々は、自分自身に対して、独特な立場に立たされてきました。百年以上も前から、この文化社会の中で、自然科学が偉大な発展を遂げてきましたが、その結果が、社会のあらゆるところに現れているのです。

こんにちの社会生活は、全体として偉大な自然科学上の諸成果の上に成り立っています。けれども、この自然科学は、無生物の世界を研究するときと同じように、厳密な仕方で生命の世界をも考察しようとすると、以前の文化社会の人びとのような、親しみのある、あたたかい仕方で、人間自身を考察することができなくなるのです。これはまぎれもない事実です。なぜなら、こんにちの自然研究がどんなに進歩したとしても、研究者の眼が人間のもっとも内なる本質に直接向けられてはいないからです。自然法則はどんな在り方をしているのか。自然界はどのような進化を遂げてきたのか。そう問うことはできるのですが、それに対するどんな答えも、人間の本質に迫ってくるものになっていません。ですから、生きている人間の呼吸、血液循環、代謝活動などを通して、外なる自然の働きが人間の内部でどのような変化を遂げているのか、こんにちの人びとは、まったく想像もしていないのです。

こんにちでは、魂に関することでさえも、魂そのものに眼を向けず、身体におけるその現れ方だけを考察するようになってしまいました。人間に対しても、外的な手段で実験を試みるようになりました。ここで私は実験心理学や実験教育学の方向に異を唱えるつもりではありません。この分野での業績は完全に認められるべきです。しかし、その業績内容をではなく、時代の徴候としての人間に対する実験のことを、ここでは取り上げなければなりません。相手の気持ちに共感を持ち、相手が何を体験しているのかを直観的に感じとっていた時代には、当然のことのように、内なるこころのいとなみを知り、そこからからだの状態を理解しようとしました。

こんにちの人は逆の道を辿ります。まず外的な徴候や経過を実験によって知ろうとします。

そうすれば当然、すべての自然科学がすぐれた成果をあげているように、すぐれた成果をあげることができます。しかし、そうすればそうするほど、人びとは、感覚が見るもの、悟性が解釈するものだけを信頼するようになります。そしてその結果、人びとは人間の内面をもはや観察しようとはせず、人体の外側を観察することで満足するようになり、人間の本質から離れていくのです。

外なる自然のいとなみを壮大な仕方で解明してきたその同じ方法を、人間にも適用した結果は、そうなるのです。そして、魂から魂へ直接働きかけるという本来の在りようが、私たちから奪い去られるのです。

このようにして、特定の自然現象を見事に解明してくれた近代のめざましい文化は、私たちを人間から遠ざけてしまいます。容易に見て取ることができるように、私たちの文化生活の中では、成長しつつある子どもの育成に関わる教育の分野が、このような状況の下でもっとも被害を受けざるをえません。なぜなら、教育家は、教育すべき子どもの本質を、ちょうど画家が色彩の本質を理解するときにのみ制作することができるように、それと同じような仕方で理解するときにのみ、教育し、授業することができるのですから。外的な素材で創造する他の芸術の場合にあてはまることが、成長する人間存在というもっとも高貴な素材で創造する芸術にあてはまらないことがあるでしょうか。そもそも、いかなる教育行為も、人間本来の認識から湧き出てくるのでなければなりません。もっぱら人間本質の認識に基礎を置く「教育芸術」を、私たちはヴァルドルフ学校の中で形成しようと努めております。そして今回、この教育会議は、ヴァルドルフ学校の教育方法、授業方法と関連してひらかれるのです。

人間認識と申し上げましたが、近代以降、何と私たちの人間認識は進歩してきたことでしょう。確かに、人体認識に関しては、大変な進歩がなされました。しかし、人間は体と魂と霊とから成る存在であり、そしてヴァルドルフ学校の教育の基礎をなす人生観・人間観である人智学は、人間の体と魂と霊の釣り合いのとれた認識の上に打ち立てられています。人間本性のこの三つの部分の釣り合いのとれた認識を通して、どんな一面にも陥らないように努めているのです。

今日は序論的なお話をしようと思いますが、明日からこの人間認識について、いろいろお話しようと思います。しかし、まずはじめに申し上げたいのは、真の人間認識は個々の人間を体と魂と霊の観点から考察するだけでは決して十分ではない、ということです。人智学は、何よりもこの世の人間関係に注意を向けようと望んでいます。人間は、人間と出会うことによってだけでは、完全に意識化された人間認識を獲得することはできません。他の人の中に何があるのか、と問うことよってては、社会生活において人間として互いに出会うことができません。

私たちは、無意識的な感情の中で、特に意志衝動の中で、人生で出会う他の人びとを認めているのですが、この人間認識の仕方は、特に近代になると、無視されてしまいました。私たちの最大の社会的損失は、このことによって生じるのです。人間認識が、かつてのどの時代よりも、無意識のさらに奥深くに閉じ込められてしまいました。しかし、それはなくなってしまったわけではありません。それがなくなってしまったならば、そもそも私たちは、互いに理解し合えず、互いに通り過ぎるだけの関係になってしまうでしょう。

私たちは互いに出会うとき、明瞭にであれ曖昧にであれ、共感や反感を感じ合います。近づきになりたいとか、あまり顔を合わせたくないとかと思います。

いろいろな印象をひとりの人から受けとります。特に第一印象で、彼は賢いとか、あまり才能がないとか、と思います。数限りない印象が私たちの魂の奥底から意識の表面に浮かび上がってくるとき、公平な態度で人生を生きるために、それを抑えつけておこうとしますが、それにもかかわらず、私たちはこのような印象に従って、人と向き合い、自分の態度を決めるのです。一切の道徳の中のもっとも重要な衝動のひとつである共感・共苦と呼ぶべきものも、今申し上げた無意識的な人間認識に属します。

さて、私たちはおとな同士で向き合うとき、このような無意識的な仕方で相手の印象を受けとめ、はっきり認めることなく、その印象に従って行動しますが、教師として子どもに向き合うときには、はるかに意識的な仕方で、魂同士が出会い、そして子どもを教育しなければなりません。その場合、教師の魂は、教育に必要な気分をもち、教育芸術家としての態度を失わずに、正しい共感をもつことができるような仕方で、子どもと向き合わなければなりません。教育にとってもっとも重要な働きは、教師の魂と子どもの魂との間で演じられるのです。この人間認識から出発しなければなりません。

とはいえ、この人間認識は、個々の人間にはあてはめられません。教師の魂と子どもの魂との間に、多様な仕方で働いているので、はっきりとは輪郭づけられないのです。教師の魂から子どもの魂へ、または子どもの魂から教師の魂へ、本当に計りがたい仕方で働きかけているので、どこに働いているのか知ることさえ、ときには難しいくらいです。その働きは、授業中のどの瞬間にも変化します。ですから、魂から魂へ働きかけてくる微妙な、変化しやすいものを理解する魂の眼を持たなければなりません。多分、人と人との間に内密な仕方で働いているものが理解できるようになったとき初めて、個々の人間をも理解することができると思います。

ですから今日は、この働きがどのように生じるのか、例をあげて具体的に見てみようと思います。とはいえ、その場合、顧慮しておくべきことがひとつあります。人間認識といっても、特に子どもについて考えるときには、大抵の場合、成長期の特定の一時期だけを見ているのですから、当の時期に成長力がどう働いているかを考えなければなりません。特定の時期の成長力に正しく向き合うことができなければなりません。

けれども、ここで取り上げる人間認識は、人生の特定の時期の体験だけに限定されません。それは生涯全体に及ぶのです。人生の特定の時期だけを考察するほうが楽ですが、教育者は、子どもの人生全体に眼を向ける必要があります。実際、八歳、九歳で身につけたことは、四五歳、五〇歳になってから、その結果があらわれてきます。あとで述べるつもりですが、人生の内的な関連がそうさせるのです。教師が学校で子どもに働きかけたことは、子どものこころとからだの奥深くにまで作用します。人生の始めに植えつけられた萌芽は、しばしば数十年間、表面下で働き続けて、思いがけぬ仕方で、数十年後に、ときには晩年になって現れるのです。ですから、子どものときだけでなく、人生全体を真の人間認識の下に理解しようとするときにのみ、正しい教育ができるのです。

そこで、教師の魂が子どもの魂にどのように内密な仕方で作用するかを例をあげて考えてみましょう。今日はただ示唆するだけにとどめて、詳しいことは、あとでお話しするつもりです。

さて、私たちが授業を始めるとき、そこに私たちと子どもたちがいます。そして、この両者の間に、すでになんらかの作用が生じています。教師と子どもがいて、それぞれがそれぞれの性質、気質、性格をもち、それぞれのこころとからだの成長段階にあるのですから、そこにどんなことが起こりうるか、このことが意識できなければ、そもそも子どもの思考、感情、意志にどう働きかけたらよいのか、理解できないでしょう。教師は子どもにどう向き合ったらいいのか、これが最初の大問題なのです。

抽象的な議論に終始しないために、まず気質の問題から始めましょう。私たちのところにどんな子どもが来るのか、あらかじめ分かりませんから、子どもたちの気質はあとまわしにして、私たち自身の、教師としての気質の問題から取り上げようと思います。胆汁質、粘液質、多血質、憂鬱質のどれかの気質をもって、教師は学校に来て、生徒の前に立ちます。教師は、どのように自分自身の気質を制御するための自己教育を行うべきなのでしょうか。それを知るには、教師の気質がそこに存在するだけで、それが子どもにどういう影響を与えているか、という基本問題に立ち返って考えなければなりません。

胆汁質から始めましょう。教師の胆汁質は、この気質のやりたいようにさせる、という特徴をもっています。どうしたらそれを克服できるかについては、あとでお話ししますが、まずこの気質そのものを見てみましょう。烈しい生き方が率直に現れます。多分、授業中も、この率直な気質が教師を駆り立て、子どもにひどい仕打ちをして、あとで後悔することになります。子どもの魂は、おとなが考えるよりも、はるかに繊細ですから、多分、その教師は、子どものまわりでいろいろな態度を示しては、その子を怯えさせることでしょう。怯えは表面上、すぐに消えるかもしれませんが、子どものからだの中にまで作用を及ぼします。胆汁質の教師が近づいてくると、それだけで子どもに不安感を与えたり、無意識に抑圧されていると感じさせたりすることもあります。ですから、微妙な、繊細な仕方で胆汁質が子どもに与える影響には、とくに注意しなければならないのです。

小学校に入る以前の繊細な年頃の子どもを考えてみましょう。その子はまだまったく統一的な存在です。人間の体と魂と霊とが区別されるのは、もっと後になってからです。非常に重要な成長期に当たる、誕生から歯の生え変わる時期までの子どもは、本来ほとんどその全体が感覚器官です。眼という感覚器官を見てみると、外から印象が色となって眼に入ってきます。眼は内密な仕方でこの色の印象を受け容れるようにつくられています。人がそうしようとしなくても、外からの刺激が意志的なものに変化します。

しかし、歯の生え変わる前の子どもの内面生活の全体は、これと同じように、いわば魂で知覚しているのです。周囲の人のゆっくりした歩み、投げやりな態度が、眼でものを見るのと同じくらいの集中力で、子どもの心に受けとめられます。子どもは全体が感覚器官なのです。おとなは口の中だけで味わいますが、子どもはからだのずっと深いところまでで味わいます。味覚器官がからだの大部分にまで広がっているのです。子どもの場合、光の印象は、呼吸のリズムと密接に結びついていて、血液の循環まで作用します。おとなが眼だけで見ているものを、子どもは全体で体験します。ああだこうだと思案せずに、意志が反射運動のように働くのです。ここでは全体の導入として、このことを取り上げました。もう一度繰り返せば、子どものからだ全体がひとつの感覚器官のように、周囲の出来事に反射的に反応を示すのです。

子どもの霊と魂と体は、まだ未分化の状態にありますから、霊の部分も魂の部分も身体に働きかけて、循環系や代謝活動に直接影響を与えます。その魂と代謝系とは、互いに作用し合っています。歯が生え変わるようになってから、魂は新陳代謝から分離し始めますが、それまではどんな魂の興奮も、循環系、呼吸作用、消化作用に直接移行します。体と魂と霊とがまだひとつになっていますから、環境から子どものこころへのどんな刺激も、子どものからだにまでその影響を及ぼすのです。

さて、胆汁質の教師がその気質の手綱を緩めたままで、子どもの傍に立ちますと、ただそこにいるというだけで、胆汁質の気質が、子どもの魂の中へ流れ込み、からだの中にまで作用を及ぼします。そうすると、非常に特徴的なことが生じます。子どもの存在の地下深くにまでその作用が及び、その結果が後になってから表面に現れるのです。秋に大地に埋もれた種が春に植物となって現れるように、八歳、九歳の子どもの内部に及ぼされた作用が、四五歳、五〇歳になってから表面に現れるのです。教師の放縦な胆汁質は、成人したときだけではなく、老年になったときにも、代謝系の疾病を生じさせるのです。ある人が四〇歳、五〇歳になったときに、なぜリューマチに罹ったのか、もしくはなんらかの代謝系の疾病に罹ったのか、痛風に罹ったのかを調べてみるなら、多くの場合、子ども時代の教師の放縦な胆汁質に起因していることが分かるのです。

このようにして、教育の根本命題を、単純に子ども時代だけにあてはめるのでなければ、人生全体の中で教育がどれほど中心的な意味をもっているか、どんなに生涯にわたってこころとからだの全体を左右する幸・不幸が、教育の結果生じているかが明らかになるのです。

医者が老人の患者を治療するとき、それと意識しなくても、教育上の欠陥を矯正しなければならないことがあるのですが、その欠陥があまりにも人間の本質の中に深く入り込んでしまっているために、もはやそうできない場合もあります。子どものこころへの働きかけが、からだへの働きかけに変化します。こころとからだの相互作用が洞察できたとき初めて、人間の本性そのものに従って教え方、生き方を正しく評価することができるのです。

粘液質の教師のことを考えてみましょう。その教師が自己認識や自己教育なしに、子どもに向き合うとすると、子どもの内からの活発な働きが抑圧されてしまいます。子どもは内なる衝動に従って活発に生きようとします。ところが、教師が自分の粘液質に無自覚なままでいますと、子どものその衝動を受けとめることができませんから、子どものこころは外的な印象や外的な影響と十分に触れ合うことができません。まるで稀薄な空気を呼吸しなければならないかのようです。教師が粘液質ですと、子どものこころは内的に呼吸困難になるのです。なぜ、ある人が神経症に悩んでいるのかを霊的に調べてみると、その人が子どものときに、自己教育を忘れた粘液質の教師によって、このような病気の傾向を生じさせられていたことが分かります。近代社会の中の病的な傾向は、このような仕方で説明することができます。

なぜ近代において、神経病がこれほどにまで拡まったのでしょうか。神経病に悩んでいる人びとのかつての教育者たちが粘液質だったことによるのです。

とはいえ、通常の意味での粘液質ではなく、もっと本質的な意味での粘液質です。なぜなら、このことは一九世紀に唯物主義的な考え方が現れてきたことと関係があるからです。唯物主義的な考え方は、子どもたちの内なる魂の働きに対して、教育者を恐ろしいくらい無関心・無感動にさせるのです。近代文化のこの側面を自在に考察してみますと、教師がどんなに胆汁質であったとしても、生徒は怒りのあまりインク壺を放り投げたりしてはいけない、と抽象的に思い込んでいるので、「そんなことをしてはいけない。怒りのあまりインク壺を投げつけたりしてはいけない」、と言います。しかも自分は、平気でインク壺を投げつけるのです。

ですから近代においては、このような胆汁質が禁じられているわけではなく、多血質も憂鬱質も見られるのですが、本来の教育の課題について言えば、すべての人が粘液質的だったのです。

唯物主義の考え方では、人間に、少なくとも子どもに接することができないにもかかわらず、近代においては、日常生活上、胆汁質や憂鬱質の人であっても、唯物主義の結果、教育者としては粘液質になってしまったのです。唯物主義の時代には、どんな教育の中にも粘液質が入り込んできます。そして、この時代の粘液質から、私たちの神経の歪みが、神経疾患が多くの人に生じました。個々の場合については、後でお話しますが、いずれにしても、粘液質の教師は、子どもの傍にいるだけで、子どもの神経障害の原因になるのです。

教師が憂鬱質から抜け出せず、あまりにも自分のことにかまけていると、こころの糸が断ち切られそうになるくらい、子どもの感受性は冷えてしまいます。そういう教師が子どもの傍にいると、それだけで子どものこころの働きが内攻してしまい、外に向かうことができなくなります。そしてその結果、後年になって呼吸や血液循環の機能が不安定になるのです。教育を子どもの時代に限って考察するのではなく、また病気を症状のあらわれるときだけではなく、教育も病気も、生涯全体との関連で考察することができれば、四〇歳、四五歳頃の心臓疾患の原因を、かつて教師がその憂鬱気質を子どものこころに押しつけたことの中に見出すことができるでしょう。

このことからも分かるように、教師のこころと子どものこころの間で働く霊的＝魂的な眼に見えぬ働きを観察することができれば、次のような問いを抑えることができないでしょう――「教師は自分の気質に対して、どのような自己教育をしなければならないのか」。

気質は生来のものだから抑えるべきではない、と教師が言うとしたら、それは正しくないのです。正しいはずがありませんし、第一もしもそれが正しいとしたら、人類はとうに教育の過ちで死滅してしまっていたでしょう。

さらに、気質の手綱を緩めたままの多血質の教師のことを考えてみましょう。多血質はどんな印象をも受け容れようとします。生徒が何か悪いことをしたとき、その教師はそちらへ向きますが、熱くなりません。ただ眼差しを向けるだけなのです。生徒の誰かが隣の子の耳に何かをささやいても、眼差しを向けるだけなのです。多血質なので、印象はすぐにその教師を刺戟するのですが、その印象は深まらないのです。女生徒を目の前に呼んで何かを質問したとしても、その生徒への関心は長く続かず、すぐにふたたび席へ戻らせます。この多血質を人生全体との関連で考えてみると、生命力、生きる喜びの欠除に悩む人の場合――それが病気の原因になる――、その欠乏がかつての多血質の教師の影響であることが多いのです。自己教育のできない教師の多血質は、生命力の抑圧、生きる喜びの抑圧をまねき、個性から流れ出る意志の力を失わせるのです。

霊学によってこの関連を知ることができれば、真の教育芸術が人間本性の全体の認識に基づかなければならず、眼に見える個々の現象は、それに較べれば些細なことにすぎないことを理解するでしょう。教育の本質は安易な態度では理解できません。私たちは現代文化の中に生きながら、次のような基本要求を提出したいのです――「実験や統計による安易な教育態度から離れて、人生体験の術を、人間の永遠のいとなみを顧慮する教育へ移行することができるのだろうか」。このような要求との関連において、もっとはるかに深い問題がさらに現れてきます。

私は今日、序論として、教師と生徒とが、ただ互いにそこにいるというだけで生じうる事柄に眼を向けようと試みました。意識して行うことではなく、ただそこにいることによって生じうる事柄にです。

もちろん、それでも意識して教えることを始めなければなりません。いずれにせよ、教えるべき何かを学んだ人は、誰かにそれを学んだ人は、誰かにそれを伝えるべきです。私が何かを学んだら、それを他の人に伝えるのが、いわば当然の態度です。しかし、しばしば見落としているのは、教師が自己教育により、または教員養成によって修得できた内的な態度が背景になければ、教師が授業のために学習した内容を生徒に十分に伝えることができないということです。

いったい教師が学習した事柄を子どもに伝えることは、どういうことなのでしょうか。子どもが学ぶべき事柄を、子どもがよく学べるようにする、ということで教育は十分なのでしょうか。十分ではありません。人間のこころとからだを生涯にわたって考察しますと、次の事実が分かります。

歯の生え変わる前の第一・七年期における教師と子どもの相互関係を見ると、これまで気質との関連で述べたように、教えるための教師の働きは、教育上もっとも意味の少ない部分なのです。教育上もっとも大切な事柄は、私がどんな人間であり、子どもが私からどんな印象を受けるかであり、子どもが私を真似することができるかどうかなのです。

教育については何も論じていなくても、素朴な仕方で教育を行っている文化のほうが、この年頃の子どものためには、こんにちの私たちの文化よりももっと優れています。かつての東洋文化には、こんにちの意味での教育論はありませんでしたが、人びとのこころもからだも、子どもに直接良い影響を与えていました。人びとはただ子どもの横にいればよかったのです。そうすれば子どもはそのおとなを自分の手本にすることができました。おとなが肩をすくめると、子どもも肩をすくめ、おとなが目配せすると、子どもも目配せしました。おとなは、子どもが真似できるような生き方をする訓練を積んでいました。そのようなおとなは、東洋の教育者だったのではなく、東洋の「ダーター」（与える人）だったのです。その根底には、何か本能的なものがありました。こんにちの私たちも、次のように言えなければなりません──「歯の生え変わるまでの子どもを教育するためには、私が学んできた事柄は何の意味ももたない」。

私たちの学んできた事柄は、歯が生え変わるときになってから、特定の意味をもち始めます。しかしそのときにも、私たちが持っている通りの知識を子どもに教えようとするのでしたら、すべての意味を失ってしまいます。あとで述べるように、すべてをイメージに変えること、それを芸術的に変化させることが必要なのです。ですからこの場合にも、私たちと子どもとの間の眼に見えぬ働きを知ろうとしなければなりません。歯の生え変わりから思春期までの時期にとって大切なのは、私たちが学んだ一連の教材そのものよりも、その教材を眼に見える生きた形象に置き換えることができるかどうかなのです。そして第三・七年期である思春期から二〇代のはじめまでの時期になって初めて、教師の学んできたことが主要な意味を持つようになるのです。

幼児期から歯の生え変わりに到るまでの子どものためにもっとも大切な教育は、日常の人間そのものを示すことです。歯の生え変わりから思春期までの子どものために、もっとも大切な教育は、日常生活を生活芸術に変えることです。そして一四歳、一五歳の頃からの子どもの求めているのは、教師の学識なのです。そしてこの要求は二〇歳、二一歳を越えても続きます。二〇歳になれば──すでにそれ以前から若き淑女と紳士なのですが──、完全におとなとなっています。ですから対等の人間として、他の人びとに、年長の人であっても向き合おうとします。

この認識をこれからもさらに深めていきたいのです。この認識こそが人間の本質を深く洞察させてくれます。もしも教員養成ゼミナールを修了した人が、しばしば信じられてきたように、試験を受けなければならないとすれば、教師であることの本質を何も知らないことになります。

そのような試験は、一四歳から二一歳までの時期の人びとに講義することができるかどうかを知ることができるだけです。それ以前の子どもたちにとっては、教師が何をどれほど知っているかは、まったく重要ではないのです。その場合の教師の質は、まったく別の基準で計らなければなりません。大切なのは、「教育の基礎としての教師」の問題です。

子どもたちと一緒にいながら、子どもたちのこころの中に、意志のある働きの中に、知性の中に作用を及ぼすことができるのは、まず第一に教師のこころの働きです。それは教師の気質や性格となって子どもに向き合います。そうすることができて初めて、教師は自分が学んだことを子どもに伝えることができるのです。

このように、本当の教え方と生き方を知るための基礎は、もっぱら人間を全体として認識することなのです。そして、この二つのことについて、教え方と生き方とについて、これからさらにお話ししたいと思います。

第二講

一九二四年四月九日

昨日は、子どもの前に立つ教師についてのお話をしましたが、今日は教師の前に立つ子どもの成長過程について、その特徴をお話しようと思います。子どもの成長を促す力の働きをよく観察してみると、まずはっきりと三つの時期に区別できることが分かります。そして、この三つの時期のそれぞれの特徴に向かうとき初めて、授業を事実に即して、というより人間に即して行うことが可能になるのです。

子どもの最初の成長期は歯の生え変わりによって終わります。こんにち一般の考え方でも、この時期の子どものからだやこころの変化を十分に顧慮しようとしていますが、徹底した仕方ではそのようにしていないので、この繊細な年頃の人間が何をしようとしているのか、教育上何が必要かを見通すことができないのです。幼児の遺伝された歯ではない第二の歯が現れることは、人間の全本性の変化にとってのもっともよく外から見える徴候なのですが、外から見えなくても、この時期には多くの事柄が生体内で生じているのです。第二の歯の出現は、それらの事柄のもっとも顕著なあらわれにすぎません。

これらの事柄に眼を向けると、現代の生理学や心理学では人間の本質を深く洞察することができないと思わざるをえません。なぜなら、これらの科学がすぐれた考察方法を確立したのは、もっぱら外に現れた身体現象に関してであって、魂の問題も、身体に現れた限りでの問題が考察されているだけだからです。

人智学という霊学は、昨日述べたように、人間の進化の全体を、体と魂と霊に従って考察するという課題をもっています。ですから、まずはじめに、ひとつの偏見を取り除いておかなければなりません。この偏見は、人智学を根本的に学ぼうとしないで、ヴァルドルフ学校教育とヴァルドルフ学校の教授法を知ろうとするすべての人の躓《つまず》きの石なのです。どうか皆さん、私がヴァルドルフ学校教育に対する批判や非難を馬耳東風と聞き流そうと思ったことが少しでもあるなどとは思わないで下さい。そんなことはまったくありえません。その反対です。人智学のような霊学の基盤の上に立ちつつもりなら、一面的な考えに凝り固まることはできません。自分の考えに対する非難のすべてを徹底して吟味しようとします。ですから教育においても、人智学の基盤の上に立って語る事柄が繰り返し非難され、「それでは、そのことを証明してくれ」と言われるとき、それを当然のこととして受けとっています。

けれども、いいですか。この証明なるものは、明瞭な概念を当の問題と結びつけようとしないで、しばしば主張されているのです。私は今ここで、さまざまな生活分野、認識分野での証明方法について詳しい話をする余裕はありませんが、この点を次のような比較を通して明らかにしたいと思います。何かが証明されなければならない、と人が語るとき、それによって何を望んでいるのでしょうか。

一四世紀以来、人びとの教養は全体として、すべての見解の正しさを眼に見えるものによって、つまり感覚的知覚によって認めようとしてきました。一四世紀以前は、まったく違っていました。ところが現代人は、自分の祖先が世界全体について、別の立場に立って考察していたことを考えようともしていません。なぜなら、ここ数世紀の間に達成してきた文化の偉業を高慢な態度で意識しているからです。たとえば、中世のことについては何も知らないのに、上から見下ろすようにして、中世は暗黒時代だったと言い、幼稚な生き方をしていた時代だったと考えています。もしも私たちの子孫が同様に高慢になってしまうとしたら、私たちについて何と言うのでしょうか。現在の私たちが中世の人間を幼稚だったと考えているように、私たちをも幼稚だったと思うことでしょう。

一四世紀に先行する時代の人も、感覚世界を見て、それを知性で理解しました。中世の修道院で学ばれていた知性を、こんにちではさまざまに過小評価していますが、概念を操作する知性の内的な在り方は、今よりはるかに発達していました。事柄を客観的に、偏見なしに考えてみれば、現代人は自然現象という紐につながれて、混沌とした概念の中を歩いています。一四世紀以前の人が知性と感性によって世界を見たとき、すべては神的＝霊的な宇宙秩序から考察され、評価されました。感覚が開示する世界は、神的＝霊的な啓示の下に評価されました。神の啓示はその当時、決して単なる抽象的な原則だったのではなく、共通の人間的な感情で受けとられていたのです。感覚世界の何かが肯定されるのは、神的＝霊的宇宙秩序に照らして是認できるとみなされたときだけでした。

はじめはゆっくりと、この立場が新しい立場に移っていきました。しかし、現代に到るまでにすっかり状況が変化してしまい、今ではすべてが、神的＝霊的な宇宙秩序でさえも、それが感覚世界において妥当すると認められたときでなければ、肯定されなくなりました。霊的な事象についても、実験と感覚的考察とによってその正しさが証明されなければならない。「霊的なことを言うのなら、それを証明してみよ」と言う人は、何を求めているのでしょうか。その人は、「お前は実験によって確かめたのか、十分に感覚を働かせて観察したのか」、と問うているのです。

なぜ、そう問うのでしょうか。なぜなら、その人は自分の内的な働きを、人間自身の内部から生じてくる洞察を、もはや信頼できなくなってしまったからです。外的な生活のほうが、つまり感覚現象や知的認識によって得られるもののほうが、はるかに信用されるようになったのです。人類の内面生活は退化してしまった、と言ってもいいでしょう。内なる生産的ないとなみだけでは不十分だ、と感じるようになったのです。そして、すべての実際的な活動、特に教育活動は、今述べたことに深く影響されました。今述べた意味で、外の感覚現象によって、つまり観察や実験によって証明するということは、次のような場合に似ているのです。

誰かが落下する物体を見たとします。地球の重力がその物体を引きつけますから、しっかりした地盤によって支えられなければなりません。そこへ誰かがやってきて、次のように言うのです――「だから地球も他の諸天体も宇宙空間の中を自由に漂っているというのは理解できない。どんな物体も支えられていなければ落下する。それなのに地球は落下しない。太陽も他の諸天体も落下しない」。それに対しては、次のように答えなければなりません――「完全に考え方を変えなければならない。地上と宇宙空間とでは事情がまったく異なっている。宇宙空間においては、天体が相互に支え合っている。そこでは地上の重力の法則は成り立たない」。

霊的な真理についても同じことが言えます。植物や動物や鉱物または人体の感覚的な側面について述べるのでしたら、実験や感覚的な考察によって証明できなければなりません。つまりこの場合には、対象を落下させないように支えなければなりません。けれども霊の自由な領域へ赴くときには、真理が互いに支え合うのでなければならない。真理が互いに支え合うことによってしか、事柄を証明することはできないのです。ですから、霊的な問題を語るときには、地球その他の天体が自由に宇宙空間の中に置かれているように、全体的関連の中で見解が提示されなければならない。そのときには、真理が互いに支え合っていなければなりません。ですから、霊界を洞察しようとするのなら、まず別の側からも真理が生じうるようにしなければなりません。諸天体が相互に作用する重力の働きによって、自由に宇宙空間の中に保たれているように、真理もいわば証明という自由な重力の働きでもって、自由に宇宙空間の中に保たれているのです。霊的なことについては、こう考えることが内的な基本態度にならなければなりません。そうでないと、人間の中の魂の部分だけでなく、霊の部分をも把握し、教育し、授業することはできないでしょう。

人間が物質的＝感覚的世界へ生まれてくるとき、親や祖先を通してその身体が用意されます。それについては、まだ完全でないにしても——それが完全なものになるのはずっと後の世のことでしょう——、こんにち、すでに見通すことのできる自然認識が存在しています。しかし、身体は霊学にとっては人間存在の一部分です。なぜなら、父と母に由来するものと結びつくために、別の人間本性が、つまり霊的＝魂的な存在が、霊的＝魂的な世界から降りてくるのだからです。それは以前の地上生活と現在の地上生活との間を、死から誕生までの長い期間を通ってきたのです。ちょうど私たちが感覚や知性や感情や意志を働かせて、からだを通して、生まれてから死ぬまでの間、地上での体験を積み重ねていくように、この別の本性は死から新しい誕生までの間、霊界において体験を重ねてきたのです。霊的に積み重ねてきた体験をもつ、この本性は降りてきて、胎児として人間の肉体部分と緩い結びつきをもちます。そして生まれてから歯の生え変わる頃までの最初の七年期の間は、オーラとなって、子どものまわりを取り巻いているのです。霊界から降りてきたこの霊的＝魂的な存在も、私たちが眼で母胎から生まれてくるのを見ている存在も、同じように現実の存在なのです。そしてこの両者は、後になったときよりも緩い仕方で結びついています。子どもはおとなになったときよりもはるかに自分のからだの外で生きているのです。

昨日は、この第一期の子どもがその全存在において感覚存在である、と言いましたが、このことは以上の点を別の仕方で表現したにすぎません。七歳まで、子どもはまるで感覚器官であるかのように生きています。周囲から来る印象が生体全体を通して流れ、響きを発しているのです。子どもはまだ、後のように身体と深く結びついてはおらず、環境の中で緩やかに霊的＝魂的な生き方をしています。ですから、環境から来る印象のすべてを受け容れています。

さて、両親から受ける遺伝の働きは、人間存在の全体とどのような関係にあるのでしょうか。先ほど述べたような証明を求める態度からではなく、霊的な観点から人間の成長を考察しますと、いわゆる乳歯だけでなく、生体内のすべてが遺伝の働きに基づいているのです。第一の歯

（乳歯）と第二の歯（永久歯）とがどんなに違った生え方をしているか、よく観察してみて下さい。そうすれば、誕生から歯の生え変わるまでの生体に生じる事柄が手に取るように分かるはずです。この第一・七年期のからだは、遺伝の力に支配されて、一種のモデルのような在り方をしています。そして、この時期のこころは、まったく模倣する存在として、周囲を模倣しながら、そのモデルに働きかけるのです。周囲の環境との関係において、子どものこころがどのようにからだに働きかけるか、子どもがその手の動き、顔の表情、眼差しの中で、どのように周囲のおとなのこころを感じ取り、それを自分の中に流し込んでいるかを観察すると、遺伝によるモデルに従って、別のものが形成されつつあることが分かります。

地上界から遺伝の力を通してモデルを受け取り、そのモデルに従って第二・七年期に誕生する第二の人間を育成するのです。乳歯が永久歯によって抜けてしまうように、生体全体の中で、遺伝されたものが人間個性に属するものによって外へ押し出されるのです。最初の七年間のからだは、地上の力による雛形でした。それは指の爪や髪の毛が切り取られるように取り除かれます。外側のものが抜け落ちるように、生体が歯の生え変わりと共に更新されます。新しく生じた第二のからだは、生まれる以前の生活から持ち込まれた働きの影響の下に育成されます。このようにして、第一・七年期では、人類の物質的進化の流れに属する遺伝の力と以前の地上生活の成果である各人の個性の力とが闘っています。

大切なのは、このような事実を大抵の人が習慣的に行っている、理論的な態度で理解することなのではなく、子どもに即して、教師に即して、心情で把握することなのです。子どもに即して把握することは、子どもが生まれる以前の生活から持ち込んできた魂の本性をもって、両親に由来する身体に完全に帰依しているのを理解するということです。霊的なものと地上的なものとのこの関係は、今は子どものこころとからだの関係として考察していますが、本質的に「宗教的」といえるような関係なのです。もちろん「宗教的」というのは、その関係の在り方についてのことなのですが。

こんにち、人が宗教的な態度について語るときには、もちろん成熟し、意識化された宗教感情についてのことです。宗教生活においては、世界の霊的な働きと人間のこころとがひとつになろうとしています。宗教的な態度とは帰依することなのです。恩寵を求めて宇宙に帰依するのです。霊的な世界にまったく沈潜し、こころが霊的な環境に帰依する。ですから、子どものからだが物質的な環境に帰依して生きているのを、ひとつの宗教的な体験だと言いますと、まるで逆のことを言っているように思えます。しかし、これもごく自然な宗教的態度なのです。こどもは環境に帰依して、外界の中で、まるで「眼」のように生きています。眼もまた生体から独立した在り方をして、畏敬の中で、恩寵を願いながら環境に帰依しています。眼は宗教的な態度に徹した身体器官なのです。おとなの宗教体験を比喩的に語るとすれば、歯の生え変わるまでの子どものからだをよく観察すればよいのです。幼児は宗教的に生きています。こころがではなく、からだが、その血液循環や呼吸や栄養分の摂取の仕方が、宗教的なのです。これらの身体器官の働きはすべて環境に帰依しています。環境に祈りを捧げているのです。

もちろんこういう言い方は矛盾しているように聞こえるでしょう。けれどもその矛盾の中にこそ、真実が示されているのです。理論によってではなく、人間の存在全体で、子どもが宗教的なまでに自然に即した在り方で、私たちの前で展開している闘い、つまり遺伝の働きと生まれる前の生活から持ち込んできた個性の働きとの闘いを眺め、それを理解しようとするとき、教師自身もまた宗教的な態度をとらざるをえないのです。第一・七年期の子どものからだが信仰者の宗教的な態度をとる一方で、教師はその子どもたちの成長過程を見て、祭司的な態度に徹せざるをえないのです。こうして教師としての働きは祭司の務めになります。祭壇の前で、死のいけにえを捧げるのではなく、生への目覚めのための礼拝式が生活の中で執り行われるのです。実際、子どもを通して神霊の世界からやってきたものを、私たちは地上の生活に委ねるという神聖な役割を果たさなければならないのです。

このことを考えますと、私たちの中には祭司的な感情が目覚めます。教師のこの祭司的な感情が第一・七年期のために生かされない限り、幼児教育はその存在条件を充たしているとはいえません。教育の課題に知性で応え、子どもの本質を外から知ろうとするのは、せいぜい教育課題の四分の一にしか応じていません。教育学は知性によって論じられるべきものではなく、人間本性の全体から流れ出るものでなければなりません。外から知的に考察するものなのではなく、宇宙の秘密を深く内的に体験する人間本性の全体から考察するものなのです。毎日、毎週、毎月、毎年、生まれてからの七年間に、内なるこころの働きが現れてくるのです。手足の曖昧な動きや周囲へ向けられた眼差しやまだあどけない顔の表情などから、内なるこころの働きが輝き出ます。それはまだ完全には子どもの個性になっていませんが、それがからだを特徴づけるのです。それは生まれる以前の生活から降下した神的＝霊的な本性としての人間の内奥の中心から現れてくるのです。

幼児の本質をそのように理解できたとき、畏敬の念を込めて次のように語ることができるでしょう――「ここには誕生まで人間を導いてきた神性が顕現している。この神性がさらに人間のからだを形成する。そこに神性の働きを見ることができる。そしてその神は私たちを見ている」。

私たちが教育のこの神礼拝をこころの大切な依りどころにすることができれば、私たち自身の教師としての個性から、熟練した教授法というよりは、内から湧いてくる、生きた教授法が獲得できるようになるでしょう。

成長する子どもに対するこの基本感情は、すべての教育方法にとって不可欠のものです。この心情の持ち方、教育者におけるこの祭司的役割なしには、そもそも教育は成り立ちません。ですから、一四世紀以来、あまりにも知的・合理的になってしまったものを、ふたたび心情の問題として捉えなおすこと、それによって教育の方法を変革することが、今求められているのです。頭からではなく、人間本性全体からあふれてくるものが大切なのです。もしも私たちが偏見なく子どもの本性を考察できるなら、その子どもの本性がこのことを私たちに教えてくれるでしょう。

いったい一四世紀以降、私たちの文明生活はどんな歩みを続けてきたのでしょうか。一四世紀に遂行された大きな文化の転換を見てみると、そのときから時代が、内面性から外面性へと人びとを駆り立ててきたことが分かります。こんにちの人類にとっては、外面性に固執することが自明のことになってしまったので、それを変えることができるなどとは、とても思えないくらいです。

歴史的な発展の結果として生じた、こんにちのこの状態を人びとは絶対に正しいと思っています。それが時代の文化状況に見合っていると思っており、そして、人びとが一四〜一五世紀以前に感じたようには、もはや感じることができなくなっているのです。こんにちの人が一方的に、自然の諸事象を科学的に考察するように、その当時の人は一方的に、諸事象を霊的に考察しました。以前の人びとは、自然を超越した霊や魂の諸事象に帰依していたのですが、そこに次第に純自然事象の考察がそれに付け加わるようになりました。唯物主義への時代の転換は必然だったのです。けれども、文明世界の人類が新たに未開の状態に落ち込むつもりでないのなら、霊的＝魂的なものへの再度の新たな転換がこんにち必要不可欠なものなのです。

ヴァルドルフ学校教育のような、現代におけるさまざまな努力の本質は、この事実を意識することにあるのです。このような努力は、現代における人類の発展を深く考察する人には、必要不可欠なものに思えます。私たちはふたたび、霊的＝魂的なものに立ち戻らなければなりません。そのためには、私たちがどのようにして霊的＝魂的なものから離れてしまったかを、はっきりと意識して受けとめなければなりません。こんにちの多くの人は、そういう意識をもっていません。ですからそういう人は、ふたたび霊的なものに立ち戻ろうとする試みを、あまりまともな人のやることではない、と思っているのです。

この点で、奇妙な試みがいろいろ為されています。少し脇道に逸《そ》れますが、ひとつの興味ある試みにふれておこうと思います。モーリス・メーテルリンク［Maurice Maeterlinck, 1862-1949］の新著『大いなる謎』には、世界考察の人智学的な方法について、非常に興味深い一章が含まれています。著書はその中で人智学について論じ、そして個人的なことを言うようですが、私のことにも論評を加えています。彼は私の本をいくつか読みました。そして面白いことには、次のように述べています。――私の本を読み始めると、私が慎重な、論理的な考え方の持ち主であるように思える。しかし、読み進めて終わりのほうまでいくと、まるで私が狂気になったかのように思える、というのです。

モーリス・メーテルリンクにはそう思えたのです。もちろん彼にはそう述べる権利があります。主観的には彼がそう述べるのは正しいのです。なぜなら、一体なぜ初めのほうで、私が慎重で論理的・科学的な考え方を彼に示し、後のほうで気が狂ってしまったように思えるようであってはならないのでしょうか。もちろんそう思えると言うのは、彼の勝手ですが、誰もそのことで彼と争いたいとは思いません。

しかし問題は、そのような受けとり方が同時に不条理なことではないか、ということです。次のことを考えてみたら不条理であることがわかるはずです。私は、ここにある書籍コーナーに展示してある書物の山を見れば分かるように、かなりたくさんの本を書いてきました。一冊の本を書き終えると、また新しい本を書き始めました。そういうときに、モーリス・メーテルリンクがこの二冊目の本を読み、二冊目の本もまた、はじめは慎重に、論理的・学問的に書かれているが、あとのほうになると狂ってしまっている、と思うのです。しかしそのあとも、私は三冊目の本を書いていますが、そこでもはじめは学問的で、あとのほうは狂うのです。そうなると私は、本のはじめに、わざと学問的な人間になり、あとになると、わざと狂い、さらにふたたび次の本で学問的になるというような、特別の技法を身につけていなければなりません。

私はわざわざ理性的な人間になったり、狂った人間になったりを繰り返さなければならないのです。もちろんメーテルリンクがそう思うのは勝手なのですが、こういう見方そのものが不条理であることを彼は見逃しています。現代の彼のような優れた人物でさえも、不条理になれるのです。しかしもちろん、これは本論とは関係ありません。

多くの人たちは、自分の判断を人間本性の根源的な泉から汲み取っておらず、唯物的な人生観が刻印づけた一四世紀以来の外的な文化から汲み取っています。しかも、そのことにまったく気づいていません。人間の内奥に眼を向けることは、教育者の、したがって子どもの傍にいるすべての人の課題なのです。ですから大切なのは、環境からの刺激がすべて子どもの内部に働きかけていることをよく意識していることです。

この点で、昨日述べたように、子どもの内部には計量不可能なファクターが支配しているのです。子どもは私たちが周囲の中で行うことを見て、手の動きや身振りの背後にどんな考えが働いているかを嗅ぎつけます。もちろん、こどもはおとなの身振りを理解するのではなく、おとなとおとなの場合よりもはるかに活発な、子どもとおとなの内的な結びつきを通して、嗅ぎつけるのです。ですから、子どもの心の中で打ち震えることのできるもの以外のことを、子どもの周囲で感じたり、考えたりすることは許されないのです。子どもの最初の数年間のための教育的態度においては、次のような根本命題が支配していなければなりません。――お前は子どもの周囲で、お前の感覚、感情、思考が、子どもの中でさらに打ち震えることのできるところまで体験を深めなければならない。

そうすることができれば、子どものために心理学者、人生経験の豊富な人、医者が一つになって働くことができます。実際、子どもに与える印象を、子どもはすべて魂で受けとめ、自分の血液循環の中にその作用を継続させます。後の人生の健康状態がそのようにして、消化活動に似た仕方で準備されるのです。子どもの模倣能力を顧慮しつつ、こころの教育を行うとき、同時にからだの教育も行っています。実際、後年の健康状態、後年のからだの状態を生じさせるものは、子どものこころの在り方なのです。

ですから、ヴァルドルフ学校教育の中で、私たちがこころの教育を行うのは、一方的に子どものこころに働きかけたいからなのではなく、そうすれば子どもの皮膚の内部の生体活動にも健康な働きかけをすることができると思っているからなのです。このことを、昨日の例に即して説明してみましょう。

人間は遺伝のモデルに従って、第二の人間を育成します。そうすると、この第二の人間が、歯の生え変わりから思春期までの第二・七年期のために働きます。第一・七年期の間に、死から生まれ変わるまでの霊界で前世から活動し続けてきた「個性」の力で、第二の身体が勝ち取られるのですが、第二・七年期においては、外界の影響がこの個性の働きと争い続けます。そのとき外界の影響は強力になりますが、もはや感覚器官のような仕方で外界からの働きが生体内で打ち震えるわけではありませんから、子どもは内的に固まっていきます。感覚のいとなみは、人間の表面もしくは周辺で働くようになります。感覚のいとなみが周囲から自立するようになるのですが、その際、世界に対して知的にではなく、むしろ芸術的に関わろうとするのです。第一・七年期における生き方は、宗教的であり、生まれながらの宗教存在として外なる自然に向かい、ひたすら環境に帰依していましたが、今や、環境から働きかけてくるすべてをただ受容して、受け身の態度で体内で打ち震わせるのではなく、すべてをこころの中で変容させようとするのです。第一・七年期の子どもは、生まれながらの宗教的存在、ホモ・レリギオスでしたが、第二・七年期の子どもは芸術家なのです。たとえ幼い芸術家であるとしても。

今や、子どもはすべてをイメージ（形象）として、芸術的な仕方で体験したいと思っていますから、教師は教材のすべてに芸術的な形態をもたせて、子どもに向き合わなければなりません。現代文化の中で教育に携わろうとする人が第一に心掛けなければならないのは、このことなのです。この態度が私たちの「教育芸術」の中に生きていなければならないのです。

教師と子どもの間には、歯の生え変わりから思春期までの間、芸術的な要素が活発に働いていなければなりません。この意味で、私たち教育者は、多くのことを克服しなければならないのです。実際、私たちを取り巻く文明と文化は、知性だけを大切にして、芸術性を十分に顧慮していません。

　すばらしい自然の諸事象を、現代の科学書はどう説明しているのでしょうか。たとえば発芽の過程について、発生学、植物学、動物学の書物を読んで、そこに述べられている考え方を私たちの教室に持ち込んだら、どうなるでしょうか。私は批判するつもりではなく、ただ事実として申し上げたいのです。なぜなら、そこに述べられていることが、現代という歴史の一時期にとって必要不可欠な内容であることは、よくわきまえているつもりだからです。もしも目覚めようとする子どもの魂の力がそれを受け取らなければならないとしたら、人類の大きな世界史的ないとなみの中で、今やっと獲得することのできた魂の成熟が損なわれてしまうでしょう。人びとはそのことを感じていながら、それを口に出して言おうとはしないのです。

　発生学、植物学、動物学の書物を読むためには、絶望的なまでに冷たい知性の中へ入っていかなければなりません。そして、すべての芸術的な要素は、意識的・方法論的に排除されているのです。自然の生命の生成過程には、知的な要素などまったく存在しないにもかかわらずです。

　私たちが教師として現在通用している植物学書を授業のために学ぶときには、科学的に厳密な規定に従って構成されている部分をすべて排除しなければなりません。もちろん、私たち自身は、それを身につけていなければなりません。そうでなければ、植物界のいとなみを正確に学びとる手段を見出すことができないのですから。私たち自身はこんにちの科学書をよく知ろうと努めなければなりませんが、教師として第二・七年期の子どもに向き合うときには、それらの書物のことは忘れなければならないのです。

そして、その代わりに私たち自身を通して、私たちの芸術感覚を通して、すべてを芸術的＝形象的なものにつくり直さなければならないのです。自然について私たちが考えていることを、芸術的な感動の翼に乗せて形象に変え、子どもの魂がそれを生きいきとイメージできるようにしなければなりません。第二・七年期の授業を芸術的に形成すること、このことこそが私たちの基本的な教育観を現在から未来へ向けて変容させるための必要な手続きなのです。

第一・七年期の子どものためには、祭司的な要素が必要であるとすれば、第二・七年期の子どものためには、芸術的な要素が必要なのです。

第二・七年期の子どもを教育するとき、私たちはいったい何を行うのでしょうか。前世から霊界を通ってこの世に降りてきた個性が、この時期に次第に第二の人間を形成して、その中に生きようとしています。そして私たちは、この個性の代父として、そのいとなみに立ち会うのです。私たちは、第二の人間を育て上げるために、子どものこころの中で働こうとしている諸力に、私たちの教育の働きを流し込むのです。

その際、現代の世界状況についての意識が「教育の生命条件」としての教授法に、内なる生きた衝動のように貫き通っているのでなければなりません。そのとき何を行うべきかについては、頭で考えてみても無駄です。子どもが教師に与える印象の下に、それを生じさせることしかできないのです。

なぜなら、頭で考えるだけだと、この七年間における教育に際して、二つの極端な方向に陥りかねないからです。第一に、主知主義的な立場から、あまりに知的な仕方で子どもに向き合う方向に陥りかねません。例えば、鋭く輪郭づけられた考え方を、つまり「定義」を子どもに押しつけてしまいかねません。定義づけながら授業を進めるというのでは、あまりに安易すぎます。なぜなら、頭のいい子どもたちに定義づけられた内容を繰り返させると、教師は次の時間に、前に教えた内容を子どもたちがどの程度知っているかを、すぐに知ることができるからです。そして、それをすることのできない子どもたちは、落第させられるのです。これは非常に安易な方法です。しかしこの方法は、まるで三歳児の靴を作ったのに、一〇歳になってもそれを履かせようとする靴の作り方のようなものです。靴ははっきりした形をもっていますが、もはや一〇歳の子の役には立ちません。

子どもが学ぶ内容にも同じことが言えるのです。七、八歳の子どもが学んだ内容は、一二歳の子の魂には、もはやふさわしくありません。小さくなりすぎた靴のように、もはや役に立ちません。ただ、魂の問題は眼に見えないというだけの違いです。以前に教えた同じ定義を一二歳の子どもに言わせようとする教師は、三歳用の靴を一〇歳の子に履かせようとする靴屋に似ています。爪先だけは入るでしょうが、かかとは入りません。こころの大部分が授業の外に置き去りにされているのです。

大切なのは、芸術的な、伸縮自在な内容です。子どもの魂が成長するに応じて、共に成長することのできるような感じ方・考え方を、イメージとして与えることなのです。そのためには、教師と子どもとの間に、生きいきとした結びつきが生じていなければなりません。冷たい教育学上の概念から取り出してきた、死んだような関係では良い成果が得られません。ですから第二・七年期には、授業全体がイメージの力に満たされていなければならないのです。

この教え方は、現代の外面的な文化の外面性に、多くの点で対立しています。私たちは確かに現代文化の中で生きています。私たちが読書するとき、その書物の中では、意味深い内容がabcなどの小さな字母を通して伝えられています。　私たちは、このような文字を学ぶことが、どんなに私たちを苦しめてきたかを考えようともしません。文字は私たちの内面生活とはまったく関係がないのです。一体どうしてAやEが現在のような使われ方をしなければならないのでしょうか。そこには何の内的必然性もありません。驚いたときに「アー」と言いますが、それをahと書かなければならないことは、内的に体験できることではありません。

こういう文字の使い方は、昔は存在していませんでした。昔は象形文字で外的な経過を図象化しました。紙や板の上に描かれた文字に眼を向けると、そこには外的な経過や外的な事物の余韻が感じられます。特に六〜七歳の子どもには、成字の書き方を、現在に行われているような仕方で学ばせないで下さい。大切なのは、子ども自身から生じてくるもの、子ども自身の腕や手の動きから生じてくるものを、子どもに教えることなのです。

子どもに輝きのある物体を見せてから、輝きを素描するやり方を教えます。そうすれば、子どもは今、何を学んでいるか、納得します。ｆの字を教えるときには、魚の絵から始めます。まず魚の進む方向を示し、次にひれを前と後ろにつけます。そして、そのひれを魚の方向と交差させます。そして「君たちが紙に書いたｆは、魚（フィッシュ）から取り出したものだよ」、と教えるのです。

子どもは魚という単語を心の中で体験すると共に、ｆを魚を通して実感できます。こういう仕方ですべての字母を、抽象的な仕方で模倣させるのではなく、描くことと書くこととをひとつに結びつけながら、事物の中から取り出してくるのです。そうすれば、イメージが生きいきと体験できます。

こういう芸術化のはじまりを通して、どうすれば一方的に知性に片寄ることなく、子どもの全体に訴えかけることができるかを感じ取ってください。こうして知的な要素をイメージに変えることができれば、子どものこころを調和的に育てることになるのです。あまりに主知主義的な教え方をしますと、イメージに訴えかけることができず、微妙な仕方で子どもの呼吸を不調和な方向へ導いていく結果になります。子どもは次第に息がうまく吐けなくなり、硬直していく。もちろん、眼に見えてそうなるのではなく、ごく微妙な仕方でそうなるのです。そうすると、子どもは潜在意識的に悪夢に脅かされます。主知主義が第二・七年期の子どもにあまりに強く働きかけたときは、常にそうなるのです。内なる、いわば身近かなところに、悪夢が現れるのです。そして、それが身体器官に取りつき、あとになって生きいきとした呼吸が妨げられたことに由来する、喘息のような病気を生じさせるのです。

もうひとつの極端な方向は、教師が自分を皇帝のように思って、小さな専制君主のように教室へ出かけるときに現れます。子どもはたえず教師の意志に苦しめられます。主知主義が子どもに息を十分に吐かせなくするように、教師が一方的に命令し、一方的に意志を押しつけようとすると、代謝系の働きが弱められてしまいます。その結果、あとになって消化器系に障害が現れるのです。一方的な主知主義も一方的な意志の押しつけも、教育を破壊してしまいます。この両者の間のバランスを取ることが大切なのです。つまり、意志を子ども自身の活動の中へ目立たずに流し込み、知性をイメージに変えることによって、心情に働きかけ、呼吸作用を抑圧しないで済むようにするのです。そうすれば、第二・七年期の子どもは元気になります。

一週毎に、一月毎に、一年毎に子どもがどう成長していくか、それを以上のようなその人間意識から読み取ることができなければなりません。カリキュラムは、この読み取りの写しでなければなりません。それをどうすれば具体的に可能にすることができるのかは、これからお話していきたいと思います。

第三講

一九二四年四月一〇日午前

すぐれた教育にとって必要なのは、教師が子どもの生命体の育て方をよく心得ていることです。この点を明らかにするために、ひとつの比較から始めようと思います。

まず、私たちおとなの日常の読書のことを取り上げてみましょう。読書によって私たちが学ぶことは、決してAという文字はこういう形をしており、Bはこういう形をしている、というようなこととは関係ありません。ゲーテの『ヴィルヘルム・マイスター』を読む人は、紙面に記された文字を一つひとつ調べるのではありません。それにもかかわらず、書物の内容を学ぶためには、文字の一つひとつと、そのさまざまな組み合わせとをよく知っていなければなりません。それと似た仕方で、教師は子どもとの関係を、子どもという人間本性を、読書のように受けとめなければならないのです。

ですから教師にとって、子どものからだの器官や機能の物質部分に関わる科学的知識をただ知ることだけによっては、ただ書物の文字だけを学ぶこと以上に出ることはないのです。肺の形がこうであるとか、肺がこういう機能をもっているとかを学ぶだけではなく、書物の内容を理解するような仕方で全体を、理解できなければなりません。

近代においては、自然の中に、特に人間という自然の中に、内容を読み取ることが次第にできなくなってしまいました。私たちの自然科学は、依然として読んでいるのではなく、文字を並べているのです。このことがはっきりと納得できない限りは、人間認識による本当の教育芸術は生じえないでしょう。文字を並べるのではなく、読み解く人間認識でなければなりません。

もちろん、こういう言い方では、納得できないでしょう。なぜなら、すぐ次のような疑問が生じるでしょうから――「進歩を遂げてきた人類が、哲学的人間学者でさえもまったく肯定している、現代の自然科学のすばらしい発展を退行状態であるなどと、一体どうして言えるのか」。

それに対しては、次のように言わなければなりません。

人間は、一四世紀、一五世紀までは、そもそも自然の中で内容を読み取らずに、文字を並べるだけでいることなど不可能でした。自然を眺め、特に人間を前にして、本能的＝直観的に全体としての意味内容を受けとっていました。個々の器官を記述するところにまで落ちてはいかず、一種の霊的＝感覚的な教養をもって、本能的に人間を全人として見ていました。人間の内面がまだ自由になりきっていなかった時代には、このような見方ができたのです。とはいえ、その見方は、自分の自由な印象によるものだったのではなく、自分でその印象を獲得していたのではなかったのです。ですから、一四世紀、一五世紀に、人類史のひとつの時代が始まらなければなりませんでしたが、そこでは、以前の時代の本能的な人間認識をすべて忘れてしまい、人間の本性を、ただ文字を並べるような仕方で理解しようとしました。この時代は今、ふたたび終末へ向かわざるをえないのです。

実際、一九世紀の最後の三分の一世紀に、そしてその影響下にあるこれまでの二〇世紀の二十数年間に、ひとつの非精神的な世界観ともいえるものが、一般の文化教養の中に現れています。読むことができず、文字の形しか見ようとしないのですから、非精神的と言わざるをえないのです。この時代には、一般的には、人間の性質は強化されました。なぜなら、人間の本性の中で、自分の意志によらざる精神の働きは、教養ある人びとの場合、排除されてしまっていたからです。

世界史をこのように見ることができないと、時代の中の人間の立場が正しく見えてきません。もちろんこのことは、現代人にとっては多くの点で聞き苦しいことです。なぜなら、現代人は、すでに述べたように、特に学問を修めた人の場合、文化的な高慢に陥っているからです。現代の解剖学者は、自分たちが以前の解剖学者たちよりも、心臓や肝臓について、より多くを知っていると思っています。以前の解剖学者たちは、心臓や肝臓の中には霊的な働きがある、と思っていました。

現代の解剖学者たちはどのように心臓を見ているのでしょうか。血液をからだの中に流し込んでいるすぐれた機械、すぐれたポンプであると見ています。そういう人は死んだものを見ているのだと言えば、きっとその人から反発を受けるでしょう。その人の立場からすれば、当然です。なぜなら、何が問題なのか、分かっていないのですから。昔の解剖学者たちは、こころの中に働いている霊的存在のことを心眼で見ていました。感覚的に見た知覚の内容は、心眼に映じた霊的な働きに貫かれていました。ただ、この霊的な働きは、明晰な思考を伴ってはおらず、思わず知らず体験されました。もしも人類が、感覚的な直観の中に、その後もこの霊の働きを見続けるようであったら、道徳行為においても、自由を手に入れることはできなかったでしょう。

一四世紀、一五世紀以来の歴史の歩みを辿ると、中部ヨーロッパの教育に決定的な影響を及ぼしたボヘミア＝モラヴィアの兄弟団からウィクリフ、フスに到るまで、いわゆる宗教改革に到るまで辿ると、そのいたるところに自由への衝動を見出します。そして、この衝動が一八世紀の革命運動をも惹き起こすのです。そして、こんにちもなお、自由をこころの中に体験することは、人びとの願いなのです。

このことは、もしも昔の直観力が残っていたら、生じなかったでしょう。人類はしばらく、自分の中にそれと知られずに働く霊から自由にならなければなりませんでした。そうでないと、意識して、霊の働きを自由に受けとめることができないからです。

そして、霊的な文化の働きをとらわれずに考察する人は、次のように言わざるをえないでしょう――「教育者はまずはじめに、人間の進化についてよく意識していなければならない。まずはじめに、教師と生徒との昔のような本能的な結びつきを意識的な結びつきに変えなければならない。しかし、もしも教師が学問全体の中に浸透している〈文字を並べる〉だけの態度に終始して自己形成をはかるなら、このことは不可能になる」。

教師が意識的な態度で文字を並べることから、意識的な態度で読むことへ昇っていくことができたときにのみ、このことが可能になります。ですから、本に向かい、ただその文字の一つひとつの言うことをよく聞くと同時に、文字の言うこととはまったく違うものをも取り出してくるように――文字そのものは『ヴィルヘルム・マイスター』の内容にはまったく責任がありません――、私たちは現在の自然科学が語る事柄だけに耳を傾けるのではなく、こんにちの自然科学の語ることを文字として理解した上で、人間本性との関連でそれを学ぶことが大切なのです。

ですから、人智学が自然科学を軽視しているというのは間違いです。そんなことはありません。自然科学を非常に重視しているのですが、読書しようとする人が書物を重視するという意味においてです。単に文字の形を写真に撮ろうとする人が書物を重視するように、ではありません。現代文化を正確に特徴づけようとすると、この点で奇妙な事実を述べなければならなくなります。私がふたりの人に『ヴィルヘルム・マイスター』をそれぞれ一部手渡したとします。ひとりは興味をもってその内容に没頭しますが、もうひとりは、その各頁を写真にとって、内容には興味を示しません。後者は人間認識に関して、自然科学だけに頼っている人で、外から見ることのできる形態を写真に撮ることしか望んでいません。なぜなら、その形態を概念化するときにも、写真に撮ることしか考えていないからです。

こんにちの人間、並びに世界に対する態度を特徴づけようとすると、このように過激な言い方になってしまいます。なぜなら、この態度はまったくの誤解にもとづいている、と言えるからです。こんにちの人は、一四世紀、一五世紀の頃よりも現在のほうが高度の文化をもっていると思っています。そんなことはありません。ただ、以前、無意識的に本能的な直観によって得ていた人間認識を、意識的・自覚的な仕方で獲得するように努めなければならないのです。現代文化の中でのこの教養こそ、すべての教員養成課程の中に生きていなければなりません。それが教師の願いとならなければなりません。そうすれば、教師は自分の見通すべき世界展望の中心に身を置くことができるのです。

記憶や意志や知性を実験心理学的に探求する必要はありません。大切なのは、今述べたような方向へ向かう態度が教師の心構えになりうるように、教員養成課程で教授法を育成することなのです。本来の教員養成は、人間存在の中心のところをめざして進むのでなければなりません。そうすれば、教師は現場で規則を振り廻すこともしなくなるでしょう。特定の子どもにどんな規則をあてはめようかなどと考える必要もなくなるでしょう。

規則にあてはめるという態度は、そもそも決してあってはならない態度です。必要なのは、教師の人間性全体の中に子どもの本性全体が生きいきと印象づけられることなのです。子どもの中に見出せるものが喜びとなり生命となることなのです。教師に喜びと生命を呼び起こす子どもの存在は、成長できなければなりません。そうすれば、「お前は子どもをどうしようと思っているのか」という問いに直接答えることができるようになるでしょう。

さて、一般的な人間本性を読むことから、個別的な人間本性を読むことへ移っていかなければなりません。物質的な言い方をすれば、教育は必要な事柄を使いこなせるようにするのでなければなりません。読み方の場合、文字の結びつきを学ぶことから、それを使いこなす方向へ移るのです。教師の生徒に対する態度も、読み方と似た関係にあります。教師は生徒の身体の発育を過大に評価したり、過小に評価したりしないで、正しい態度でそれに向き合うのです。そうすれば、生理学や実験心理学の成果をも教育に生かすことができるでしょう。特に子どもの個別的な考察から子どもの本性そのものへ眼を向けることができるようになるでしょう。

内的に見ると、就学適齢期を迎えた子は、歯の生え変わるまでの子どもとは、根本的に異なった存在です。歯の生え変わるまでの子どもの内的本性に眼を向けてみましょう。昨日お話ししたように、生体全体に生じているものが歯の中に現れるのです。ちょうど彫刻家が素材に対して働きかけるように、子どもの魂が自分の第二の身体に対して働きかけるのです。それは形になって現れます。事実、それは無意識による内なる彫塑作業なのです。その作業に対しては、自分で行うことを子どもに模倣させること以外に、外から働きかけることはできません。私の手の動きを子どもに見せると、それが子どもの魂による育成につながるのです。私の手の動きが、形をとって現れる無意識的な子どもの魂の彫塑活動を刺戟するのです。この「形をとって現れる」ようにするためには、子どもの中に運動への衝動が生じなければならないのです。

子どもが混沌とした無秩序から内的な方向づけへ意志を向け、そこから外へ向かって、からだを使って彫塑的に働きかけるとき、この造形的な作業は高度に魂の育成に役立つのです。私たちが子どもを初めて学校に受け容れるとき、子どものこころとからだの発達のために、これまではもっぱら身体の運動にすぎなかった作業を、まったく別の領域の中へ持ち込むのです。このことを、よくわきまえていなければなりません。

歯の生え変わるまでの子どもの血液形成は、頭部系の働きに依存しています。どうぞ、胎児のことを考えてみてください。そこでは頭部が主要部分を占めています。他の生体の形成は、外からの母体の働きに依存してさえいるのです。胎児自身に発する働きはすべて頭部によるのです。この傾向は、たとえ弱められたとしても、歯の生え変わるまでの七年期、なお存在し続けているのです。

この時期の生体の働きのすべてには、本質的に頭部系が関与しているのです。頭部、言い換えれば神経＝感覚系に発する諸力は、運動系が彫塑的に形成されるように働きかけます。歯の生え変わる時期が終わると、頭部のこの形成的な働きは背後に退きます。肢体系は、それからはあまり頭部の働きに依存しなくなります。むしろ外から摂取した養分が生体の素材になり、力になるのです。

このことをよく考えてみて下さい。第一・七年期の子どもが、例えばキャベツを食べますと、キャベツの中に含まれている力は、植物として畑に生えていたときに大きな役割を演じていたその力は、子どもの体内からすぐに追い出されます。そして、キャベツを消化する働きが、子どもの頭部から発する力に委ねられるのです。子どもの頭部系から発する作用が、すぐにキャベツの養分の中に流れ込むのです。

歯が生え変わると、頭部からの働きがより内面化されるので、キャベツは生体内で、はるかに長いあいだ自分の力を保っています。その力は消化されてもすぐには変化されず、消化系から血液循環系へ移行するときになって、初めて変化するのです。キャベツはあとになって変化させられるのです。生体内にまったく別の内的生活がこのことによって惹き起こされます。最初の数年間は、歯が生え変わるまで、生体のすべてが頭部とその働きに依存しているのですが、第二・七年期の歯の生え変わりから思春期までは、呼吸並びにそのリズムと血液循環との関係が重要になります。特に重要なのは、呼吸過程と血液循環系の境界で行われるこのリズムの変化です。小学校時代の子どもにとって重要なのは、呼吸系の中で形成されるリズムと生体内でそれが触れ合うリズム、つまり血液循環のリズム、外から摂取した養分から噴き上げてくるリズムとが調和していること、教育によってその調和が促進されることです。血液循環系と呼吸系とを調和させることが、歯の生え変わりから思春期までに為されるべき事柄なのです。

おとなは、一回呼吸するごとに四回、脈拍を数えますが、おとなの生体にとって正常な、この呼吸のリズムと血液のリズムとの関係は、歯の生え変わりから思春期までの年頃に獲得されなければなりません。そしてどんな教育も、生体の発育に応じた仕方で呼吸リズムと血液リズムとの関係が生じうるように配慮されなければなりません。脈拍と呼吸数の関係は、人によって少しずつ違っています。その違いは、背が高いか低いか、痩せているか太っているかにもよります。それは内なる成長力、第一・七年期ではまだ遺伝の力にすぎなかった彫塑的な力に左右されています。

成長する力は、からだの大きさ、太り方、痩せ方に応じて、呼吸のリズムと血液のリズムとの関係を調整しています。痩せて背の高い子は、小さく太った子よりも、呼吸のリズムが血液の循環にもっと弱い働きかけをしなければならないのです。太っている子の場合、からだとこころに働きかける教育のすべてを通して、呼吸のリズムの力をより強め、テンポをもっと速めて、正しい関係が生じるようにしなければなりません。しかし、こういうことはすべて、読書のときにいちいち字母の形を確認しないで読むように、当然のように、あまり意識することなく為されねばなりません。太った子には何をすればいいか、痩せた子には何をすればいいかを感じ取ることができなければなりません。子どもがからだに較べて大きな頭をもっているか、小さな頭をもっているかは、教育上極めて重要なことなのです。しかしこうしたことはすべて、教えることに喜びをもち、教えるのにふさわしい人間性をもって教室に立ち、こころとからだを自分に委ねている子どもたちの個性を読む努力をするならば、おのずと分かってきます。

その場合大切なのは、第一・七年期から引き続いている彫塑的な過程をよく理解し、その過程に呼吸のリズムを取り入れることです。つまり、音楽と朗唱を教育の中に活用することなのです。子どもに朗唱させたり、音楽を聴かせたり、歌唱を指導したり、楽器を習わせたりするとき、そのすべてが呼吸のリズムの育成に役立つのです。呼吸のリズムが体内の血液のリズムにますますよく適応するようになるのです。朗唱や歌唱を指導するとき、子どもの表情に、どんなに微妙で気づきにくいとしても、変化が現れます。それを認めるのは、すばらしいことです。

第二・七年期の子どもの眼差し、表情、指の動き、大地に立つ足の踏みしめ方が、朗唱や歌唱の練習によって変わってくるのが分かるとき、子どものぼやけた表情が美しく引きしまってくるのに感動できるとき、教育の働きが子どものからだに現れてくるのに気づくとき、教師としての私たちのこころからの問いかけに答えを見出すことができるのです。

知的には意識されないその問いかけは次のように表現できます——「朗唱や歌唱を指導することが子どもにとって何になるのか」。子どもが答えます——「大好きだよ」。または「大嫌いだよ」。そのどちらなのかは、身振りや顔つきで分かります。教えたことは、子どもの中に入っていくか、それとも子どもを素通りして、どこかへ行ってしまうか、どちらかなのです。

「これはこうすべきだ」という、一切の教育規則よりもはるかに大切なのは、教師のこういうこころの持ち方です。つまり、子どもの反応を感じ取り、それに応じた対し方をすることです。

ですから、教師と生徒との関係にとって大切なのは、直観的な要素です。私たちは自分の教育行為の結果を、いわば読み取れなければなりません。そうできれば、小学校の授業の中に音楽的要素を取り入れること、人生における音楽の役割を知ることがどんなに大切であるか、分かるでしょう。

人智学では、人間を肉体とエーテル体とアストラル体と自我に分けて考えます。肉体は眼に見える人体素材の部分です。エーテル体も素材ですが、重さをもたず、むしろ重さに対抗して、宇宙空間の中へ消えていこうとします。人間の肉体は、しっかりと立っていないと、地に倒れてしまいますが、エーテル体は重力に逆らって、宇宙の彼方へ消え去ろうとしています。肉体は、支えられなければ倒れてしまうので、骨格によって支えられているように、エーテル体は彼方へ消えていかないように、人間の内的な力によって保たれていなければなりません。

アストラル体は、もはや素材ではなくて、霊的な存在です。そして自我組織こそは、本来の霊的な働きなのです。私たちは人間のこの四つの存在部分について語ります。そのような立場から人間を認識しようとすると、こんにちの解剖学や生理学のやり方では、肉体の組織を洞察できても、エーテル的人間、ましてやアストラル的人間を理解できないことが分かります。

エーテル的人間は、どう理解したらいいのでしょうか。それには、こんにちの認識の仕方よりも、はるかに十全の準備を重ねる必要があります。エーテル的人間を理解するには、彫塑的に形成する仕方を体得し、内なる働きから、丸はこうなり、角はこうなる、と分かっていなければなりません。一般的な自然法則では、エーテル体を理解することはできません。私たちは、手を霊化させることで、エーテル体を理解するのです。

ですから、人間の内部から立ち現れる彫塑的・彫刻的な芸術活動を抜きにした教員養成のための施設は本来、ありえないのです。教育にとって彫塑の時間がないのは、ルーマニアやトルコの首都とか、あれこれの山とかを知らないことよりも、はるかに不都合なことなのです。なぜなら、首都の名や山の名は、辞書を引けば出てきます。こんにち試験に出題される事柄の多くは、あまり知る必要のないことです。辞書を引けば済ますことができるのです。けれども、自然法則に従わず、人間の中で彫塑的な活動をしているエーテル体を理解するには、あの手の動きを、辞書にはないあの才能ある知を、知的な才能を、身につけなければなりません。

そして、たとえゲイ＝リュサック［Luis Joseph Gay-Lussac, 1778-1850］の気体熱膨張に関する法則を、音響学や光学上のあらゆる法則を知っていたとしても、アストラル体と出会うことはできません。抽象的な経験法則では、アストラル体のことは分かりません。そういう仕方では、アストラル体を見せてはもらえません。しかし、音程上の三度、五度を内的に感じ、体験するならば、しかも音響学上の意味においてではなく、内的・音楽的に音階を体験できるならば、人間のアストラル体が体験できるようになります。なぜなら、人間のアストラル体は音楽であって、自然誌でも、自然科学でも、物理学でもないからです。さらに、人間の中に響くアストラル音楽がどのように形成されるのか、人体形態を辿る作業においても把握することができるようになります。

アストラル体の音楽は、肩甲骨のまん中で始まり、そこに音階の主音を響かせています。二度の響きは上腕を形成し、三度の響きは下腕を形成します。三度になると、短調と長調が区別されるように、下腕には二つの骨があります。一つだけの骨ではないのです。その一方の骨が橈骨《とうこつ》で、もう一方の骨が尺骨《しゃっこつ》です。この二つが短調と長調を表しています。人体組織とアストラル体との関係を知るには、物理学者としてではなく、音楽家として人間の生理を研究しなければなりません。生体を内的に形成する音楽を知らなければなりません。

生体の中の神経の経路を解剖学的に辿る限りは、この神経経路の意味を知ることはないでしょう。しかしこの経路を、物理的な音響としてではなく、音楽として、深く内的に聴きながら辿り、神経が肢体から脊髄へ走っているのを霊的＝音楽的な直観で辿るならば、そして脊髄で緊張を高め、さらにそこから脳へ伝わっていくさまを霊的＝音楽的に観察するなら、その音楽的直観を通して、アストラル体による最高に見事な人間楽器をそこに見出すのです。この楽器は、自我組織によって演奏される楽器なのです。

そして、この自我組織の働きから始めて、言語がどのように形成されるのかを学ぶことができなければなりません。言語の内的な構造は、すべての直観を否定する進歩したこの文明時代には、まったく理解されません。ＡやＩを発音するとき、Ａでは何かに対する不思議な思いが、Ｉでは内なる人間本性の自己防衛が表現されているのです。そのように言語は人体組織に働きを及ぼします。ですから、「球がころがる」と言うとき、ただ抽象的に球がころがるというだけではなく、外で球がころがるように、内でも何かが生じるのを「ころがる」と発音することが大切なのです。そのように言葉の働きを言霊《ことだま》として観ることを学ぶとき、言語の構造を通して自我組織の存在を知るのです。

人体組織のことを学ぶために、こんにちでは、生理学者や解剖学者のところへ出かけます。そして、言語の働きを知るためには、言語学者のところへ出かけます。しかし、一方の言うことと他方の言うこととは、結びつきません。けれども大切なのは、内的・精神的な関係を知り、言語の中に生きている言霊を知ることです。言霊は学ぶことができます。それを学べば、人間の自我組織を知るようになるのです。

私たちのヴァルドルフ学校教育においては、オイリュトミーが授業に取り入れられていますが、それは何のためなのでしょうか。オイリュトミーは音楽オイリュトミーと言語オイリュトミーに分かれます。音楽オイリュトミーの場合、アストラル体を形成するのにふさわしい動きを子どもにさせます。言語オイリュトミーの場合は、自我組織にふさわしい型を学ばせます。こうして魂の人間を教育するために、意識してからだを動かして、音楽オイリュトミーを学ばせます。霊の人間を育成するためには、意識してからだを動かして、言語オイリュトミーを学ばせます。こういう学習は、人体を全体として把握しないことにはうまくいきません。外的な生理学や実験心理学で――それも外的生理学に属しますが――、人間が理解できると思っている人は、生徒の気持ちに訴えかけるときに、生徒の前に板をもってきて、それを叩けば、いい音楽教育ができる、と思っている人なのです。

そのように人間認識は抽象的な論理に立ち止まるのではなく、人間生活を把握するところにまで昇っていかなければなりません。死んだ自然を理解したり、生命あるものを死んだものとして、または死んでいるかのようなものとして理解してはならないのです。そういう抽象的な諸法則から――どんな自然法則も本来は彫塑的に形成されているのですから――、彫刻的・彫塑的な形成へ上昇していくときにのみ、人間のエーテル体を知ることができるのです。けれども、宇宙のリズムがアストラル体を通して生み出す、人間という最高の楽器の語る言葉を、内的・霊的に聴くようになると、人間のアストラル本性が分かってきます。

学習の第一期は、人間の肉体を論理的・抽象的に知ることです。第二期は、直観的に彫塑的形姿を取り上げて、エーテル体を知ることです。第三期は、生理学を音楽家として理解し、人間をオルガンやヴァイオリンのような楽器であると直観し、その楽器の響かせる音楽を通してアストラル的人間を知ることです。このことが意識できなければならないのです。そして言葉を外的に、ただ暗記しているだけでなく、言葉の精霊を生きいきと感じとるとき、人間の自我組織を知るのです。

さて、誰かが、例えば大学の医学研究の改善を求めて、認識は彫塑的・音楽的・言語的なものの習得にまで高められねばならない、と語ったとしたら、丁重に「どうぞお引きとり下さい」と言われるのが落ちでしょう。「医学を習得するのに何年かかると思っているのですか。それだけで十分長い年月が必要です。その上、彫塑、音楽、さらには言語の習得を求めようとするのですか」。

しかし実際には、そんなに時間はかかりません。なぜなら、こんにちの研究期間が長いのは、まったく特殊な事情に由来するからです。つまり、抽象的＝論理的なものに、経験的＝感覚的な直観に留まりつづけているからなのです。研究は肉体から始まります。しかし、肉体は物質的な観点からだけでは理解できませんから、その研究は限りがなくなります。あらゆる可能な事柄を研究し続けて、地球の終末まで到っても、まだ終わらないでしょう。けれども、体と魂と霊を含めた、有機的存在としての人間は内的に完結しています。その意味では、例えば人智学を通して私たちの知識に新しい内容をもっと取り込むことが必要なのではないのです。

考えてみてください。私たちは外的な科学が提供するもので十分、満足できます。私たちは外的な科学と闘ったりはしません。外的な科学に対しては、ヴァイオリンを提供してくれるヴァイオリン製作者に感謝するように、ただ感謝するだけです。私たちの時代の文化に対する必要な態度は、こんにちの文化をしっかり受けとめて、それに魂と霊を吹き込むことなのです。

魂と霊を吹き込まれている人間に対するように、です。大切なのは、芸術の要素を、文化生活の中で、深刻な人生の傍らの贅沢な楽しみであるかのようには存在させないことです。一方で生活を精神的に営み、その傍らで芸術に興じるのではなく、芸術を神的＝霊的な法則性として、それを世界と人間とのいたるところに浸透させるのでなければなりません。

私たちが宇宙に向き合うとき、まず論理的な概念で向き合います。しかし、宇宙の本質部分は、地球の重力が下から、地球の中心から働きかけているように、周辺から働きかけてくる宇宙彫刻芸術を人間に提供するのです。そして、その造形行為に、天空から響く宇宙音楽が流れ込みます。造形作用が上から働きかけ、物理学が下から重力を通して働きかけてきます。そして、天空の星々の中から、宇宙音楽が響いてきます。

人間を人間たらしめているもの、古代人が「太初に言葉があった。そして言葉は神のもとにあった。そして言葉は神であった」という句の中に予感したもの、宇宙言語、宇宙ロゴス、それこそが人間本性に浸透して、人間本性の自我組織になったのです。

教育に携わろうとするのなら、宇宙認識から人間認識を獲得し、そこで得たものを芸術的に形成することを学ばなければなりません。

今晩、この話の続きをいたします。

第四講

一九二四年四月一〇日夜

今朝は、人間を認識しようとするときには、単なる自然認識ではなく、より高次の認識形態を獲得しなければならない、と述べました。ですから人間そのもの、子どもそのものを理解するには、理解を教育の芸術的な態度と一致させる方向へもっていかなければなりません。

しかしそう言うと、おそらく次のような疑問が生じることでしょう。——たしかに、単なる観察や知的な考察によって肉体を理解するように、彫塑の練習によってエーテル体を理解したり、音楽を聴くことを通してアストラル体を理解したり、言葉の本質を知ることで自我組織を理解したりするのは大切なことかもしれない。しかし、どうしたらそれを教育実践に結びつけることができるのか。

ここに述べているような意味でのヴァルドルフ学校教育の本質からすれば、そのような人生観・世界観をもつことが、教育者にとってもっとも重要なことだとさえ言えます。もちろん、こんにち普通に用いられている意味での世界観のことではありません。その意味での世界観は、まったく理論的な意味で用いられています。ここでいう世界観とは、魂の力が活動する人間全体の中へ、教育する人間全体の中へと流れ込んでいけるような世界観です。実際、こんにちの教師が公認された最近の学問的な立場から教育の原則を学びとろうとするときには、教師として必要な「感動する力」を、どこか別のところから見つけ出してこなければなりません。

ですから、教育理想についてどんな提言がなされるにしても、その一見欠点のない提言は、なんらかの抽象的な思索の産物でしかありえないのです。これに反して、世界の本質が本当に見えてくるときは、その体験そのものを通して、こころの中に感動を呼び覚ます。そして、芸術作品を創造するときの芸術家のように、教育者もまた、自分に対して、世界に対してもつことのできる感動をもって、自分の仕事に向かうようになる。そのときの感動は、教育という仕事そのものから汲みとることができます。それ以外のどこからでもありません。

教師がこころの中でたえず新たに体験するこの世界観が感動を生じさせると、その感動が教師に信頼を寄せている子どもたちのこころにも流れ込みます。そういう感動は、教師が学校で行うすべての教育実践の中にも生きています。ですから、小学校時代、歯の生え変わりから思春期までの年頃の子どもたちのこころに、音楽と彫塑が調和して響いているのを知っている教師は、書き方・読み方を教えるときも、まちがった道をとることがないのです。ここで述べたような書き方の学習であれば、その働きは人間全体に及びます。腕と手に働きかけ、腕と手を精神化するので、人間全体にとっての良き働きかけにもなるのです。

今朝、お話ししたような世界観から出発するときには、子どもにおけるこの成長過程が生きいきと感じ取れるはずです。また、読む練習だけでは頭を働かせるだけになってしまい、子どもを一面化してしまうことも分かるはずです。ですから、子どもの存在全体に働きかけることのできる読み方を教えなければなりません。そのために、教師はまず――私が述べたように――、素描と絵画を結びつけながら、そこから書き方を発展させていくのです。そして、こころで感じとった言葉や文章を書き記すことができるところにまで子どもを導くのです。

さて、子どもは一定の成長を遂げ、自分の語ることを文字に記せるようになると、そのときから読み方の練習を始めます。一定の段階まで書き方を教える以前には、読み方を教えないようにします。それから、書いたこと、読んだことの内容を自分自身で消化して、運動系の中に取り込み、何を読んだらいいか、自分で判断できるようになったとき、子どもはそのとき初めて一面的になるにふさわしく成長したのです。そのときには、頭が成長を妨げることなく、集中して働きます。そして、自分で書くことのできた文章を喜んで読めるようになります。

その場合大切なのは、毎週、毎月、成長する子どもを励まして、子どもの生体の成長力の求めに応じた学習をさせることです。つまり、どの成長期においても、何をやったらいいのかを、子どもの成長の仕方から読み取ることが大切なのです。その際、もちろんあってはならないのは、一時間もしくは四五分間、ある教科を取り上げ、すぐにそのあと他の教科に移り、さらに第三、第四の教科に移るようなやり方です。ですからヴァルドルフ学校では、一定期間、数週間にわたって、朝の第一時限には同じ科目を学ぶ授業を導入しました。ですから、生徒は同じ科目にすっかり没頭できるように、手をつけたら、すぐにまたそこから引き離される、というようなことがないように考えられています。これが、ヴァルドルフ学校で行われている「エポック授業」です。

さて、歯の生え変わりから思春期までの子どものための大切な教え方は、教えるべき内容が子どもの本性そのものの求めに応じている、ということです。特に大切なのは、子どもが自分との関係、世界との関係を正しくもてるようにすることです。ですから、教師もみずからも世界との正しい関係をもっていなければならないのですが、私たちの現代文明の中での教養ある人物が、その文明の内部で、世界並びに自分自身と内的に生きいきとした、内容豊かな関係をもつことは不可能なのです。また、極端な言い方をしてしまいました。しかし、どのようにして次第に文明に取り込まれていくのか、はっきりと見通すことを恐れてはなりません。

特に大切なのは、教師自身がいわば「偏狭な宇宙政策」とでもいうべきものを教養として学ぶだけでなく、単なる地上的現実を超えて、人間が身近かな環境の食べ物だけに依存しているのではなく、宇宙全体に依存して生きているということを知ることなのです。

たしかに現代は、この点で率直に語るのが非常に困難な時代です。なぜなら、もし私たちが単なる地上的現実への依存を超えた観点を持とうとしても、そうすることのできる立場を見つけることがとても困難だからです。ですから、古い本能的な洞察に由来する古い教えが、無理解なままに、現在いろいろと取り上げられています。ですから、迷信も生きています。

本来、私たちが現代公認の文明社会に生きている限り、人間の偏狭な宇宙政策しか持てません。この文明は、地球から宇宙空間へと拡がっていくような洞察を示すことができません。そこでは計算したり、たかだかスペクトル分析をしたりすることしかできません。ですから、星々の運行や位置、もしくは星々その他の成分が何であるかを、少なくとも推定として学べるだけなのです。私たちが地上を生きることで知っているような身近な認識を、地球外の、宇宙的存在に関しては、こんにちの公認の文明からは何も学べません。

私たち人間は、キャベツやほうれん草や食肉については、知的・抽象的な科学の教えるものではない、それとはまったく別の知識をもっています。なぜなら、私たちはこれらを日常、食しており、食事に際して抽象的な思考はまったく役に立たないからです。私たちは現代科学がうさぎについて述べる事柄を実際に知ろうとして、うさぎの肉を食べるのではなく、うさぎの肉を味わい、消化する中で、はるかに具体的に、いわばはるかに身近にうさぎを体験するのです。地球外の宇宙についての私たちの知識は、身近な関係を持てないような種類のものです。もしも天文学とスペクトル分析とが地球外の宇宙について知っているような事柄だけを、うさぎについても持ち、そしてうさぎの骨の相互の位置関係やうさぎの中に存在する諸成分の数量関係だけを持っているとしたら、人間とうさぎの関係は何も見えてこないでしょう。

古い本能的な叡智の中では、地球外の宇宙とも身近な関係が存在したのですが、そのことを、こんにちの人は知らずにいます。正しい仕方でその古い叡智に眼を向ける人は、この分野での新しい叡智を、私たちの先へ進んだ魂の在り方から求めようとするでしょう。この叡智は、私たちを取り巻く地上の自然対象についての科学と同じように、私たちにとって人間的に身近なものになることができる叡智なのです。

教師が本当に宇宙との生きいきとした関係をもつことがどんなに大切であるか、ひとつの例をあげて説明してみようと思います。教師は、そのような関係から熱狂的な感情を引き出すべきなのです。そして、教師の魂の中のその感情を子どものためのイメージに変えるべきなのです。教師自身が宇宙との関係をもちえたとき、その関係は子どもの眼の前で、必要なイメージの世界に変わります。そうすれば子どもは、人類そのものが進化していくのと同じように、前進していくことができるのです。

私たちの周囲には、植物の世界があります。この世界は、よく観察すると謎に充ちています。

ゲーテはそのことに気づきました。彼は生長する植物の形態がさまざまな変容を遂げていくさまを見、いわば植物の認識に生命を注ぎ込む方式に到達しました。すなわち、まず大地に埋もれた種子から植物が生長をはじめます。そこでの植物の生命は、外から見ると、まるで一点に収斂したかのようです。ついで種子が拡がり、生命をますます発展させて、ついには葉の中ですっかり外へ拡がります。それからふたたび縮まって、狭い茎にとどまり、次の葉の生えるところまでいくと、ふたたび拡がり、ふたたび縮まって茎にとどまり、また次の葉の生えるところで拡がり、そのようにして最後に縮まり、そして花を開くと、今度は新しい種子を作り、植物全体が物質上の点の中にふたたび入り込んでしまいます。そこでゲーテは、植物の生長過程は、延びたり縮んだり、延びたり縮んだりを繰り返している、と語りました。

さて、このようにしてゲーテは、植物自身の生命から湧き出る植物の形姿に深い洞察を加えたのです。しかし、まだ時代の機が熟していなかったので、彼はこの植物の生命を全宇宙に関係づけるところにまでは行きませんでした。全宇宙は、そのもてる力で生きものの生き方に、常に関わっています。現代の霊学である人智学の助けを借りれば、ゲーテのこの方式をはるかに超えることができます。そして、植物が拡がるときには、太陽の力が働いていることを知ります。事実、太陽の中には、天文学やスペクトル分析が示すものだけが働いているのではなく、太陽光線と共に霊的な働きも地上に降り、そして太陽光のこの内的な働きの中で、例えば植物のいとなみを拡げる力が現れています。太陽が植物を照らすときだけにこの拡がりが生じるということが大事なのではなく、植物の生長力が、単なる外から照らされることを超えて、みずからの太陽的なものの中に保たれているということが大事なのです。

これに反して、生長する植物をふたたび収縮させ、点に引き込むような、葉の始まりから葉の始まりへの移行や種子形成のすべては、月の作用に影響されているのです。白昼の日の輝きと夜の月の輝きのリズミカルな交替を見て下さい。そして、太陽の作用で葉をひろげる植物と月の作用で収縮する植物とが、この宇宙のリズムの影響を受けていることを感じとって下さい。宇宙エーテルの彼方から地球に働きかけてくる太陽と月のリズミカルな作用が植物の中に映し出されているのです。

今、眼差しを地球から宇宙エーテルへ向けると、地球の豊饒な生長力が宇宙から流れてくるものを養分としている、という印象を持ちます。そして、私たちが植物という廻り道の上で、太陽や月の精霊たちと共に生きている、と感じさせられるのです。いつも計算やスペクトル分析によって調べられている対象を、今、人間に結びつけるのです。人間と宇宙の関係を子供に教えるときには、感動を与えなければなりません。単なる抽象的な教え方をして、葉のへりがぎざぎざしているかいないかとか、どんな形をしているかとかを学ばせるだけでは足りません。そういうことでは、子どもを感動させるまでに到りません。しかし、あれこれの植物の生長過程に、太陽と月が作用していることを知れば、子どもは感動します。きんぼうげのように、規則的に生長する植物の中に、地球が太陽と月の働きを愛して、それに身を委ねる様を見るとき、深い感動におそわれます。サボテンのような植物は幹を膨らませます。他の植物が収縮する茎の中に月の働きをあらわす一方で、茎を拡げようとするサボテンの場合には、そこに太陽の働きと月の働きとの戦いが現れています。どの植物の形態にも、太陽と月の作用が見られます。どの植物の中にも、大宇宙の模像である、小さな宇宙が見られます。私たちが自分の姿を鏡の中に認めるように、地上の植物の中に、外宇宙の映像を見るのです。

古代の本能的な叡智はこういう事柄を知っており、春、大地から萌え出る植物の中に、太陽の働きと月の働きの相互作用が映し出されている、と思っていました。ですから春には復活祭を祝うのです。そして、その祭日の日は、太陽と月の関係によって決められます。つまり、春の満月後の最初の日曜日がその日に当たるのです。これにはどういう意味があるのでしょうか。

春の植物を見てみましょう。なぜ、ある植物は早く、他の植物は遅く地面に姿を現すのでしょうか。それを知るには、春の満月の日と植物の芽生えとの関係を調べなければなりません。

もちろん、芽生えを促す別の諸要因もありますが、一般的には、太陽と月の間に演じられる働きが、ある年は早く、別の年は遅く植物を芽生えさせるのです。しかし、地球の状況だけを問題にする科学的な立場は、次のように言うことでしょう――「ある年の植物が早く芽生えるのは、あまり雪が長く降らず、早く雪が溶けたからだ。そして、別の年の植物が遅く芽生えるのは長いあいだ雪が降り続けたからだ」。

たしかに、非常に分かりやすい説明ですが、それだけでは何も説明したことにはなりません。本当の説明をするには太陽と月の作用が植物の生長を左右することを知り、さらには、雪がおそくまで残っているか否かも、太陽と月の関係によることを知らなければなりません。植物の芽生えを決めるものと、雪がいつまで残るかを決めるものは同じなのです。つまり、ある年の気象状況も宇宙からの影響を受けているのです。

実際、こういう見方をしていきますと、地球の生命を、地球を宇宙を通って運行させる地球の生命を洞察できるようになります。ある人の牛舎の牛の数が増え、多くのミルクを得るようになると、その人は豊かになります。そのくらい私たち人間は地球環境に直接依存しています。人間の食糧事情を見てみると、環境との関係、環境から受けとったものの消費の仕方を見ることによって初めて何かが生きいきと見えてきます。

宇宙空間を進んでいく地球は、太陽や月その他の星々の働きを受けとります。地球は宇宙の中で生きているのです。ですから、死んだ世界を扱う地学や地質学を教えるだけではなく、それを外的宇宙における地球の生命の記述にまで高めるのです。地球は生命存在です。植物が大地から芽を出すときの地球は宇宙から受けとった生命を自分の内部の存在たちに分け与えているのです。地球と植物の生長は一つなのです。植物を地球から切り離して、根から花までを取り出し、それを一つの現実であるかのように考察するのはナンセンスです。切り取られた頭髪はそれ自身で一つの現実をなしているのではなく、全体の一部分であり、生体に属しています。ちょうど頭髪を切り取って、それだけを観察することがナンセンスであるように、植物を大地から切り離して、それだけを観察するのもナンセンスなのです。頭髪は人体と結びついていますし、植物は生きている地球全体と結びついています。

人間は、自分自身を生きている地球に結びつけています。人間は、ただ地球上を動き廻っているだけでも、地球の作用に従っているだけでもなく、環境の中でエーテル空間の遠方から働きかけてくるものを体験しているのです。宇宙のいたるところから、エーテル体を作り上げる諸力が働きかけてきます。人間の肉体がその体重によって地球の引力を感じとるように、エーテル体は遥かな彼方から働きかけてくる働きを感じます。

こうして人間の視野はますます拡がっていくと、人間の認識は内なる生命に変わります。認識によって実際に何かが生じるのです。以前、地球は宇宙の中の死せる存在にすぎない、と信じていました。今、認識によって地球が生きてきます。古代人は生きた認識によって、復活祭の日を決めたのですが、私たちは今、古代人の本能的な認識によってではなく、内省的な認識によって、ふたたび宇宙を洞察できるようにならなければなりません。そのためには、宇宙認識を芸術的な形象にすることができなければなりません。すべての植物の生長に太陽と月の働きを見ることのできる人は、植物学の教科書にあるような抽象的な観察を行う人とは違い、植物に生きた感情で向き合うことができます。そのような人は、子どもに対しても、豊かな感情と芸術的な態度で教えることができます。

そうすれば、ほぼ一〇歳からの子どもは、はるか遠くにまで及ぶ洞察を、授業を通して受けとり、眼に見えるように、生きいきとしたイメージを学びとることができます。そして、地球全体が生きものとして、植物を人間の頭髪のように――もちろんはるかに複雑な仕方で――、担っており、生きた地球と生長する植物とが統一した存在であることを知るようになるのです。子どもはそれによって魂を大きく羽ばたかせます。ちょうど息苦しい空気に新鮮な空気が流れ込むと、大きく息をすることができるように、子どもにこういう植物の話をすると、子どもの魂は大きな呼吸をするのです。魂は、宇宙の秘密を学ぶとき、大きく羽ばたくのです。

子どもはとてもこんな考え方にはついていけない、などと言わないで下さい。宇宙をこのように観る人は、まさに子どもこそそういう見方をするのにふさわしい、ということが分かっています。子どもは全身でそれを理解します。本質を分かりやすく語ることは、こういう考え方ができれば難しいことではありません。教師は宇宙的な関連の下に、すべてを教えなければなりません。そうすれば、子どもは世界に対して正しく向き合うことができるようになります。

そして、すべてを生きいきとイメージできるようになります。

実際、植物界を抽象的にではなく、生きいきとイメージ豊かに語るならば、子どもの頭だけでなく、存在全体が活発に働くようになるのです。子どもは、イメージで教えられた事柄をすぐに言葉に変えることができないかもしれませんが、いくら言葉で説明したとしても、まだ十分に子どもの中に刻印づけられるわけではありません。子どもは語るとき、手や腕の助けをかりて語ろうとします。自分の存在全体から生じてくるものを語ろうとするのです。それは、子どもがそれを理解するようになるのに、どれほど内的な体験を必要としたかを態度で示しているのです。そして、学びとることのできるもっとも高貴な、もっとも美しいものは、それを手に入れるには、非常に努力がいると感じられるようなものなのです。

要領のいい言葉でしか事柄の本質を言い当てることができないと信じる人は、この世の事柄に畏敬の念を持つことができません。しかし畏敬こそが、本当の人間的特性を与えてくれます。事柄に対して畏敬の念が持てなければ、この世を深く生きることができません。私たちが事柄の本質を知ろうとするとき、まったくどうしていいかわからないと感じ、全力を傾けて、それに向き合わなければならないと感じること、そのことが世界に対する私たちの真実の向き合い方なのです。教師が畏敬を自分の内に持つときにのみ、畏敬が子どものこころに生き始めます。教え方は、子どもを生かす教育でなければなりません。ただ実践するだけでは十分ではないのです。教え方は、教育の生命の中から花咲くものでなければなりません。教師が宇宙全体を生きいきと感じ取ることができたとき、教え方が生命の中から花咲くのです。

今日の午前中にお話ししたように、音楽を通して人間のアストラル体の本質を把握し、人間そのものをすばらしく組み立てられた楽器であるようにみなすことができるとき、人間と世界との関係をさらに深く理解することができます。

もちろん、これから述べる事柄を、そのまま子どもに伝えることはできませんが、それを子どもに理解できるイメージとして伝えることはできます。教師は音楽形式をとって内から響いてくる自分のアストラル体を理解しつつ、人間を見、そして、さまざまな動物の形姿を見なければなりません。そうすれば、古代の本能的な叡智が人間の中に獅子と牛と鷲と天使（人間）という四つの存在の統合した姿を見たことの深い意味が理解できるようになります。実際、牛は人間の低次の諸能力を一方的に発達させています。すなわち、人間の消化系・肢体系の働きのすべてが頭部系や呼吸循環系と調和しないで、もっぱら一面的に発達していったならば牛の姿をとるようになるでしょう。ですから、牛が人間的な頭部系によって調和されたなら、人間自身がそこから生じます。しかし、胃腸系をもっと単純化し、頭部系を停滞させて、呼吸循環系だけを発達させると、獅子の姿を得ます。そして、頭部系だけを一面的に発達させて、その内なる諸力を外へ向けて翼の中に流し込むと、鳥または鷲の性質を手に入れます。そして、この三つの特性を統一的に把握し、それを外に表現できたとすると、そしてさらに、そこに天使の存在を重ね合わせると、人間を得るのです。これは図式化して考え出されたものですが、人間と動物界との関係をよく表しています。人間は牛や鷲や獅子だけでなく、地上の動物全体と結びついています。どの動物の形の中にも、人体器官の一面的な発達を見て取ることができます。このことを古代の本能的な叡智は知っていたのです。

後世においても、この叡智は伝統として残っていました。人びとは矛盾した言い方でそのことを語っています。なぜなら、もはやそれが何を意味するのか知ることができぬままに、知的な仕方でそれを解釈しようとしているからです。オーケン［Lorenz Oken, 1779–1851 博物学者・哲学者］は、グロテスクな言い方をしています――「もしも人間の舌を一方的に発達させ、そして頭部や胃の働きから切り離して、舌だけを独立させたならば、そこから何が生じるであろうか。そうしたら、イカが生じたであろう」、と。舌はイカなのです。

さて、たしかにこれはグロテスクな言い方ですが、しかし、本質直観を近代的・知的な仕方で思い出させてくれています。こういう言い方は確かにナンセンスですが、そこから一つの深い意味を感じ取ることもできます。それが古代の認識の根底にある魂の在り方を示しているからです。このように、人間は地上に存在するさまざまな動物形態を示しているのです。それらの動物形態を集めて調和させたならば、そこから人間が生じるでしょう。

このように、動物界との関係を通して、人間のアストラル体と外界との関係を知ることができます。そして、アストラル体と関係するものは、音楽的に理解できなければなりません。私が一方で人間を見、他方で動物界の多様な形態を見るとき、まるで交響曲を聴くかのような感じさえもちます。動物界は一つひとつの音なのです。私が人間のアストラル体の中を見、肉体とエーテル体の中にそのアストラル体によって生み出されたものを見るなら、そこに交響曲が響いているように感じます。通俗的な仕方で、世界を知的に理解するのではなく、自由な認識力を行使して芸術的な仕方で世界を理解することができるなら、眼に見えない、すばらしい宇宙作曲家を畏敬の念を込めて仰ぎ見るようになるでしょう。この宇宙作曲家は、みずから作曲する宇宙交響曲の一つひとつの音をさまざまな動物形態として生み出し、そこから人間の動物性を交響的に作曲したのです。

私たちがこのことを魂の中に担い、世界に向き合うならば、動物の姿を自然科学上の概念と結びつけるだけでなく、宇宙創造に対する心からの熱狂と結びつけることもできるでしょう。そうすれば、私たちの語るどの言葉の中にも、どの授業時間の中でも、宗教的な畏敬の感情を子どもに感じさせることができるでしょう。

このように、授業は何らかの学びとった知識から出発すべきものなのではなく、一つひとつ宇宙体験から出発すべきものなのです。いわば、宇宙の秘密が背後から子どもたちのこころに流れ込むように前から子どもたちに語りかけるのです。いわば、自分は道具であり、実際は宇宙そのものが子どもに向かって語っているようにするのです。これが教室での本来の教え方です。子どもたちのこころに熱狂をわざわざ作り出そうとするのではなく植物全体から花が開くように、教師自身の内に担っているものから熱狂が花開くのです。

教育者の教え方と生き方について語るには、理論的・抽象的ではなく、現実的な宇宙洞察から生じる熱狂について語らなければなりません。歯の生え変わりから思春期までの子どもに向き合うときには、特にこのことを実践しなければなりません。

思春期に入る頃の子どものアストラル体は、独立して発達を始めます。初めに宇宙の音楽として受けとったものが、思春期の子どもの内部でさらに発達してきます。そして、そのときに注目すべき変化が生じます。歯の生え変わりから思春期までの子どもの魂の中で、音楽的彫塑的要素となった、生きたイメージが、今や知性によって受けとめられるようになるのです。外から強制的に教え込まれたものを知性で受けとめるのではありません。すでに自分の内部で知的ではない仕方で育ってきた事柄を知性で受けとめるようにするのです。そのとき重要な事態が生じます。すなわち、健全に育っている子どもの場合、自分の中にすでに持っているものを自分で理解しようとするのです。イメージとして受けとってきたものがすべて、そのとき子どもの内部から立ち現れます。子どもは自分の内部を見つめ、それを知性で受けとめようとします。

これは、自分自身の中の人間本性を自分自身によって把握しようとする試みです。それは音楽的に働くアストラル体と彫塑的に働くエーテル体とのぶつかり合いです。そのぶつかり合いを通して、思春期以後は健全な仕方で自分自身の存在を知るようになるのです。人間本性の二つの存在部分であるアストラル体とエーテル体とがぶつかり合うことによって、自由が内的に体験されるようになるのです。

私たちが子どもの中に用意することのできる最も大切なことは、人生の正しい瞬間に、自分自身を理解することを通して、自由の体験をもつことができるようにすることとです。真の自由は、内なる体験です。そして、真の自由は、教育者がこのような教え方・生き方をすることによってのみ、子どもの中に育て上げることができるのです。大切なのは、次のように言えることです。――

「私は子どもに自由を与えることはできない。子どもは自分自身で自由を体験しなければならない。そのために私は何かを子どもの中に伝える。そして、私が触れずにおいた子どもの本性が、後になって自分でこの伝えられたものと出会うことができるようにしなければならない。私は美しいものを子どもに伝え、畏敬の念を持って子どもの心的な本性の前に立ち、そうすることで子ども自身が自分で自分を理解できる日が来るようにしなければならない。私は子どものものではない事柄を伝えた。そして、子どもが自分でそれを把握できるようになるまで待っている。だから私は、子どもの自我の発展に野蛮な干渉を加えたりはせず、思春期以後の自我の発達のための土壌を用意する。もし私が思春期以前の子どもに、もっぱら知的な教育を行い、抽象的な概念や、あらかじめ決められた観察を押しつけて生きいきとしたイメージを与えないならば、私は子どもを暴力的に扱い、残酷な仕方で、子どもの自我に干渉したことになる。真の教育は子どもの自我には干渉しないで、私が教育を通して伝えた事柄を、子どもが自分の自我によって理解することができるようになるまで待つということなのである。そうすれば、あるとき自由な自我が誕生するであろう。私はそのための土壌をただ用意しようとしているにすぎない」。

「そうしたら、あるとき、子どもは私に次のように言うであろう。あなたは私がまだ未熟な人間だったとき、今の私が自分で自分を成熟させることのできる素質を、あらかじめ用意してくれました。あなたは、私を教育したとき、私の自由を損なわず、私の自由への衝動が人生の正しい瞬間に生じうる可能性を与えてくれました。今、私があなたの前にこうして立つことのできる可能性を与えてくれました。あなたが畏敬の念を持って触れずにおいてくださった私の個性から、私は自分を形成していこうと思います」。

おそらく、そのようなことは、はっきり語られたりはしないでしょう。けれども、第二・七年期に、正しい仕方で子どもを教育することができたときには、そのような思いが第三・七年期の子どもの中に生きているはずです。このような仕方で教えるために必要な事柄、思春期以後の教育に必要な事柄については、明日お話しようと思います。

第五講

一九二四年四月一一日

今回の五回の講演では、ヴァルドルフ学校教育の考え方を素描的に取り上げるつもりでしたので、個別的な問題を深めることよりも、教育思想を全体として、人智学の観点から論じようと思いました。もちろん個々の問題も揺るがせにすべきではありませんが、こんにち私たちが必要としているのは、精神生活そのものを活性化することなのです。これから精神生活の分野の仕事に携わる場合、何をおいても求められるのは、仕事の内容だけでなく、情熱なのです。私たちが重要だと思える世界認識から、熱狂を汲み上げることができなければならないのです。

そして、この情熱をもっとも必要としているのは、魂の芸術家である教育者です。このことは今、一般に広く感じられはじめています。ただ、精神の分野では、考え方を徹底させる勇気が一般に欠けていますから、さまざまな試みが目標に達することなしに終わってしまっています。

私たちの教育の場合、その根底に存する教授法は、人間の本性を読むことでなければなりません。それによって、人間の本質を次第に明らかにし、そこから授業計画を、毎日の時間割に到るまで立てることができるようにするのです。

人間を読むとは、どういうことでしょうか。すでに見てきたように、子どもは生まれつき宗教的な帰依の心で周囲に向き合い、模倣し、知覚しながら、無意識に体験したものを、意志の力で育てていきます。

生まれてから歯の生え変わりまでは、子どものからだの中に、からだの在り方全体の中に、宗教的な性格があるのです。この宗教性は、内ではなく外へ向けられた魂の態度として現れます。人間は無条件的に、この世に生まれてくるのではありません。祖先からの遺伝的な働きだけではなく、前世からの働きの結果生まれてくるのです。ですから、子どもは帰依の態度で、美にも醜にも、善にも悪にも、賢いことにも愚かなことにも向き合うことができます。ですから私たちは、子どもが、環境の中で、考え方・感じ方に到るまで、善いもの、正しいもの、美しいもの、優れたものを模倣できるように配慮しなければなりません。

そう考えるなら、ごく当然のように、教育が子どもとの関係の中へ入ってきます。教育が、個々の行いの中で努力すべき事柄であるだけでなく、生活そのものになるのです。教育が子どもの周囲で生活そのものになるのでなければ、子どもは正しく成長することができません。

しかし、今述べた子どもの宗教的ともいうべき帰依の態度を自然のままに、祭司的な仕方で教育したあと、歯の生え変わりから思春期までの第二・七年期という、より高次な魂の発達段階においては、この態度をさらに目覚めさせなければなりません。そのために、教えるべき事柄のすべてを形象（イメージ）に変えるのです。つまり、教育を芸術的な行為に、とはいっても、人間的な、主観的で客観的な行為にするのです。

子どもは教育者を通して、美的な態度で美しいものに帰依し、すぐれたイメージを吸収するのです。宗教的なものの代わりに、世界をおのずから芸術的に受けとめることができるようにするのです。どうぞ、このおのずから芸術的であることを、現代文化の中でさまざまに行われている贅沢な芸術行為と混同しないで下さい。子どもの純人間的な芸術行為の中に、世界に対する道徳的な態度が含まれているのでなければならないのです。

このことを正しく理解するなら、第二・七年期の子どもには、まだルールを押しつけるべきでないことが分かります。歯の生え変わる前の子どもに道徳を押しつけてはなりません。道徳はまだこの時期の子どものこころには通じません。私たちの道徳的な行為、子どもの周囲の行動、考え方、感じ方に現れる道徳性を、子どもが見るときにのみ、道徳との通路が開かれます。

第二・七年期の子どもには、まだ道徳をルールとして押しつけることはできません。道徳法則とはまだ内的な結びつきがもてません。道徳法則は空虚にしか響きません。私たちが当然のように権威として子どもの前に立つときにのみ、この時期の子どもに手が届くのです。教師が善・真・美の体現者だ、と子どもが思えるとき、子どもが抽象的に美・真・善を考えるのではないとき、道徳教育が可能になるのです。

抽象的・知的に理解することは、まだこの時期の子どもには不可能です。しかし子どもは、教師の眼差し、手の動きの中に、教師の語る言葉の現れを見ることができます。子どもが多くを語らなくても、子どもが心の中で真・善・美と呼ぶものは、教師自身なのです。そうでなければならないのです。

教師がこの時期の子どもの要求に応える用意があるなら、子どもの中に次第に二つの事柄が成長していきます。第一に道徳的な事柄に対する内的な美的感覚、感情的に善を好み、悪を憎む態度が育ちます。ですから、おのずと善をよしとし、悪に反発する気持ちを発達させるように授業を行わなければなりません。「こうすべきなのですか。先生がそうしているのですから、自分でそうしてもいいでしょう」。

子どもは、はっきりとそう言わなくても、心の中でそう問いかけています。「先生がそんなことはいけない、と言っているのだから、そんなことをしようとは思わない」、そういう気持ちで子どもは社会を体験していきます。善き社会、悪しき社会、美しい世界、醜い世界、本当の関係、偽りの関係、そういうものを子どもは体験します。こういう、子どものこころと先生のこころの間の眼に見えない関係、これこそが教えることのもっとも重要な要素なのです。先生の生き方はここにあるのです。

まさに第二・七年期にこそ、道徳的な事柄に対する敏感な対応を学ぶべき時期なのです。この道徳的な感情内容の背後には、環境への帰依という、宗教的ともいうべきものが働いています。それは、自然な仕方で、すでに幼児期に存在していたのですが、それが今ふたたび、別の形をとって現れるのです。教師が魂の力を有効に働かせるなら、善を愛し、悪を憎む気持ちを、自然感情へ導くことができます。そうすれば子どもは、当然のように、自然そのものにこころを委ねます。環境の中の道徳的なものが子どもによって、自然に即して感じられるようになるのです。人のために役立とうとする手の動きが、自然を体験するときのように体験され、模倣され、体得されるのです。自然な仕方で感じられるこの宗教的な在り方が変化し、形を変えて、魂の能力になるのです。

そこで考えてみて下さい。無意識のいとなみとして、歯の生え変わるまでの間、自然な仕方で子どもの中に宗教的なものが、純粋な模倣として発達することの意味は、何なのでしょうか。子どもの内なる自由な個性の力にまだ干渉できない時期に、宗教的なものを私たちは子どものこころに贈ります。私たちは自然のままに教育し、こころにはまだ手を加えません。第二・七年期の子どもの魂に向き合うときには、子どものこころに宗教感情を植え込もうとはせず、子どもの個性に訴えかけて、宗教感情を目覚めさせようとします。そのときの教師は、すでに実践的な「自由の哲学」者なのです。そのときには、あれこれを信じなさい、と説くのではなく子どもの生来の信じる力を目覚めさせるのです。私たちは子どものこころの覚醒者になるのであって、子どものこころを屑箱にするのではありません。神がこの世に送り込んだ子どもたち、そもそもすべての生きものたちに対して、畏敬の気持を持たなければならないのです。そうすれば、自我が子どもの中で芽を出します。そして、道徳感情が子どもの中で宗教的性格をもつようになるのです。

はじめ自然であった宗教的なものが魂の内実にまで変容しようとするとき、それに気がつく教師は、善と美と真を好ましいものとして語ることができるようになります。そのとき、教師の語る言葉が子どもにとってのかけがえのないものになっているのです。教師の態度は、もはや模倣されないまでも、大切な意味を示唆します。もはや外的・身体的な部分にはたらきかけるのではなく、魂に働きかけるのです。道徳的に気に入ったり、気に入らなかったりする子どもの感情の中に、宗教的な気分が息づくように、です。

思春期を過ぎると、知性が活発に働き始めますから、大切なのは、理解すべき事柄を自分自身の中に見出し、自然な模倣と芸術的なイメージ化を通して身体に身につけた事柄を、自分自身の内部から汲み上げることです。もっと高学年の生徒に対しても、好むと好まざるとにかかわらず、論理的に強制されている、と感じさせないようにすることが大切なのです。

シラーがカントの道徳観に反対を唱えたのは、ドイツの精神生活の中の偉大な瞬間でした――「義務よ、お前は崇高な、偉大な名前だ。へつらったり、選り好みをしたりせずに、服従を求めている」。この義務観を、シラーは受け容れようとしませんでした。カントにとって、道徳は善意の源泉から汲み出されるのではなく、道徳命令に服従することから生まれるのですが、シラーは真の道徳的な動機を含んだ記念すべき言葉を、カントの義務概念に対比させました。「私は友人に尽くしたい。しかし、私は残念ながら、そうしたいと思って行う。だから自分が道徳的でない、としばしば思って落ち込んでしまう」。

義務を心の底からそうしたいと思い始めるとき、道徳そのものが純人間的なところから湧き出てきます。だからゲーテは、「義務とは、自分に命じた事柄を愛することである」と述べました。シラーとゲーテのこれらの言葉は、当時における道徳の「カント化」［エッヂを立てる、という意味にかけている］を円《まる》くするのに役立ったのです。

しかし、当時のドイツの精神生活から湧き出たものは、一九世紀の唯物論的な考え方に流れ込んでしまいました。こんにちでも、そうです。文明は道徳の分野でのこの偉大な行為を忘れさせてしまった。私たちは、子どもをその風潮からふたたび引き出さなければなりません。まず第一に、教育すべき子どもを、真に人間的・道徳的な分野で、そこから抜け出させなければなりません。生きた教育衝動は、このことを意識することから生じるのです。道徳の分野においても、シラーとゲーテにおいて輝いているドイツ精神生活のあの太陽は、時代の課題を理解している教育者による教育実践の上に光を投げかけます。そのような教育家たちは、教育行為によって、子どもと子ども自身との関係を、そして子どもと時代文化の真の要求との関係を深めようと望んでいます。

人格における、そして時代文化における教育の位置を話し合うのが、この教育会議の課題でした。私たちは、ゲーテとシラーが中部ヨーロッパのために与えた諸衝動を感謝をもって受け容れるときにのみ、この課題に応えることができるのです。私たちが時代の中での私たちの位置を知ろうとするなら、批判的な立場に立つだけでなく、先人たちの業績を感謝をもって受けとることが大切です。

人が自分自身を教育するとき、そのやり方を「自己教育」と呼びます。しかしすべての教育は、この主観的な意味においてだけでなく、客観的な意味でも、自己教育です。すなわち、他者の「自己」の教育なのです。ドイツ語では「教育する」と「引き出す」こととは、同じ言葉に由来します。しかし「引き出す」ものの本性を、そのままにしておきます。石を水中から取り出すときに、その石を割ったりはしません。教育するときにも、社会に出ていこうとする子どもの本性をなんらかの仕方で壊したり、歪めたりはしません。霊界から地上界へ降りてくる子どもの本性の立つ時代の文化段階を体験させようとします。このようにして理念を感情をもって把握することは、教授法の一部分です。このことに気づかぬ教育者は、現代における教育の在り方が見えていません。

こうして善を好み、悪を憎むことを教えることで、生まれつき幼児の中に存在している宗教的態度をさらに魂の中で育成していくと、第二・七年期に魂の地下で育ちつつあった素質が、思春期のあとで成熟するのです。すでに自分の中にあるものを自由な仕方で理解できるようになります。私たちは、宗教的・道徳的な事柄においても、子どもが世界を自由な仕方で理解できるようにしなければなりません。子どもが第二・七年期に、自分の感情生活の中で、善、悪を道徳的に判断できるようになれたとしたら、すばらしいことです。そうなれば、子どもの中に、次のような衝動が現れます――「善いことだと思ったら、それを実行し、善くないことだと思ったら、それをあきらめなければならない」。

そう思えるようになったなら、子どもの内部から道徳原則が現れてきます。そして、かつて第一・七年期に生まれつき存在し、第二・七年期に魂の働きとして生きていた世界に対する宗教的な帰依が、自由な仕方で育ってくるのです。宗教的な感情と意志衝動とは、まるで神が自分の中で行動しているかのように行動させる力になりうるのです。この力は、人間が自我をもっていることの証しでもあります。決して外的に教え込まれたものではなく、すべては、子どもの本性の中に宿っているのですが、思春期以後に初めて生み出されたように見えます。このような力の獲得は、子どもの本質が外に現れる度合いに応じて、子どもを指導することができたときに、初めて可能になるのです。そのために教師は、すでに示唆したように、誕生から死までの人生そのものに眼を向けなければなりません。

教育者はこの点を安易に考えて、子どもを観察することだけで十分だと思っています。しかし現代の人間は、子どもを外的に、実証的な立場から観察しています。そして、その観察にもとづいて教授法を考えようとします。

しかし、そんなことはできません。例えば、自分の胆汁質をコントロールしようとしないで、生徒の前で怒りを爆発させる教師は、生徒が後年になって痛風、リューマチになる原因を作り、将来の身体を不健全な状態に追いやるきっかけを作っているのです。他のいろいろな場合に、同じことが言えます。私たちは、その時々の年齢の子どもに向き合うとき、いつでもその子どもの全生涯と向き合っているということを、よく考えなければなりません。

今日、繰り返して話題に出るのが「直観授業」です。この教授法は、次のような、あたりまえすぎるくらいあたりまえの、そして、ある意味では馬鹿げた言葉で武装しています――「子どもには、眼に見えるように授業しなければならない。そうすれば、子どもはその意味を理解する能力を発揮することができる」。

こういう考え方の人とは、とてもやっていけません。大切なのは、私たちが日々意識しておかなければならない人間性の深い法則を知ることです。人間の生命力は、予想を超えた深い働きを示しています。例えば、四〇歳の男が突然、次のように気がつくのです――「子どものとき、尊敬していた先生が話してくれたことの意味が今やっと分かった」。

当時は先生が真・善・美を体現しているように思っていたので、先生の言葉をそのまま受けとめただけでしたが、その言葉の意味が今、まったく意識的に甦ってきたのです。

こういう後年の体験は、その人を非常に若々しくさせ、生きる力を与えます。もしも授業の中に、後年理解できるようになる何かが存在しなかったとしたら、こうした体験を持つことはできません。外的な観察がこころの働きと結びついて、理解が人間本性の内部からそのつど新たに湧き起こってくるのでなければ、人生は荒涼としたものになってしまうでしょう。子どもには、生涯にわたって自由に生命力を内から取り出すことができるような教育をしなければなりません。

すでに繰り返して述べたように、真の教師はいつでも子どもの人生全体を見なければなりません。そのためにも、例えば、ある種の老人たちのすばらしい姿に眼を向けなければなりません。その老人はやってきて、あまり多くを語らないでも、人に祝福を与えるのです。彼のちょっとした手ぶりの中に、祝福を与えるような力があるのです。それは死の境に立っている人に特有の力です。その人はどこからその力を得てきたのでしょうか。それは、その老人が子どものときに、ごく自然に、仰ぎみること、帰依することを学んだからなのです。子どものときに、畏敬の念で仰ぎ見、心を何かに捧げることを学んだことが、晩年に祝福を与える力になるのです。

子どものときにごく自然に手を合わせて祈ることを学ばなかった人は、晩年になって祝福するために手をひろげることができません。祈ろうとして手を合わせ、敬虔な帰依の感情を燃え立たせた子どものときの体験から、死の境に立つ最晩年に祝福する力が生じるのです。なぜなら、子どもの中で萌芽として現れるものはすべて、その後の人生における善と悪の果実を熟させるのです。生き方にもとづいて教え方を見出そうとするなら、このことも忘れてはなりません。

以上で少なくとも人智学をヴァルドルフ学校教育の中で充実したものにしようとする試みについて、若干本質的な問題を取り上げました。今回の教育会議は、ここ数年実践してきた事項に光を当てようとする試みでした。そして、さまざまな側面に光が当てられました。生徒たちの業績も示されました。これからもいろいろとこういう紹介をする機会が生じることでしょう。

今日は会議の冒頭で、二つの側から好意的な言葉が私に向けられました。心からの感謝と共に、私はこの好意的な言葉を受けとりました。なぜなら、どんなに美しい衝動を実現しようとしても、その衝動に身を捧げる人びとが見つけ出せなかったなら、その衝動だけでは何の役にも立たないでしょうから。

ですから、教育の改革を試みているヴァルドルフ学校の教師の皆さんに心から感謝したいのです。そしてまた、ヴァルドルフ学校教育に心からの理解を示してくれた高学年生たちにも、感謝したいと思います。今回、若い人たちがヴァルドルフ学校教育についての思いを語ってくれました。その言葉が私たちのヴァルドルフ学校教育を時代の文化、時代の文明の真っ只中で推進させてくれる力になってくれたなら、私たちはどんなにか幸せなことでしょう。今回、愛情に充ちた、美しい言葉を語ってくれた人たちに、今、私が感謝の言葉を返すとき、私たちは自分が皆さんのすべての気持ちに応えて、そうしているのだと思います。

実際、教育と授業とは、意図を実現してくれる人材を何よりも求めています。画家や彫刻家でしたら、どんなに孤独な中で作品を制作していても、人間が見てくれなくても、神が見てくれる、と言うことができます。教育者は、精神の作業をもっぱら地上の存在のために行います。教育者の仕事は、物質界での成果を共に体験してくれる人たちと結びつかなければ、役にたちません。

特に現代の教育者は、このことをよく意識しておく必要があります。この連続講演の終わりに、このことを特に取り上げておきたいのです。人智学の基礎の上に教育することは、世界観としての人智学を人びとに押しつけることではありません。私たちの現代文明のもっとも深刻な要求に応じようとすることなのです。人智学は人間の体と魂と霊を認識することを教えます。人智学はまったく具体的で、まったく現実的な立場に立とうとします。人類の未来は、人類がこのような認識衝動から思考し、行為するときにのみ、明るさを増すのです。

私たちが一番よく罹るのはどういう病気なのでしょうか。私たちの教育の本質を特徴づけようと思うなら、繰り返し次の点に注意を促さなければなりません。神的な働きが世界の中に植えつけた人間自己に対して、私たちは畏敬の念をもって、その発展を助けなければなりません。この自己は、それを霊として受け取るのでなければ、本当には理解できません。身体との関係の中でしか理解しないなら、その本質が否定されてしまいます。

近代の唯物的な生活においては、人間の自己が誤解されたことで、特に自我が苦しんできました。実際、人びとはどこにおいても、素材の中で見、考え、そして行動します。ですから、人間の霊は、したがって自己もまた、息の根を止められてしまいます。自然の認識には限界があると言う人、霊界に参入することなどできないと言う人は、人間の世界に参入できないと言っているのです。認識に限界を設けるというのは、世界を認識するために人間を消去するということです。人びとがあらかじめ唯物論的な考え方によって魂を消し去っているのに、どうやってその魂を教育しようというのでしょうか。しかし、この消去は、過去におけるとはいえ、こんにちでもさまざまに支配力を行使している、唯物論の当然の帰結でした。

前にも述べましたが、近代に生じた唯物論的な立場は、ある面では正当なものでした。それは人類の進化の過程では生じなければならないものでした。しかし、いつかはふたたび、そこから離れなければなりません。人びとが自分の自我を物質素材の中に刻み込んだとき、それと共に、真に生きた教授法の本当の生かし方を凍結してしまったのです。自我を素材に刻みつける文明の中では、もっぱら外的な技術面だけが生かされるのです。素材は人間性を排除します。素材が人間を身体性の中に閉じ込めるとき、人は多かれ少なかれ閉鎖的になります。魂が閉鎖的になります。相手の人の霊魂が分からない魂は、閉鎖的になります。なぜなら、霊を身体構造の内部で説明することはできないからです。

ですから、唯物論的な文明の立場は、人びとが互いに通り過ぎていくだけの時代を生じさせました。この時代には、すべての感性が身体に刻みつけられているのです。

人びとは、頭で社会生活を渇望しています。しかし、その感性は、互いに理解し合おうとはせず、反社会的な態度で互いに相手の前を通り過ぎていくだけなのです。一人ひとりの身体の中に閉じ込められた魂は、互いに相手の傍らを通り過ぎていきます。みずからの中に霊を目覚めさせる魂は、人間同士、互いに一緒であると感じ合います。霊の働きを知ることで、一緒に生きていることを実感できたとき、そのとき初めて混沌の中から真の社会生活が芽生えるでしょう。

そして、このことは、現代の若者たちの大きな願いでもあるのです。「青年運動」は出会いへの切望から始まりました。今——このことは数日前、ここにいる若い人たちが互いに出会ったときに体験できました——、人間との出会いへの切望が、霊との出会いへの切望に変わります。霊を見出すとき、人間をも見出す。若い人たちはそう予感しました。霊を見失うときには、相手をも見失うのです。

宇宙を認識し、霊、魂、体から成る地上の生きた人間をこの認識によって見出すこと、昨晩、私は、このことを述べようと試みました。世界観は宇宙体験にまで到らなければなりません。太陽と月を、地上に生を享けたすべての中に見なければなりません。このような立場に立って教育するなら、成長しつつある子どもたちに、不死なるもの、神的なもの、永遠なる宗教的なものを正しい仕方で体験させることができるでしょう。人びとは子どもの時代に、みずからの不死なる部分が地上で生き、死後もさらに生き続けることを学ぶことができるでしょう。しかし、教育のこの特別の側面をお話しするのが、今回の課題ではありません。今ここで取り上げなければならないのは、自我と教育との関係です。地上の人間が正しい教育を受けるとき、天上の人間も正しい教育を受けます。なぜなら、地上の人間の中に、天上の人間が生きているのですから。地上の人間を正しく教育できれば、生まれてから死ぬまでの間になされねばならないわずかばかりの進歩によって、天上の人間もまた正しい仕方で進歩するのです。

以上で、どうしたら正しい宇宙認識が持てるようになるかについて考えてみました。すなわち、人間は、偉大な霊的宇宙建設に従事しなければなりません。この宇宙建設は、感覚的な事象の中にも現れています。人間は人類の建設にも携わっています。正しい教育を行うとは、そういうことです。

昨日私は、教えることの背後に世界観・人生観が存在していなければならないと言いましたが、この世界観・人生観の特徴は、この「宇宙建設に携わる」ということにほかなりません。ですから、宇宙を頭で理解しようというのではありません。宇宙を理念・概念・観念で把握できると思うのは、間違いです。宇宙は感情で把握すべきだというのも、間違いです。宇宙は、理念・感情だけでなく、意志によっても把握すべきなのです。神的＝霊的な働きが意志の中に降りてこなければ、人間は宇宙を把握できません。それができれば、人間自身も、人間の一部によってではなく、人間全体によって把握され、理解されるのです。

私たちは自分の知性のためだけに世界観を求めるのではなく、思考し、感情し、意志する全人間のためにそれを求めるのです。霊、魂、体から成る人間全体の中に、人間の内なる宇宙が見出されるのでなければなりません。人間の中に宇宙を見出す人だけが、本当の「世界観」を持つことができます。なぜなら、眼の中に可視的な世界が映し出されるように、人間全体という「霊的＝魂的＝体的な眼」の中に全宇宙が映し出されるのですから。

私たちはこの映像を外から見ることはできません。内から体験しなければなりません。しかし、そうできたときのこの映像は、もはや鏡に映じた像のような仮象ではなく、内なる現実になります。そのとき宇宙が人間になります。そして、人間は自分の中に宇宙を発見します。

このような立場からの教育を受けた人なら、すべての人間体験を素材の中に刻み込む人間は分裂してしまう、と感じるでしょう。魂が自分自身を否定するなら、魂同士は相手の中に自身を見出すことができず、自身を見失ってしまいます。霊に到れば、霊の中に他の人を見出します。真の意味での社会生活は、霊によって基礎づけられなければなりません。人間の本性を霊の中に見出すとき、人と人との結びつきが可能となります。宇宙を人間の中に見出すとき、宇宙が人間の行為の中から建設されます。ですから、私が皆さんに向かって話してきたときに、いつでも大切にしていた立場について、この考察の終わりに申し上げたいのです。今回の連続講義の課題は、現代の個人生活と文化生活おける教育を考察することでした。今、この講義の終わりに、この課題を変容させて、私の大事にしてきた立場を、次の言葉にまとめようと思います。

素材に自分を刻み込むのは

魂を否定することだ

霊の中に自分を見出すのは
人と人とを結びつけることだ

相手の中に自分を見るのは
宇宙を建設することだ

いまを生きる

藤沢にて

2007年 4 月21日

[講演]

高橋　巖

今日のテーマは、「いまを生きる」というタイトルなので、いろいろ考えて、最初の問題として、こんなことを考えてみたのです。

いつも考えていることなのですけれど、今のこの時代に、一緒に日本で同じ時代を生きているというのは、なにかとても不思議な気がするのですね。例えば、いつも同じ駅で切符を買ったりするとき、この頃はみんな機械化してしまったのですけれど、何年か前までは、そこに切符を売る人がいて、出かけるたびに同じ人から切符を受け取って、ということが続いていると、全然話をしたことがなくても、そこにいる人がいつもそこにいて、そこに出かけて行くと顔を合わせて、なんとなくお互いにどこかで見覚えのある者同士という確認ができたり、ということは、何かとっても不思議な、うれしい感じがするので、そういう出会いを期待していることがよくあるのです。

私は町田に住んでいるので、京都へ行くには、新横浜に出て新幹線で行くのですけれど、その新幹線の京都行きのホームの売店でいつも崎陽軒のシウマイ弁当を買います。しばらくの間、いつも同じ人が売ってくれていました。

そんなあるとき、ストローが欲しいみたいなこと言ったら、それを憶えていてくれて、そのあとお弁当を買うたびに、だまってストローを付けてくれるのです。それがすごくうれしくて、なんとかお礼をしたいと思ったのですが、お礼のしようがないので、あるときチョコレートを一個買って持っていって、「はい」と渡したことがありました。まともな話をしなくても、今の時代に、そういう同じ時代を一緒に生きている者同士というのは、どこかでちょっとしたきっかけで出会えると、なにかすごく縁が深いという感じがするのですね。

たぶんどんな時代でも、過渡期であると言えば過渡期なのでしょうけれども、今の時代は特に、私の個人的な印象ですと、一九五〇年代の終わりの頃から、何百年、あるいは千何百年に一度ぐらいの大きな激動期を迎えていて、その大きな激動期にたまたま生を享けて生きていられるというのは、とても不思議なのです。こういう時代を生きることからこそ、そこには辛さがあるし、有難味もありますが、そういう時代を一緒に生きている者同士の縁のようなものを、特に強く感じるんじゃないかと思うのです。

「いまを生きる」というテーマの冒頭に考えましたのは、めったにない時代を生きることができるということ、辛さも喜びも全部ひっくるめて、そのことを共通に体験しているので、その共通に体験している者同士の、生きることの確認のようなことをやりたいということでした。基本的なテーマをそういうふうに決めて、それについてどういう話ができるかということを考えて、今日ここにやってきました。

冒頭でお話ししたいと思ったのは、ついこの前、ヘルマン・ヘッセの小説『シッダールタ』を読んだときの印象です。横浜のカルチャーセンターで参加者の方たちとヘッセの『デミアン』を読み、『荒野のおおかみ』を読んだのですが、『デミアン』は十代後半の若者の物語で、『荒野のおおかみ』は五〇代になるかならないかの、ある程度くたびれた人生の物語だったのですが、『シッダールタ』になると、全然趣が変わり、出家し、世間から離脱して、ひたすら自分の内面に向き合っている人間のドラマです。ですから場所もヨーロッパではなくインドなのです。

主人公シッダールタは、はじめ若者として徹底的に修行を積んで、大きな天分に恵まれて、みなからも尊敬されるのですけれど、あるときゴータマ・ブッダに出会います。自分が一番心を許している親友は、感動してすぐに仏陀の弟子になるのですが、シッダールタは、これほどの指導者はいないと思えば思うほど、「あなたに会って、あなたの話を聞いて、大いに感じるところがありましたが、今は別な道を行きたいと思います」と挨拶をします。そしてまた孤独になるのです。仏陀でも他の誰でもない、自分だけにしか歩けない道を見つけて、そこを歩きたい、という思いに駆られるのです。それでそういう行動に出ます。

そしてそのあと、ヘッセですから、救済するのはいつも女性です。その女性を通して、愛するということの秘儀を学ぶ、というのがヘッセの基本的なストーリーですから、ここでもそういう展開になるのですけれど、それを読んでいて、やっぱりヘッセの考えていることは、すごいと思ったのです。

仏陀に会って、自分だけの歩ける道を歩きたいと言って別れたところで第一部が終わるのですが、この本のあとがきを見ると、第二部のストーリーがなかなか書けなかったそうで、何年も間を置いて第二部を書いたそうです。でも、第一部の問題は、自分はたったひとりだけの、かけがえのない個人なのだから、自分でなければ歩めない道を歩みたい、と願って第二部のところにたどり着くのです。

この話を読んだときにすぐ思い出したのは、ニーチェの『教育者としてのショーペンハウアー』でした。これは私の知っている限りで、最高の教育書なのですけれど——残念ながら、いくら読んでも分からない翻訳と分かり易い翻訳と両方ありますが、それはさておき——、そこにニーチェがこんなことを書いているのです。誰でも、「あなたしか歩くことができない道が世界にたったひとつだけある」。だからその道を歩きなさい。歩いているとき、「その道がどんなところにたどり着くのかを問う必要はない。なぜならそこを歩けるのは、あなただけなのだから」。

それに続けてゲーテの『箴言と考察』の一節を引用しています。「今自分がどんな道を歩いているのか分からないときくらい、その人間が向上しているときはない」。ニーチェはその二つのイメージを重ねて、今、自分が歩いている道に意味があるのかないのか、というようなことは全然考える必要はない。ただ自分が歩いている道は、ほかのどんな人も歩くことができない、世界でたった一本の道なのだ、と思いなさい。だからそこを歩くことに喜びと誇りをもって歩いていけば、そのときこそ一番その人が向上しているときなのだというのです。

そういう思想をニーチェは、教育論の根本に置いています。今日お話ししたいと思っているテーマの根本もそこにありまして、こういう時代であればあるほど、どんな人とも違う自分が今ここで生きている、ということをなんとしてでも自分で納得できなければなりませんが、自分の人生を外の人の眼で見つめて、こんな自分でいいのだろうかという評価の仕方をしたら、それは今の時代にとってもマイナスではあっても、プラスにはならないと思います。ニーチェもヘッセも、そういう孤独な道を通っていった人だと思ったのです。

シュタイナーの人智学も基本的にはそのことを語っています。例えば、こんなことをよく語っています。『自由の哲学』にもニーチェ論にも出ているのですが、『実践理性批判』の中で、カントは「定言命令」として、「おまえの根本命題がすべての人間にも当てはまるような行動をせよ」、と言います。どんな人にもなるほどと納得してもらえるような、そういう原則の上で行動しなさい、そうすれば倫理的・道徳的な行為になる、というのです。シュタイナーはそれを逆転させて、今の時代とはもはやそういう時代ではない、というのです。シュタイナーの道徳原則というのは、「この世であなたにしかできないような仕方で行動しなさい。そうすれば必ずその行為が、世界全体にとってかけがえのない貴重なものになるはずだ。なぜなら、あなたにしかできないことは、世界の他の誰にもやれないことなのだから」というのです。道徳というのは、他のどんな人とも違う、自分だけにしかやれないことをやることなのだ、という立場に立っています。

シュタイナーはすぐに、もしそんなことを言ったら、エゴイスティックで自分勝手な行動を取ることと変わりなくなって、何の歯止めも効かなくなるだろうし、社会を混乱させるだけではないか、という異論が出てくるだろうけれども、自分が道徳と考えていることは、特定の社会の秩序に従うか従わないかという問題ではない、と言うのです。外の世界にある特定の社会的な目的があって、それに従うことが道徳だと自分はまったく思っていない、と言います。自分の中からひとりでに出てきたもの、自分の中から出ようとしているものに対して、どこまで誠意を持って向き合うか、そこにだけ道徳が生きている、というのですね。そういうカントとは正反対の、個人主義というか個体主義というか、そういう立場に立つのですが、立つこと自体が目的じゃないのですから、そこに立ったとき初めて、今の時代を生きるひとつの出発点に立ったことになる、と考えているのです。

ところが、今言ったことは簡単なことのようですけれど、われわれの周りを見てみると、そういう発想を徹底的に抑圧するような考え方が無数にありますよね。例えば、人間工学という考え方があります。人間をメカニックな、あるいはテクニカルな観点から見ようとします。情報理論もサイバネティックスもいわゆる自己制御装置のような考え方も同じでしょうけれども、人間と機械との距離がだんだんだんだん縮まっていくに従って、人間よりも機械のほうが有用なのではないか、というところまですぐに行ってしまう。ですから、いつも切符を売ってくれていたおばさんの代わりに、行ってみたら機械がズラーと並んでいたり、人間より機械のほうが有用だし正確だし、あたりさわりもないし、人件費もいらないということになってしまいます。そうすると、その機械と自分とを比べて、なんか自分のほうが無力だとか、無能だとかいうふうに思わされます。

そうすると、かけがえのない個人なんて、まったく意味をなさないのですね。むしろすべてがシステム化された社会の中で、自分がどういう役割を演じられるかという、外の評価で自分を見るしかなくなってきます。個という感覚よりも全体という感覚のほうが、当然自分の中で大きな比重を占めるようになってくるのです。

今の時代にかけがえのない自分をどこで発揮できるのかというと、社会生活の中でそういう自分の個性を発揮できる機会は、めったにないのではないでしょうか。シュタイナーの思想が今の時代に非常に有効なのは、そういう情報社会の中で、かけがえのない個をどのように実感できるのか、というところから始まっているからです。実際にどのくらい個であることが、人間にとっても、人類にとっても、時代にとっても重要なのかということを、シュタイナーは初期の二〇代のときから晩年の亡くなるまで、一貫してそのことだけを語っていたようなところがあるのですね。

シュタイナーの神秘学の観点からすると、今述べたことは、こういう言い方になるのです。——人間の中には、四つの基本的な本性が結びついて生きている。まず第一に、物質体として生きている肉体がある。その肉体を有機的に、生命ある存在として活発に働かせているエーテル体あるいは生命体が第二の本性として肉体に組み込まれている。さらにアストラル体という、主観的・内的な働きを可能にする第三の組織が肉体、エーテル体に組み込まれている。肉体だけの存在だとすれば、それは鉱物存在と基本的に同じことになる。肉体とエーテル体だけだったら、植物存在と基本的に同じ状態で生きていることになる。アストラル体が付け加わると、動物と基本的に同じ生き方をしていることになる。人間だけは、不思議なことに、そのアストラル体と結びついて、さらに自我という、まったく違った原則を持っているもうひとつの本性が働いている。以上の、肉体とエーテル体とアストラル体と自我の四つが、それぞれ独自の存在として互いに結びついていることによって、一人ひとりの人間の個性が成り立っている。

そして、ここからがシュタイナーの考え方のすごいところなのですけれど、そういう観点からすると、人間を人間たらしめているのは自我の働きのようだけれども、その自我の働きに人間の生き方が偏ってしまうと、自我というのは本質的に自己中心的な在り方をしているので、限りなく自分中心の、計算高い、利己的な生き方になってしまう、というのです。

人間一人ひとりが、自我を中心にしたエゴイスティックな存在にならないように、一方に肉体というものが人間に与えられている。その肉体のおかげで、どんな人も、この地上を他の人たちと一緒に生きることを余儀なくされている。そして地上を生きることのなかで、病気になったり、老いたり、怪我をしたり、最後には老いてこの世を去っていくという、そういう生き方を余儀なくされている。その点で、どんな人もみな共通だ。仏教でいう「生老病死」という四つの苦は、どんな人間も共通に与えられている、運命である。それは肉体という、人間が地上を生きるときの基本的な在り方によって、そうなっている。この肉体に従っている限り、人間は自己中心的なエゴイスティックな生き方ではすまなくなる。集団的な社会的な生き方をすることで、一人ひとり、自分の自我の暴走を防いでいる。

その場合、問題は、真ん中のエーテル体とアストラル体にあるのです。アストラル体は、人間の中の内面生活を可能にしている働きですから、ひとりの人間の中に無数のアストラル的な、つまり内的な生活が同時並行して進んでいるのですね。ですから、もし自我が力を失いますと、アルトラル体が表面に出てきます。分裂した人格が表に出てきてしまうのです。自分でびっくりするくらい怒りやすかったり、軽薄だったり、すぐ人を妬んだり、あるいは嘘をついたり、騙したり、今はネガティヴなことだけを言いましたけれど、そういういろんな人格が表に現れてきて、自分でコントロールすることができなくなってきます。そうすると、もうすでに病気ですよね。分裂性の病気になってしまいます。

自我がそれをコントロールすることで、その人らしさが保たれているわけですが、自我というのは何かというと、「私は私である」ということを確認する力です。心の中では思いがけなくイメージが暴走したり、とんでもない憎しみが湧いてきたり、怒りがこみあげてきたりしても、それを心の中に留めて、いつでも自我が「私は私である」という確認をすることで、人格が分裂しないで保たれているのです。でも、睡眠不足になったり、あるいはストレスが昂じたりすると、どんな人でも、いつもの自我が表から退いて、アストラル体の暴走を抑えられなくなる可能性がいつでもあるわけです。シュタイナーは、自我とアストラル体をひとつに考えていて、自我に浸透されたアストラル体は、他の動物と違って、「自分は自分である」という自我意識のおかげで、内面生活を維持していると考えています。

先ほど言いましたように、自分はかけがえのない、たったひとりの存在だということを自分で確認できるのは、自我とアストラル体の共同の働きによるのですね。だから子どものときから教育を受けるなかで、いろんなところで、自分は自分だということを確認しながら生きてきたはずなのです。そしてそのなかで、いろんな個性をいろんな生活状況の中で、それぞれ自分なりに育ててきたのです。

その関連でシュタイナーはこういうことも言っています——「どんな人間も、自分のことを振り返ってみると、受身になって生きている。自分は受身にならない生き方をしていると思っていても、基本的にこの世を生きる人間は、一人ひとり受身の生き方をしている」。

どういうことかと言いますと、例えば、この世に生まれて、いろいろな感覚が開かれますよね。匂いを感じたり、光を感じたりするなかで、生まれてから二ヶ月、三ヶ月、六ヶ月、一年と経つにつれ、この世の姿がイメージとして自分の中に作られていきますよね。その作られ方は受身だ、というのです。この世に生まれてきた子どもは、基本的にこの世を受け容れるところから人生が始まる、というのですね。反抗期があって、「いや」と言いながら、それでもこの世に適応して生きていくことを繰り返すなかで、言語を覚え、考えることを覚えるのですけれど、言葉を覚え、ものを考えるときの原則も、受身だというのです。言語を使ってものを考えようとするとき、その「もの」は外から感覚を通して与えられるのです。すべての学習も、わがままを排し、自分を無にして受け容れなければなりません。そういうかたちで、いつも受身の内面生活から始めるのです。

そういうなかで、感情だけは、わりと受身ではなく、能動的です。切れたり、笑ったり、怒ったりするたびに、その思いは内から湧き出てくるのです。周りから言われて出てくるものではありません。怒りなさい、と親に言われて怒るのではありません。自分の中からふつふつと怒りが湧いてくるという意味で、感情は能動的です。感情の力は幼稚園の頃から小学校に通う頃までに、だんだん成熟していきます。生きているなかで、感情を働かせている自分は能動的だ、ということを無意識ながら感じ取ることで、生きることに積極的になれるのですよね。もし思考の働きのほうが中心になって生きているとすれば、その子どもは内発的な、自己創出的な力を引き出すことができないままに育っていきます。生きていることに対する喜びも力も、育っていかないことになります。

人間の生き方が自然のままだと、基本的に受身になってしまうので、受身を、受動態を、能動態に変えることを、教育の基本であるとシュタイナーは考えました。シュタイナー教育の基本は、ですから、受動的な生活態度を成熟させて、それを能動的な生活態度に変えていく教育なのですね。

今言いましたことを、神秘学に即して、もう一度言い直しますと、人生というか、そもそも存在というものは、すべて対極から成り立っている。プラスとマイナス、陰と陽、光と闇、そういう対極から成り立っていて、人間の生き方も基本的に対極から成り立っていて、その対極があるからこそ、進化とか進歩とか変化とかがあり得る、ということになります。そこにシュタイナーの人智学の基本的な考え方があるのです。人生には、能動的な側面と受動的な側面との両極があって、この両極が互いに相互に働き合うことによって人間は成長していく、というのです。

その場合、シュタイナーの考え方が独特なのは、受身で、物質の世界に適応しながら生きている生き方は、生と死の対極で見てみると、「生」に従っており、そしてその受身の人生のなかで、能動的な側面を生きようとするときは、どうしても「死」に近くなる、と考える点なのです。つまりこの世で能動的に生きようとすると、どこかで「いのちがけ」になる、というのです。

常識的に考えると、逆のように取られがちなのですけれど、シュタイナーの根本思想、神秘学の根本思想は、生と死をそういうふうに捉えるのです。ですから、子どもが生まれてから成長するに従って、この世に適応する能力を付けていけば付けていくほど、その子どもは当然のように受動的になって、印象を受けとり、おとなになっていくのですが、そのうち受身で生きることに耐えられなくなって、もっと自分の中から生まれてくるものを生きたいと思うと、どこかで死に直結するような方向につながっていくと考えるのです。この世において死を自分の中に取り込むということは、この世の中でひたすら能動的になるということと同じになるのです。このことをちょっと考えてみたいと思います。

なにか人智学という思想の秘密がここに隠されているような気がします。そしてここの部分が自分の中で納得できると、神秘学がなぜ必要なのか、今のこの時代に流されないで、自分なりの人生を生きようとするときの原動力がどこにあるか、そういうことが、なんとなく見えてくるような気がします。だからこの問題はとても大事だと思うのですけれど、それと同時に、シュタイナーがこのことに気がついたのは、かなり後になってからみたいなのです。

シュタイナーがアリストテレスの心理学を学んでいたときに、非常に驚いたことがあったそうなのです。

シュタイナーは若いときにウィーンで大学生活を過ごし、当時非常に活発だった芸術活動や思想活動を身近に体験していました。芸術家、画家や音楽家、あるいは哲学者たちと活発に交流し、カトリック系の神学者とも親しくしていました。いわば全身で一九世紀末のウィーンの文化を受け取っていた人なのですけれど、その頃、ウィーンの哲学者の間でアリストテレス学がとても盛んだったので、シュタイナーはそれを学んでいました。特にアリストテレスの『アニマについて』の中で、この世からはみ出ている魂の部分に霊性、ヌースの働きがある、ということを学ぶのです。このヌースという言葉の日本語の翻訳を見ますと、だいたい理性とか知性とかと訳されています。最近は霊性という訳も出てきているようですけれど、ヌースという考え方はアリストテレスの中にあります。アリストテレスのヌース論には、受動的なヌースと能動的なヌースがあって、能動的なヌースのほうは、この世の外から来るもの、という考え方をしているのです。受動的な霊性というものもあって、受動的な霊性というのは、感覚的知覚によって外から受けとるものをかたちとして現す働きをしています。

それで話が込み入ってくるので、ちょっと頭を冷やして考えてみたいのですけれど、普通自然科学のイメージに従えば、この世の世界は、時間と空間という直観形式の中に現れるすべてです。だからどんなものも、時間的な経緯の中で存在し消滅します。どんなものも空間の中で存在し、どんなものも測定可能なのです。どんなエネルギーも測定可能ですし、どんな微粒子も素粒子も測定可能なのです。逆に言うと、測定可能でないものは存在しない、という立場に立っています。この世の外からやって来るものをイメージするためには、この考え方をひっくり返さなければなりません。そうでなければ、この世の外からやって来るものなどありえないことになってしまいます。測定不可能で、しかもエネルギーがあって、しかも時間と空間の枠を踏み越えている別の世界というものを想定しないと、アリストテレスの能動的ヌースの思想は成り立たなくなってしまいます。

古代人は当然、そういう世界があると想定していたのですけれど、近代人は、物質の世界が唯一の世界だと思っていますから、それ以外の世界は、その物質から生まれた人間の脳細胞の産み出した幻想だ、としか思えません。古代人は逆に、そもそも超感覚的な世界というものがあって、その超感覚的な世界のエネルギーが物質の世界を生んだという、逆の考え方をしているわけです。神秘学はこの古代の立場を、今の時代に取り戻そうとしています。ですから、肉体はこの世の物質の世界に存在するのですけれど、エーテル体、アストラル体、自我は、この世の枠を超えたところに存在しているのですね。

さっき言ったように、肉体にエーテル体が組み込まれる、という言い方をするときは、物質の世界の中に物質ではない世界が加わったことを意味するのです。アストラル体が肉体に加わったということも、物質の世界の中にアストラル界という、時間も空間も超越した測定不可能なエネルギーをもった、測定不可能なシステムが入って来たことを意味するのです。

それでさっきの、受動的であるということは、この世の物質の世界に適応するということなのです。私たちがこの世に生まれてきて、感覚の門を開いて、光を感じたり、匂いを感じたり、音を感じたりするたびに、この世に適応していくことを学んでいく。つまり物質の世界に適応していくのです。言葉を発したり、ものを考えたりすることのすべても、この世の世界に適応するための能力を育てて、養っているのです。ですから基本的に、そういう態度を取っている限り、受動的なのです。受動的であるということは、この世を生きているということの確認でもあるわけです。

ところが、私たちが十代後半になって、あるいは二〇代、三〇代になって、今の自分の生き方に自分はどうしても納得できない、という思いに駆られるとき、その人の心は、物質世界ではないところからのメッセージを求めざるをえなくなるのです。しかしそのようなメッセージは、物質の世界以外のどこからやってくるのでしょうか。われわれの教育から得た知識の範囲だと、そんな可能性は絶対にイメージできません。われわれの意識は、そのように仕組まれているのです。

それでシュタイナーは、人間の意識は、働くたびに、そのつど小さな死を遂げている。人間が死ぬとは、途方もなく大きな意識が自分の中から湧いてくることだ、という立場に立ったのです。これが心理学的に見た神秘学の誕生なのですね。死ぬということは、全面的な意識の解放です。いわゆる意識活動は、小さな死を遂げていることです。受動的に生きているこの世で、われわれが少しずつ能動的に意識を働かせるたびに、小さな死を遂げている。肉体が死ぬとは、意識が全面的に解放されて、宇宙的な拡がりを持つことだ。そういう捉え方をすると、能動的な態度とは、基本的に、自分の中に死を取り込む態度と同じになってくるのです。でもそのことをイメージするためには、物質の世界以外に測定不可能な別の世界がある、ということを前提にしなければなりません。そうでないと、なんの意味もなくなってしまうのです。

われわれが自我を働かせるということは、われわれがこの世にあって、この世の原則とは違う原則を生きようとしていることです。この世にあって、この世に適応しようとすることは、受動的に生きようとすることです。ホリエモンのように、生イコール物質、あるいは生イコールお金という立場に立つというのは、わりと同感しやすい態度です。けれども、死イコール自我という原則は、非常に実感しにくいですよね。とはいえ、こういう途方もない転換期に今生きていますと、物質に適応するだけで生きている、というのが、なんか本当に生きていることには通じないような気がしてきます。そういう生き方では納得できない、と思っている自分、もっと能動的であろうとしている自分の声がどこかから聴こえてくるのです。シュタイナーの思想は、今言いましたところから出発するのですけれど、能動的と受動的の両方をどうしたら融合できるか、という問題にいつかぶつかるのですね。そして、生だけでも、死だけでもなく、生の中に死の契機をどう取り込むか、という方向へ行くのです。

そしてその際、新しい可能性を拓いてくれるための特別大事な働きを、シュタイナーは「エーテル体」と呼んでいます。エーテル体の中に、今の時代を生きるための最も有効な力が働いている。エーテル体の在りようによって、物質体である肉体と霊体あるいは霊性である自我とを融合させることができる。シュタイナーはそういうエーテル体の文化を作ろうとしたのです。だから、人智学とは、生命の思想、エーテルの思想のことなのです。

シュタイナーはエーテルの観点から道徳も新しく定義しています。つまり生きる力を励ましたり、支えたり、促進したりするものを「善」と言い、生きる力を妨げたり、抑えたり、あるいは失わせたりする働きを「悪」と言うのです。そういう基本的な善と悪の定義をして、道徳も生きるということ、生命ということに結びつけて考えています。

常識的な観点からですと、善というのは、社会の秩序に反しないこと、社会の秩序に従うこと、社会のためになることを善と呼び、その反対を悪と呼んでいますけれど、シュタイナーの道徳論では、基本的に、生命を促進するものが善、生命を抑圧するものが悪なのです。ですから基本は、エーテル体の在りようにかかっているのですね。

エーテルはギリシア語のアイテルに由来する言葉で、天空にみなぎる霊気という意味ですが、今は生命という意味に取っておきます。シュタイナーは、エーテル体（生命体）、エーテル文化（生命文化）が今の時代を生きるときの、何よりも大事な課題である、と考えていました。エーテル体は、物質体である肉体に生命を浸透させる働きのほかに、霊と魂の働きと肉体の働きとを結びつける役割をも担っています。そして、この結びつきの働きを「愛」と呼んでいるのです。普通、愛は、愛情というように、感情の働きであると考えますけれど、シュタイナーは、愛は感情ではないと考えています。感情ですとアストラル体なのですが、シュタイナーの言う愛は、エーテル体の働きなのです。

生命イコール愛という発想がどうして出てくるのか、シュタイナーの思想を学んでから、いつも気になっていました。シュタイナーはヨーロッパの思想家ですから、ヨーロッパの思想の系譜の中で、生命イコール愛イコール物質と霊界を結ぶもの、のような思想の系譜を考えてみましたら、これも同じく古代ギリシアのアリストテレスの師に当たるプラトンのなかに、その思想がはっきり出ていました。プラトンの『饗宴』という対話篇の中にあったのです。

ソクラテスとその当時の哲学者、ソフィストたちの仲間が話し合う、内輪話みたいな内容ですけれど、その話の中で、不思議なことがある、というのですね。偉大な神々はみんな、神殿を建てて祀られている、というのです。オリンピアにはゼウスの神殿があったり、デルポイにはアポロン神殿があったり、別のところではゼウスの奥方のヘラが祀られたり、海の神ポセイドンが祀られたりしているのに、なんで一番大事な愛の神であるエロスを祀る神殿がないのだろう、と互いに話し合っているのです。

不思議だ、あらゆる神々の中で最高の神はエロスのはずだ、それではここにいるみんなが一人ひとり、エロスとはどんなにすばらしい神か、話し合おうじゃないか、と相談がまとまり、ひとりずつエロスがどんなに優れた神かを、話し合うのです。新潮文庫に『饗宴』のとてもいい翻訳があって、現代の物語のように読めるのですが、一人ひとり愛とはどんなにすばらしいものかを話すのを今読んでも、なるほどと納得しながら読めます。

ところが最後にソクラテスが立ちまして、こんなことを言うのです。ほんとにびっくりしました。今君たちが話していた愛というのは、愛される側の、受け身の愛だ、と言うのです。自分は愛す側の愛についてこれから話したい、と言います。それまでは、エロスの神がどんなにすばらしい、美しい神かということを、みんな述べていたのですけれど、ソクラテスはこんなことを言うのです。

エロスは美しいはずがないし、優れているはずもない。そもそも愛するということは、自分が貧しいから、自分より優れているものに出会ったときに、思わず相手を愛してしまうのだ。自分のことを自分で美しいと思っていなくて、自分より美しいものが存在するからこそ、誰かと出会って、誰かを愛するのだ、というのです。ソクラテスによりますと、どんな場合でも、愛する者よりも愛される者のほうがより優れて、より美しく、そしてより偉大なのです。これが愛の本質だ、というのです。今から二五〇〇年前の人が、よくそういう考え方ができたなと思ったのです。

プラトンやアリストテレスの影響を受けたドイツのゲーテが、こんなことも言っています。相手の欠点を長所と思えないうちは、愛しているとは言えない。箴言集に出ているのですけれど、ゲーテも同じことを言っているのですね。それで、エロスの神の働きを受けると、どうなるのかというと、対象が自分より美しく輝くのです。ですから例えば、喉が乾いているのでコップに水を入れて飲むときに、私の中にエロスが働いて、いわばエロスの憑依を受けたとします。そうするとこのコップが、私の目から見ると、たちまち美しいものに見えてきて、この形はなんともすてきだ、見ていると、うっとりする。こんな美しいコップが手に入るなんて、なんて幸せなんだろう、と思うのです。エロスの影響がないときは、例えばアポロンの影響を受けているときは、同じコップを値踏みして、いくらで買えるだろうとか、どんな製造工程をたどって今ここに商品としてあるんだろうとか、そういう眼で見るのです。ところがエロスが憑依すると、相手がなんとも言えない輝きを持って現れてくる、というのです。そのプラトンのエロス論が、シュタイナーのエーテル論とまったく同じなのです。ただ、シュタイナーのエーテル論のエーテルは、エーテルで、神様ではありませんから、もちろん在りようは違います。

それで、エーテルを考えるとき、いつでも想い出すのが中国の譚嗣同《たんしどう》の「仁学《じんがく》」の思想です。そのことをやっぱりここでもお話させていただきたいのですが、譚嗣同という中国の革命家は、清末に活躍して、三〇歳前後で獄死した人です。岩波文庫にこの人が獄中に残した『仁学』という論文が翻訳で出ています。これが翻訳になっているのを、すごくありがたいと思っていますが、彼は日本のことを特別に尊敬していました。日本には西郷隆盛とか僧月照のように思想に殉じた革命家がいるのに、我が国中国の現代の思想家の中で、思想に殉じた人はひとりも見当たらないのが残念だ。せめて自分だけでも思想に殉じて死にたい、と言って、脱獄の機会があっても留まって、刑死した人なのです。

その人が遺した『仁学』を読むと、シュタイナーのエーテル論とまったく同じことを言っているのです。実際、あとがきを見ると、神智学者のオルコットの論文などを読んでいます。そして神智学を通してエーテルという概念に出会って、そのエーテル＝「以太」を儒教の仁と同じ意味にとっています。以太というのはどういうことかというと、結びつかないものを結びつける力、どうしても届かないところにまで通じさせる力を以太という。だから以太の力で、対立しているものを和解させ、妨害をひとつひとつ突破していく、と論じています。だから仁学なのですね。それを読んだときに、人智学の「じん」は人よりも仁のほうがふさわしいかな、と思ったりしました。

エーテル論としてはシュタイナーも譚嗣同もまったく同じで、通じないところを通じさせる力なのです。それをシュタイナーは愛と言い、譚嗣同は仁と言っているのです。孟子の言葉で言いますと、「惻隠の情」が仁なのですね。惻隠の情は、井戸端で子どもが遊んでいて井戸に落ちそうになったら、何も考えないで、思わず走っていって子どもを助けるだろう、それが仁だ、という説明していますが、そのとき何も考えないで、思わず走って助けにいく働きがエーテルなのですね。

その思想の根源をたどっていたら、プラトンの『饗宴』に行き当ったのです。『饗宴』の中でのエロスは、本質的に帰依と畏敬の感情と結びついています。帰依と畏敬の感情は、自分と他をひとつにします。エーテル体は本来、無意識に働いていますけれど、自分の中の内面が何かのきっかけでパッと明るく、そして広がり始めるとき、そして何か激しく動き始めるとき、エーテル体が意識化されたのです。エーテル体は、普段は無意識の中に押し込まれていて、自分の中にエーテルの働きがあるとは、めったなことでは体験できませんが、いろんな箇所でシュタイナーは、どうすればエーテル体を実感できるか、説明しています。そういうときはいつでも、愛の力と結びつけて語られています。

この流れがとても大事に思えるのです。十代になり、特に十代の後半になって自分の人生なり友人の人生なりを考えるようになると、自分の個性に目覚めますよね。そうすると今まで半ば無意識に、一緒に楽しくすごしていた友人とあらためて話し合ったら、価値観が違っていたとか、心の中に大事に秘めていたことを、打ち明けても通じないことが分かったり、逆に思いがけず通じ合ったりします。そういうことが出てくるたびに、自分も友人もかけがえのない個人なのだ、と思い知るようになりますよね。

それで二十歳前後になる頃には、自分であることにプライドを感じ、その自分をどういうふうに成長させたらいいのか悩んだり、自分にふさわしい仕事を探したりしますが、そういうときにも、まだ自分の中のエーテル体はまだ全然意識されていません。基本的に肉体を持った自分でいて、歯が痛くなったり、熱が出たりしたら、たちまち肉体が自分の存在のすべてになって、自分の心のすべてをその肉体のために奉仕するような生き方をします。けれども体が元気で、自分の体のことなんか考えないで済むときには、逆に自分のほうに気持ちを入れて、生活を充実させようとします。

しかしそういうときでも、エーテル体を意識することはほとんどありませんよね。例えば仕事に失敗したとき、恥ずかしくてみんなに顔を合わせられません。資格試験のために何年も準備したのに失敗する、孤独感を味あわされます。そういう孤独感は一時的なものに終わるかもしれませんし、持続的に続くこともあるでしょう。けれども、そういうなかで自分のエーテル体を実感することはめったにありません。自分の内面生活がどういうときに明るくなって、どういうときに暗くなるのかということに、なかなか意識が持てません。

シュタイナーは、メディテーションとは、自分のエーテル体と出会うことであり、しかも、エーテル体との出会いのためには、孤独であるときが一番いい、と述べています。自分が自分で肯定できなかったり、自分のことを誰にも理解してもらえなかったり、なにかそういう孤立感、孤独感を感じたとき、メディテーションをする一番いい条件になっている、というのです。そういうときに、眼をつむって自分の内面を見てみると、いろんなイメージが、ほとんど記憶像ですけれど、記憶のイメージが甦ってきます。けれども、そのイメージのほとんどは、まだ受身で受けとったイメージです。あらためて意識して自分の内面を見てみると、その内面に生きている諸々のイメージ、記憶像が受身で受けとったイメージばかりなのですが、そういう状態のときに、メディテーションによって自分の内面にまったく外から受け取ったことのないイメージを繰り返して作っていくと、エーテル体が意識されてくる、というのです。

メディテーションと同じような心の状態は、芸術体験によっても生じます。例えば、音楽の好きな人が音楽に没頭し、夢中で音楽を聴いていると、自分の魂が拡がっていって、音と魂が融合していくような感じになることがありますよね。浪花節であろうと、演歌であろうと、ジャズであろうと、交響曲であろうと、まったく同じだと思うのです。夢中で音に没頭していると、自分の魂が開かれて、音の世界と融合するのです。内なる空間が拡がっていくのでしょうか。

絵の体験でも同じようなことがあって、以前、佐伯祐三の晩年の絵を見たとき、びっくりしたことがあるのです。絵の世界は音の世界と違って、空間芸術ですので、ひとつのタブローの中にイメージが描かれていますよね、二次元の平面の中なのに、その平面の世界の中に、時間が感じ取れるのです。時間が空間化しているというのでしょうか。画家のイマジネーションが、二次元の空間の中に時間を取り込んでいるというのでしょうか。ですからその画面を見ていると、その画家の内面の思いのようなものが拡がって、自分の魂を包みこんでくれるような感じになります。

そしてそのとき、心の中が明るくなっています。芸術体験で感動しているとき、なにか心がいつもと違った別な明るさで輝いているというのでしょうか。

この芸術体験と似ているのが、さっき言ったメディテーションです。メディテーションはできるだけ集中した仕方で、エーテル体に向き合う作業なのですから、シュタイナーは、記憶にないような情景、記憶にないイメージのほうが能動的な態度がとれる、と教えてくれています。その例として、まっ黒な十字架に赤く輝く薔薇が七つ咲いているイメージを取り上げています。その明るい輝く薔薇とまっ黒な闇のような十字架との組み合わせを心の中にイメージするのです。でも記憶の中にあるイメージを思い出すのではありませんから、受身になって向こうから現れてくるのを待つわけにはいきません。イメージを自分で作らなければなりません。そのイメージを内側の世界のまん中に固定するのです。でもすぐに消えてしまいますから、消えるとまた新しく作りなおして、また自分の内面のまん中に置くのです。

そのことを繰り返していると、このイメージが仁学の仁であるエーテル体に働きかけて、少しずつ意識がいつもと違った明るさをもつようになるのです。この作業は、仕事の種類とか、病気か健康かとか、年齢、性別とか、人柄とかという肉体の条件、われわれを受身にする条件と、まったく関係のないところでなされる作業です。それを繰り返していると、自分のエーテル体という内面のエネルギーが明るくなるのです。つまり受動的な意識から能動的な意識に変わってくるのです。そして自分の中の仁の部分が刺激されて、意識化されるのですね。

ヨーロッパでは仁という言葉がありませんので、愛という言葉で呼んでいます。ヨーロッパでそういう愛を深めようとした思想は、もちろん無数にありますが、キリスト教世界の中で、近代になるとロマン派が、愛の思想を運動の中心に据えています。ですから初期ドイツのロマン派のノヴァーリスは、異質のものが互いに結び合い、融け合うところに愛の本質がある、と言っていますが、この考え方も仁そのものですよね。このメディテーションについては、シュタイナーの『神秘学概論』に詳しく述べられています。

そもそも哲学書や思想書を読んで、概念や観念を自分の中に取り込むときの基本的な作業も、どこかメディテーションに通じるところがありますよね。概念を学ぶときに、単なる知識をふやすのでしたら、内的にはなんの意味もありません。百科事典を担いで歩いているようなものなので、電子辞書をポケットに入れていれば十分です。概念を身につけるとは、ある概念が自分の中で生きはじめるということなのです。しかし概念を生かすには、概念をエーテル体の中に刻印づける必要があります。何かを学んで身につけるには、その何かが自分の中で生きはじめなければなりませんが、そのときの生きるエネルギーは、エーテル体のエネルギーなのです。

昔、ドイツでシュタイナーの勉強をしていたとき、それで、読むことは読むのですけれど、すぐ忘れちゃうのです。読むたびに前のページに何が書いてあるか忘れちゃうので、それで私の尊敬する先輩に、「シュタイナーの本は、いくら読んでも片っぱしから忘れちゃうのです」と言ったら、その人が「あなたの読み方は最高の読み方です」と励ましてくれました。一生懸命読んで感動して、それで忘れるということは、その学んだことがエーテル体の中に入ってくることだから、「あなたの内面生活が栄養分を吸収したということだから、すごくいいことだ」と励ましてくれたのです。憶えていて、いつでも再現できるというのは、エーテル体の中に入っていかないということだから、栄養にはなっていない、と言うのです。

そんな話を聞いたことがありました。ある世界観、価値観に関する観念を身につけるとき、感動できたなら、その観念が自分の中に入ってエーテル体と結びつき、いのちを得て、成長していくのです。ところが、感動しないで知識として記憶するだけだと、意識の表面に固定して、そのまま何年たっても同じ知識であり続けるのですね。

シュタイナーは、生きた概念、死んだ概念、という言い方をしています。子どものときに学校で死んだ概念を学ぶことは、将来社会生活をいとなむ上で大事かもしれないけれど、もっと大事なのは、生きた概念をたったひとつでもいいから子どもの心に持ってもらうのです。例えば、人のために役立つことが大事だ、というたったひとつの概念だけで十分です。昔話や伝記が大切なのは、もっぱら生きた概念をもつためだ、と思います。

同じエーテル体との関係で、シュタイナー教育のなかでこういう考え方があります。普通、学校教育では、生徒の年齢に見合った教育をします。この年齢の子どもだったら理解できるはずだということを教えるのです。しかしシュタイナーは、もっと本質的な教育は、子どもが理解できないことを先生が熱心に伝えることだ、と言うのです。先生が、「君たちは、今はまだ分かんないかもしれないけれども、こういうことはとっても大事なことなのだから、よく憶えておきたまえ」というような言い方で、人生の基本的な心得を語るのです。「誠実である」こと、「人に知られないところでいいことをする」こと、「弱いものいじめをしない」こと、そういう何かひとつを一生懸命、子どもに語るのです。

そうすればそのとき分からなくても、子どもは先生の熱を敏感に感じ取って、一〇年、二〇年も経ったあとで、あのとき、あの先生が一生懸命話してくれたのは、このことだったのだ、と思い当たるのです。その先生の思いが分かったとき、それが生きた概念になって子どもの心を支えてくれるのです。先生の心の熱というエーテルが、子どもの心の熱に伝わって、概念が熱いかたちで子どもの無意識の中に入っていくと、子どもの中でそれがいのちを得て育っていく、という教育なのです。

このことは大人にも当てはまります。大人の場合は基本的に自己教育ですので、自分の中で大事だと思っていることを自分に向かって、自分のエーテル体の中に刻印づけるのです。このかたちもシュタイナーは、愛のひとつの在りようだと考えています。愛の本質は、さっき言ったように、愛する側よりも愛される側のほうが、いつでもより尊い存在になっています。愛する側は、愛される者を尊敬したり大事にしたりします。そのかたちが基本なのですね。今の場合は、概念とか観念が愛される側だし、自分がその概念・観念を書物や言葉を通して愛することを学び、それを自分のエーテル体に刻印づけるのです。そのときの自分は愛する側ですので、愛する側のほうが、愛される側よりもより不完全で、より劣っているというかたちなのです。

これはシュタイナーの思想の本質のようですけれど、以前、柳宗悦の『南無阿弥陀仏』を読んでいましたら、柳宗悦もシュタイナーと同じことを述べているので、なるほどと思いました。岩波文庫に入っている『南無阿弥陀仏』の中に、聖道門と浄土門という言葉が出てくるのですが、自分を優れた存在にする道が聖道門であるとすると、一方、自分がどんなにダメな存在かを確認するのが浄土門だ、というのです。だから浄土門は基本的に愛の道なのです。自分がダメだということは、逆に言うと、愛される対象を求めていることなのですね。愛する対象を求めるということは、自分のことは脇において、ここにこんなにすばらしい人がいるとか、こんなにすばらしい物があるとか、そういう体験をする道です。そのつど感動して、驚いて、それに畏敬の念を持って帰依する、という方向が浄土門なんですね。聖道門のほうは、一生懸命修行をして、自分の心を磨いて、まだまだ足りない、まだまだ足りない、と思いながら自分を磨いていくのです。この二つの門をもっている大乗仏教の思想は、キリスト教から育った人智学の思想や譚嗣同の仁の思想と共通の、愛の思想なのだと思いました。

それで、今年の一月頃、めずらしくソウルで、柳宗悦回顧展があったのですね。柳宗悦は、戦前の日本人として例外的に韓国の文化を愛した人でした。韓国を愛するから、韓国のほうが自分より尊い存在になります。その尊い一つひとつを見つけていって、それを紹介するという仕事を戦前やった人です。ただ、韓国、朝鮮の文化は基本的に哀しみの文化だ、と言ったのが韓国、朝鮮の人には気に入らなくて、あまり表立って評価されなかった、という話を聞いたことがありますが、最近あらためて柳宗悦を再評価する動きがあるのでしょうか。回顧展があったので観に行ったのです。東亜日報という新聞社が会場でした。

入口に一室が設けられていて、そこの椅子に座っていると、前に映像が映っていました。柳兼子という、柳宗悦の奥さんで声楽家だった人の韓国での音楽活動とか、柳兼子がどんな人物だったたか、いろんな人の思い出話だとかが映っていました。会場には柳宗悦が丹念に集めた民芸品の一つひとつがていねいに並んでいて、壁には若いときの白樺派の二〇代の武者小路実篤とか二〇代の柳宗悦とか、ずらっと並んでいる写真が飾ってあったりして、すごく面白かったのです。その柳宗悦も仏教を通して、古代プラトンのエロスと同じように、愛すること、帰依すること、驚き、敬うこと、という方向に今の時代の生き方を見つけていたのが、すごかったです。

エーテル体に関しては、いろんな角度から見ることができるので、興味があったらぜひ、シュタイナーのエーテル思想を考えてみてください。基本的には浄土門と聖道門の融合ということだと思います。それをエーテル体という生命の思想、愛という言葉をキーワードにして、現代を生きる一人ひとりの内面への旅というかたちで提示している、ということでしょうか。

(問) 先生がはじめにおっしゃった激動期とはいつでしょうか。その激動期に特別に、私たちにも参考になる、こんな生き方があるというのはあるのですか。

そのことを言いたかったのです。どうもありがとうございます。私の感じている激動期というのは、さっき言いましたように、一九五〇年代から現在までの時代です。ものすごく価値観が変動し、今は逆転しつつあるような気がします。つまり今まで偉かったものが実は偉くなかったとか。

今私たちは、伝統的に絶対に正しいと思われていたようなものが、だんだん信用できなくなっている、と感じているのではないでしょうか。権威がどこかで揺るぎ始めて、その権威の代わりになるものをみんなが求めているような気がします。芸術では、ポピュラーな芸術が時代をリードするようになってきました。大学で教えられているような芸術は、どちらかというと時代の後をついて行っているような感じがあります。かつての戦前派が時代をリードしていると思ったら、世界中で学生運動が起こり、そこから新しい時代がまた切り開かれました。

一九七〇年代の始めに三島由紀夫が割腹自殺をとげたことは、一般にはほとんど理解されないで、どうしてあんなバカなことをしたのだろうというふうにしか受け取れなかったのが、しだいしだいに、三島由紀夫こそ生きた思想を他の人よりももっと真剣に求めていたらしい、と思えるようになってきました。なにか価値のシステムが大きく揺らいできているような気がするのです。それが学問全体にも言えるようになって、科学や技術のシステムに従っていると、恐るべきことに、気がついたら地球ごと破滅に向かっているのではないかとか、その破滅を食い止めるのは、権力を握っている側ではなさそうだとか。小学生でも分かるような間違いを、権力者たちが平気でしてしまうというようなことが見えてきているような時代ですね。本質はまだ隠されていると思いますけれど。でもかなりの部分の人たちは、時代と受身ではなく、能動的に関わりたいと思っているのが、新しい時代の特徴ではないでしょうか。

能動的に向き合わないと、問題が見えてきません。そしてそういうとき、価値が逆転していて、今まで一番最後を歩いていた人が、気がついたら先頭を走っている、今まで先頭を走っていると思っていた人が、気がついたら時代から取り残されて、後を歩いているという、そんな激動期というのでしょうか。まだ続くと思いますけれど。でも価値がこんなに逆転している時代に今生きているものですから、自分で価値観を作るしかありません。誰かに与えられる価値観を鵜呑みにできなくなっていますよね。

そういう時代に大切なのは、誰か同じ志を持っている友人同士が、同じ時代を共有して生きるという、そういう出会いでしょうか。そういう出会いが大事だし、その出会いを可能にするのは、一人ひとりがどこかで孤独感を味わうということが、前提になるのでしょうか。激動期というのはそういう意味です。

（二〇〇七年四月二一日　朝日カルチャーセンター湘南）

編集後記

飯塚立人

本書『宗教治療・教育・人生』は、高橋巖訳シュタイナー三部作の第一シリーズ「危機の時代の人智学」、第二シリーズ「自由と愛の人智学」に続く、第三シリーズ「人智学のパースペクティヴ」の第三巻である。本巻に収録された連続講義『医師と聖職者の協働』（シュタイナー全集三一八）と『教えることと生きること』（全集三〇八）は、共にシュタイナー最晩年の一九二四年に行われた、人智学によるケアの実践のための講義である。

高橋氏は『医師と聖職者の協働』を、少人数の私的な勉強会のために二〇〇五年六月から二〇一〇年一月にかけて翻訳された。『教えることと生きること』は、朝日カルチャーセンター新宿教室の一九九六年一〇月から一九九七年九月までの講座（シュタイナーの「教え方と生き方」――教師と親の在り方を問う――）のために翻訳された。その講座の案内には、「一九二四年の同地（シュトゥットガルト）における、そしてドイツにおける最後の講義「教師の教え方と生き方」（全五講）をテキストにして、教える側（教師と親）の問題を皆さんと一緒に考えたいと思います。なおこのシュタイナーの講義には一七〇〇人が集まり、話題になりました」とある。

高橋氏はシュタイナーの『教育の基礎としての一般人間学』（全集二九三、創林社、後に筑摩書房）や『治療教育講義』（全集三一七、角川書店、後に筑摩書房）等の教育論を集中して翻訳されていた一九八〇年代に、「治療・教育・修行」というテーマで何度か講演され、治療―教育―修行をひとつの流れとして語っておられた。その内容を深めたものとして『シュタイナーの治療教育』（角川書店）がある。同書は、シュタイナーが一九二四年に行った『治療教育講義』のみならず、本書の導入にもなる本である。その「はじめに」で以下のように語られている――

私たちすべての大人の内面に存在する障害とその治療の問題を、シュタイナー教育の観点から取り上げようと思います。治療を必要とする者が他の誰かなのではなく、他ならぬ自分自身なのだということを認めたうえで、それぞれがそれぞれの人間関係の中で治療を求めて生きていくことの意味を明らかにすることができれば、教育問題を考えるうえでひとつの本質的な観点を提出することができる、と思っています。いずれにしても、すべての教育は自己教育なのですが、このことをつっこんで考えていくと、人間とは何か、というもっとも本質的な人生問題にたどりつきます。（一〇頁）

人生における「関係の中での自己教育」のエッセンスが語られている、高橋氏の二〇〇七年の講演、「いまを生きる」を本書に収録した。そこではエーテル体論がエロス、仁、愛の問題として展開されている。出会いが、ケアされる人をケアする人の関係になるとき、内なる治療者や教育者や聖職者が外に出て輝くと、自我が肥大し、非エロス的な、仁のない、愛を失った権力者となりかねない。そのような権力から関係を放つには、エーテル体が鍵となる。ケアがなされている関係の根底にはエーテル体の働きがある。ケアする自分は傷をもち不完全で劣っている、治療を必要とする者であるという自覚が深まると、エーテル体の働きに気づく。この問題について氏はさらに、聖道門と浄土門はどのように融合できるのかと問うている。

自分を優れた存在にする道が聖道門であるとすると、一方、自分がどんなにダメな存在かを確認するのが浄土門だ、というのです。だから浄土門は基本的に愛の道なのです。自分がダメだということは、逆に言うと、愛される対象を求めていることなのですね。愛する対象を求めるということは、自分のことは脇において、ここにこんなにすばらしい人がいるとか、こんなにすばらしい物があるとか、そういう体験をする道です。そのつど感動して、驚いて、それに畏敬の念を持って帰依する、という方向が浄土門なんですね。聖道門の方は、一生懸命修行をして、自分の心を磨いて、まだまだ足りない、まだまだ足りない、と思いながら自分を磨いていくのです。（三三一九頁）

シュタイナーは「秘教講義」（『秘教講義』１・２ 春秋社）を一九二四年の二月から九月まで継続して行っており、本書の講義と秘教講義を同日に行っていることもあるが、本書の治療、教育論を自分の人生のケアの課題としてリアルに受けとめようとするとき、浄土門として「秘教講義」が助けとなる。『秘教講義』第五講でシュタイナーは以下のように語っている。

愛する皆さん、秘教に参入するとは、単なる授業、単なる理論を受けることではなく、人生の真剣な用件を引き受けることです。秘教に沈潜するとは、教えや理論に沈潜するのではなく、生活（人生）に沈潜するのです。私たちの感覚が知っている人生は、外的な現れにすぎません。その背後には、どんなときにも、霊界が存在しています。……私たちは現在、人間として、霊界に参入しなければならないのです。（『秘教講義』一六三頁）

霊界に参入するとは、人生に沈潜し、人生の外的な現れの背後の、内的な関係を生きようとすることである。「秘教講義」と共に、一九二四年のシュタイナーは「カルマ論」を継続して行っていたが、関係の中での自己教育にとって、カルマ的関係への視座は決定的に重要である。そのことを高橋氏は『シュタイナーの治療教育』の中でも繰り返し語られているが、八〇年代後半の勉強会では、『治療教育講義』に続けて『カルマの開示』を翻訳し講義されていた。同書は春秋社から刊行された高橋巖訳シュタイナーの最初の一冊であるが、シュタイナーの人生論の代表作のひとつであり、治療についても多くの示唆を含み、本書ととても深い関係にあるといえる。

それでは、魂の本質とは何なのでしょうか。……地上のどれほど異なる魂的現象も、すべては「愛」の容態、「愛」の多様な変形に他ならないのです。ただし愛という言葉を、その根本的な意味において理解してください。どんな魂の働きも、何らかの仕方で変形された愛なのです。（二〇二頁）

一般に「心理療法」はすべて、「愛を注ぎ込む」ことを大切にしています。心理療法は何らかの仕方で愛を供給しようとします。愛は私たちが他の人に流し込む鎮痛剤なのです。治療手段は結局、愛に還元されなければなりません。私たちにはそうすることが可能です。私たちが抑圧された誰かを正常な状態に戻すために働くとき、その働きは愛に還元されることができるような働きなのです。こうしたことはすべて、愛の衝動に基づくのでなければなりません。簡単な治療法から、今日一般に「磁気療法」と呼ばれているものに至るまで、すべてがそうでなければなりません。(二〇五頁)

……有効に作用するかどうかは、治療師と患者とが何らかの意味で協力しあえるかどうかにかかっています。……何らかの形に変化した愛の力、これこそが心理療法における本来の有効手段なのです。その根底に愛の力が働いているのでなければ、正しい目標に達することはできません。しかし、その愛の経過が患者の日常意識の中で意識されている必要はありません。潜在意識の中で生じてもいいのです。たとえば「マッサージ」のような治療も、その「技法」を通して犠牲行為が生じます。治療効果が見通せないような、何をしたらいいのかはっきりしないようなときでも、技法に転化された愛の行為が生きているのです。(二〇六頁)

『医師と聖職者の協働』と『教えることと生きること』には、ケアの実践が愛の行為となるための、人間とは何か、という本質的な人生問題に応える、人智学による認識が語られているのである。

愛と人智学による認識について、高橋氏は『教育と修行』という短いエッセイを書かれている。

今年の夏はルドルフ・シュタイナーの『教育芸術――方法論と教授法』の翻訳に取り組んでいた。この本は近頃創林社から出版した『教育の基礎としての一般人間学』の続篇をなすものだが、もっぱら小中学校の教育実践の手引きを、シュタイナーの霊学、つまり人智学の立場から、与えようとしている。もちろん訳者である私はこの本を是非日本の読者に紹介したいと思っているのだが、その一方で先程ふれた（教育学研究と教育実践の）乖離の目立つ状況の中で、また新たに一書を加えただけのことになるとすれば、それにどんな意味があるのか、とも思わざるをえない。

そこでこの欄をかりて、少しシュタイナーの教育方法論についての宣伝めいたものを書かせていただこうと思う。

私にとってシュタイナーの教育論を学んだことの一番大きな意味は、そもそも教育とは自己教育に他ならない、と実感できたことである。教育と修行とが次第に同じことのように思えてきたのである。シュタイナーはこの点を或る講演の中で次のように述べている――。

「どんな教育も基本的には人間の自己教育なのです。成長のどの段階においても、基本的には自己教育以外の教育はありえません。そしてこのことの深い意味を探ろうとすれば、どうしても霊学に到達せざるをえなくなります。なぜなら霊学こそが輪廻転生についての本当に認識可能な立場を貫こうとしているからです。教育者としての私たちは、自己教育を行う子どもの単なる環境にすぎません。子どもが自分の内なる運命を通して、自分を教育していかなければならないのだとすれば、子どもが私たちのそばで十分に自分を教育していくにふさわしい環境を私たちは用意できなければなりません。

教育者の子どもに対する正しい在り方は、このような意識をたえず自分の中に育てていくときはじめて獲得できるのです。

子どもが私たちのそばでもっともよく自己教育できるようになるために、私たちは一体どうあるべきなのでしょうか。」

これは子どもの自己教育についての発言であるが、『教育芸術——方法論と教授法』は始めから終りまで、教師の自己教育について語っている。算数の四則や動物、植物の博物誌も、あらゆる教科を地理によって関連づけようとする態度も、更には高学年になるに従って、地理の代りに歴史を全教科の基礎におこうとする態度もすべてが教師にとって芸術体験なのであり、その芸術は宗教体験と同質の霊感から生じてくる、というのである。

霊感は頭部の中枢神経の働きである知覚や思考によるものではなく、胸部＝肢体系の中で働く感情と意志の産物だということができる。だから古代の神殿では、神の霊感を受け取るために、眠りの中で感情を興奮させ、それによって霊夢を得るか、それとも覚醒時の眠りである意志の働きを霊界に向けて開くか、つまり感情の働きによって夢の啓示を受けるか、意志の現れである祈りと信仰の力で霊界との結びつきをもつかのいずれかだった。そのような神へ向けての霊的な修行と同じ行為を、子どもへ向けて行おうとするのが、シュタイナーの意味での教育なのである。

この意味ではシュタイナー教育にとって、教師が唯物論者か観念論者か、左翼か右翼かはどうでもいいことになるし、人間の幸福を外的制度の中には求めないで、どんな種類の体制を作るか、君主制か共和制か、民主制か社会主義体制かということも、社会進化にとってそれほど本質的な部分であるとはいえなくなる。大切なのは、自分の行為に愛がもてるか、人の行為に理解がもてるか、の二点だけになる。

シュタイナーの行法上の主著『いかにして超感覚的世界の認識を獲得するか』は、この「愛」と「理解」、或いは愛と認識の本質をぎりぎりのところまで追求している。その意味では唯物論を通過して奇妙に明るい空虚さの中に生きている知的な魂の持ち主にとっては、あまり異和感をもたずに「道を歩む」ことの意味を実感させてくれる稀有の書といえるであろう。この本が解き明かしてくれる重要な認識上の問題のひとつは知的認識と直観的認識の相違である。

まだ自分を自覚していない幼児は外界とひとつになって生きている。環境が好ましいものであれば喜ぶし、そうでなければ悲しむ。まだまったく自分の外で生きている。ところが知的な生き方を強いられている現代のおとなたちは、逆にまったく自分の内側に閉じこもった生き方をしている。知的認識は常に、「それは論理的か」と問い、外界と自分との間に常に一定の距離を保とうとする。だからそういう基本的な態度の相違を意識できないでいるおとなには、子どもの魂を理解する観点がそもそも失われているといえる。

外的存在の中にまで入っていける認識、自分の殻から出ていくことのできる認識、それをシュタイナーは直観的認識とよんでいるが、これが超感覚的世界への参入を可能にする唯一の態度だというのである。『いかにして超感覚的世界の認識を獲得するか』はこの直観的認識を獲得する方法論であり、それについての実に見事な教授法の見本である。従ってこの書とはじめに述べた『教育芸術――方法論と教授法』はまったく別の問題を扱っているように見えながら、同一の真実の表側と裏側にすぎない。以上、読者の方々に多少なりとも、私にとってかけがえのないこの二つの書物への関心をよび起こすことができたら幸いである。（『文藝』一九八五年一〇月号）

子どもの生きた認識がもてるようになり、教育に愛がもてるようになる。『教育芸術――方法論と教授法』を本書『宗教治療・教育・人生』に換え、『いかにして超感覚的世界の認識を獲得するか』に『秘教講義』を加え、今このエッセイを読むこともできる。直観的認識はエーテル体の働きである。ケアされる人の直観的認識がケアする人の愛の行為になる、「神へ向けての霊的な修行と同じ行為を、子ども――ケアされる人――へ向けて行おうとするのが」、人智学によるケア《ケアリング》の実践である。

八〇年代後半の何年かの間、神戸の高橋氏の『治療教育講義』の勉強会に参加していたが、私にとってそれは心理療法であったと当時確信したことがある。教室で日本語のシュタイナーのテキストを読み講義を受ける中で、転化された愛の行為の結晶（屍）といえるシュタイナーの講義録から、翻訳と講義を通して復活する愛を注ぎ込んでいただいたのである。そこに高橋巖氏のシュタイナーの翻訳と人智学の講義の本質（キリスト衝動）がある。

本書『宗教治療・教育・人生』に到るまで、一九九六年刊行の『シュタイナーのカルマ論――カルマの開示』から、春秋社は二五冊（新装版を含むと二九冊）の高橋巖訳シュタイナーと五冊の氏の著作を出版して下さっている。そのすべてに関わり、心を砕いて企画し編集し本にしてくださっている、慶應義塾大学時代の先生の美学・美術史の最後の教え子のおひとりでもある編集者の高梨公明さんと、現在も、高橋人智学を応援し出版してくださっている小林公二社長に、心より感謝いたします。

二〇二五年二月一七日

プロフィール

ルドルフ・シュタイナー　Rudolf Steiner（1861–1925）
ハンガリーのクラリエヴィェベック（現クロアチア）に生まれる。ウィーン工科大学卒業。ゲーテ学者、哲学者として活躍した後、1902年、神智学協会ドイツ支部書記長に就任。1913年、神智学協会を離れ、人智学協会を設立。霊学的観点から新たな総合文化の必要性を説き、その影響は宗教、芸術、教育、医療、農法、経済など、広範な分野に及ぶ。1925年、スイス・ドルナハにて逝去。著書・講演録多数。

高橋　巖　Iwao Takahashi
東京、代々木に生まれる。慶應義塾大学文学部大学院修了後、ドイツに留学。ミュンヘンでドイツ・ロマン派美学を学ぶなか、シュタイナー思想に出会う。1973年まで慶應義塾大学で教鞭をとる（美学・西洋美術史を担当）。1985年、日本人智学協会を設立。著書に『神秘学講義』（角川書店）、『シュタイナー哲学入門』（岩波書店）、『シュタイナー教育入門』（亜紀書房）、『シュタイナーの人生論』（春秋社）ほか、訳書に『シュタイナー・コレクション』全７巻（筑摩書房）、『秘教講義』（１～４、春秋社）ほか。2024年３月30日、逝去。

飯塚立人　Tatsuhito Iizuka
京都府生まれ。高橋巖著『神秘学講義』に出会い、シュタイナーを知る。京都教育大学で教育哲学を専攻。1984年より高橋巖人智学講座を受講。1989年に渡米。スタンフォード大学教育大学院博士課程でネル・ノディングズに師事し、ケアリングの倫理を学ぶ。1991年より日本人智学協会会員。ケアリング人智学・シュタイナー研究。編著に『シュタイナーの言葉』（春秋社）。

宗教治療・教育・人生　　人智学のパースペクティヴ　3

2025年3月30日　第1刷発行

著　者＝ルドルフ・シュタイナー
訳　者＝高橋　巖
編　者＝飯塚立人
発行者＝小林公二
発行所＝株式会社　春秋社
〒101-0021 東京都千代田区外神田2-18-6
電話　(03)3255-9611（営業）
(03)3255-9614（編集）
振替　00180-6-24861
https://www.shunjusha.co.jp/
印刷所＝株式会社　太平印刷社
製本所＝ナショナル製本協同組合
装　丁＝本田　進

ISBN978-4-393-32568-1 C0011　定価はカバーに表示してあります。